LE
DÉVELOPPEMENT
DE SYSTÈMES D'INFORMATION

Méthode et outils

Dans cet ouvrage, le générique masculin a été utilisé afin d'alléger le texte.

Suzanne Rivard
Jean Talbot

LE
DÉVELOPPEMENT
DE SYSTÈMES D'INFORMATION

Méthode et outils

1993
Presses de l'Université du Québec
2875, boulevard Laurier, Sainte-Foy (Québec)   G1V 2M3

École des Hautes Études Commerciales
5255, avenue Decelles, Montréal (Québec)   H3T 1V6

Données de catalogage avant publication (Canada)

Rivard, Suzanne

   Le développement de systèmes d'information: méthodes et outils

   ISBN 2-7605-0569-3

   1. Systèmes d'information de gestion. 2. Systèmes, Conception de. 3. Informatique – Techniques structurées. 4. Systèmes, Analyse de. 5. Bases de données. I. Talbot, Jean, 1952- . II. Titre.

T58.6.R58 1991   658.4′038011   C92-096072-3

Couverture: Christian CAMPANA

2ᵉ impression – Janvier 1993

ISBN 2-7605-0569-3

Dépôt légal – 1ᵉʳ trimestre 1992
Bibliothèque nationale du Québec
Bibliothèque nationale du Canada
Imprimé au Canada

À Marie-Frédérique, Mélissandre et Roger
À Marc Éric, Jean-François et Joanne

Avant-propos

Les épithètes « téméraire », « imprudent », « inconscient » ou même « fou » seraient sans doute utilisés pour qualifier l'individu qui entreprendrait l'ascension d'une haute montagne sans équipement adéquat, sans une connaissance approfondie des techniques d'alpinisme et sans expérience dans le domaine. Les mêmes épithètes pourraient être utilisés dans le cas de l'individu ou de l'organisation qui entreprendrait un développement de système d'information sans utiliser une méthode appropriée et sans posséder une connaissance approfondie de certains outils et techniques de développement de systèmes.

Le présent ouvrage est en quelque sorte un traité et un guide pratique d'alpinisme! Il propose une méthode de développement de systèmes d'information, présente les principaux outils dont dispose l'analyste de système, illustre comment, dans la pratique, cette méthode et ces outils sont utilisés et suggère de nombreux exercices pratiques. De la même façon que le futur alpiniste ne pourrait se lancer à l'assaut de l'Everest après un cours de base en alpinisme, le futur analyste de système ne pourra se lancer seul dans le développement d'un système d'information de très grande envergure après la lecture de cet ouvrage. Mais, nous l'espérons, il lui sera possible d'entreprendre de petites excursions de développement de systèmes ou de participer, comme apprenti, à des entreprises plus ambitieuses!

Cet ouvrage est le fruit de plusieurs années de travail au cours desquelles nous avons tenté de déterminer les principaux besoins en information de nos étudiants, en ce qui concerne la connaissance du développement de systèmes d'information. Au cours des années, nous avons réalisé que les étudiants ont bien sûr besoin de savoir ce que doit faire l'analyste de système, mais aussi et surtout, comment les diverses activités doivent être menées. C'est une première caractéristique de cet ouvrage que d'expliquer le comment de la mise en œuvre de certaines approches, techniques ou méthodes. Nous avons aussi réalisé qu'un cours portant sur le développement de systèmes d'information fait appel à certains outils ou techniques qui, tout en étant essentiels à la bonne conduite d'un projet, peuvent distraire le lecteur s'ils sont présentés en même temps que des concepts plus généraux ayant trait aux activités de développement elles-mêmes. Il en est ainsi de la présentation d'outils tels que les outils de collecte d'information, les outils de modélisation et de documentation de systèmes, les concepts de bases de données et de fichiers ainsi que les méthodes de normalisation de fichiers, par exemple. C'est une seconde caractéristique de cet ouvrage que de présenter tous ces outils dans des annexes plutôt que dans le corps du texte.

Cette dernière caractéristique fait aussi de ce livre un outil flexible qui peut convenir à plusieurs publics de lecteurs. Le premier type de public visé est celui constitué d'étudiants inscrits à un cours portant sur le développement des systèmes d'information. Le livre couvre toutes les étapes du processus et présente l'ensemble des principaux outils modernes utilisés dans un tel contexte. Le livre trouvera aussi preneurs dans les organisations qui voudront offrir à leur personnel non informaticien des programmes de formation en contexte d'informatique-utilisateur. Le livre présente en effet une méthode de développement de systèmes basée sur les mêmes principes de rigueur que les méthodes en vigueur chez les informaticiens des grandes organisations. Elle est cependant plus souple et plus adaptable, correspondant ainsi plus adéquatement aux besoins de l'informatique-utilisateur.

Les années au cours desquelles nous avons enseigné le développement de systèmes d'information nous ont aussi permis de réaliser combien les étudiants ont besoin d'être exposés à des situations variées et mis en présence d'exemples concrets. C'est une troisième caractéristique de cet ouvrage que de suggérer un grand nombre d'exemples. La matière présentée dans chaque chapitre fait l'objet d'un exemple spécifique, assez élaboré. Que ce soit un système de réservation de place de concert, qui illustre les différents modèles d'un système d'information, un système de paie, qui permet de mettre en application les principes de construction d'un diagramme de flux de données, ou un système de suivi de consommation de carburant, qui décrit comment des scénarios de solution peuvent être élaborés, les exemples concrétisent les différents concepts présentés.

On l'aura réalisé, nos étudiants, ceux du baccalauréat en administration des affaires et ceux de la maîtrise en sciences de la gestion de l'École des Hautes Études Commerciales de Montréal, ont contribué de façon importante à faire de ce livre ce qu'il est. Leurs nombreux commentaires sur les versions préliminaires de notre ouvrage nous ont permis de l'amener à une forme qui, croyons-nous, pourra être utile à des étudiants d'autres établissements d'enseignement. Les collègues avec qui nous avons enseigné les cours d'analyse et de conception de systèmes nous ont aussi beaucoup apporté par leurs commentaires. Nous remercions en particulier Jean-Paul Basselier et Michel Chokron qui nous ont fait de nombreuses suggestions tant sur le contenu que sur la forme de cet ouvrage. Guy Paré a apporté une contribution particulière, puisque nous lui devons la majorité des questions suggérées à la fin des chapitres. Lise Arsenault a eu le courage de transformer les nombreux graphiques, schémas et dessins que nous lui transmettions en des tableaux et des figures d'une clarté remarquable. Roger Noël a accepté la tâche ingrate d'apporter au texte les nombreuses corrections suggérées par de la révision linguistique. Francine Cholette a minutieusement vérifié la pénultième version de cet ouvrage. Enfin, Angèle Tremblay, directrice de l'édition aux Presses de l'Université du Québec, a suivi avec assiduité et une grande patience la réalisation du livre. Nous remercions aussi la direction de la recherche de l'École des HEC qui a supporté financièrement la préparation de ce manuel. À tous et à toutes nous disons notre gratitude. Si ces contributions ont beaucoup aidé à faire de ce livre un ouvrage de qualité, nous assumons seuls la responsabilité des failles qui pourraient demeurer.

Table des matières

## CHAPITRE 1

Organisation, information et systèmes d'information

Organisation et information

Les années 80 ont été témoins de l'accroissement de l'importance du rôle de l'information dans les organisations. Ainsi, en 1980, le magazine *Telecommunications*[1] rapportait que, chaque jour, le monde des affaires aux États-Unis générait approximativement 600 millions de pages de données informatiques, 235 millions de photocopies et 76 millions de lettres; on ajoutait que 21 milliards de pages de papier étaient déposées dans des tiroirs et que cette information augmentait dans une proportion de 25 % par année. En 1986, Richard Mason, professeur en systèmes d'information à l'Université Southern Methodist et conseiller auprès de grandes entreprises américaines et canadiennes, écrivait :

> Aujourd'hui, dans nos sociétés occidentales, plus de gens sont employés à recueillir, à traiter et à distribuer de l'information qu'à n'importe quelle autre occupation. Des millions d'ordinateurs sont installés de par le monde et plusieurs millions de milles de fibre optique, de fils et d'ondes relient les gens, les ordinateurs, ainsi que tous les autres moyens de traitement de l'information. Notre société est vraiment une société de l'information, notre temps l'ère de l'information[2].

Alors qu'au cours des deux premiers tiers du XXe siècle les entreprises concentraient leurs efforts sur l'automatisation du travail manuel, au fil des années subséquentes elles ont fait des investissements majeurs pour supporter le travail intellectuel. Elles prévoyaient qu'aux États-Unis, par exemple, l'investissement en technologie par employé de type col blanc passerait de 5000 $ en 1984 à 20 000 $ en 1990. Les développements de la technologie informatique ont joué un rôle de support et de catalyseur dans l'accroissement de l'importance de l'information. Les concepts de bases de données, les logiciels de quatrième génération, la télécopie, les systèmes experts, les satellites de télécommunications et la micro-informatique, pour n'en nommer que quelques-uns, sont tous des outils de traitement d'information dont disposent les organisations modernes. La diffusion de ces outils s'est faite à une vitesse parfois fulgurante.

Citons l'exemple de la micro-informatique. La revue *Business Week* rapportait qu'aux États-Unis les ventes de micro-ordinateurs étaient passées, entre 1982 et 1984, de 3,1 milliards de dollars à 7,4 milliards et à 14,5 milliards un an plus tard[3]. En 1988, dans une analyse de 100 grandes entreprises américaines, *Computerworld* signalait que ces organisations possédaient en moyenne 35 postes de travail informatiques (micro-ordinateurs

---

1. EASTMAN KODAK COMPANY, *Telecommunications*, janvier 1980.
2. R. O. MASON, « Four Ethical Issues of the Information Age », *MIS Quarterly*, mars 1986, vol. 10, no 11, p. 5-12.
3. « Apple's Dynamic Duo », *Business Week*, 26 novembre 1984, p. 146-156.

ou terminaux) pour 100 employés, les 25 entreprises considérées les plus efficaces ayant une moyenne de 44 postes de travail pour 100 employés[4]. Plus récemment, la revue *Personal Computing*[5] faisait état de ratios employés/micro-ordinateurs fort impressionnants◊. Il ne fait pas de doute que cette tendance se poursuivra au cours de la prochaine décennie. Dans

VOIR LES TABLEAUX 1.1 ET 1.2.

TABLEAU 1.1
Les micro-ordinateurs dans les entreprises manufacturières

Entreprise	Nombre	Ratio
General Electric	45 000	6,71
Ford	42 000	8,54
DuPont	40 000	2,75
GTE	32 000	3,12
GM	31 500	24,28
General Dynamics	30 000	3,16
Westinghouse	30 000	3,33
Boeing	28 000	5,46
Eastman-Kodak	25 000	3,00

Source: *Personal Computing*, septembre 1989.

TABLEAU 1.2
Les micro-ordinateurs dans les entreprises de services

Entreprise	Nombre	Ratio
Merrill Lynch	25 000	1,92
Travelers Insurance	20 200	1,68
Bank of America	18 000	3,16
CitiCorp	15 000	3,60
Peat Marwick	10 000	2,50
Price Waterhouse	10 000	1,00
Arthur Young	8 000	1,62
Coopers & Lybrand	7 000	2,00
McGraw-Hill	4 000	4,00

Source: *Personal Computing*, septembre 1989.

4. M. SULLIVAN-TRAINOR, « Leadership Shifts to Smaller Companies », cahier spécial de l'hebdomadaire *Computerworld*, 12 septembre, 1988, p. 6-17.
5. « Corporate Pacesetters: The Top 100 », *Personal Computing*, septembre 1989, p. 70-90.

son livre *Information Payoff : The Transformation of Work in the Electronic Age*, P. A. Strassman prévoit qu'avant l'an 2000 plus de 200 millions de postes de travail informatiques seront installés dans les organisations à travers le monde[6].

À la lecture de ces nombreuses statistiques, on peut se demander : à quoi servent toute cette technologie et toute cette information? Il existe deux réponses principales. La première repose sur le fait que le tissu industriel a grandement évolué depuis les années 50. Les entreprises dont l'activité principale est le traitement de l'information — banques, maisons de courtage, compagnies d'assurances, entreprises de publicité — représentaient à cette époque une proportion minime du PNB canadien; en 1988, elles y occupaient une place prépondérante. Pour un grand nombre d'entreprises, l'information est donc à la fois la matière première et le produit fini. Citant le cas des États-Unis, Mason écrivait encore :

> Les États-Unis sont surtout engagés dans la gestion de l'économie. Les symboles de notre société ne devraient être ni la charrue, ni l'enclume, ni la machine-outil ou la roue d'engrenage. Les symboles les plus appropriés de notre travail sont le « in and out basket », le téléphone et la table de conférence[7].

La seconde réponse réside dans la structure même des organisations et dans la façon dont elles sont gérées. Par définition, une organisation « est un système formé d'individus qui réalisent que l'atteinte de leurs objectifs sera facilitée par la coopération et la division du travail »[8]. La figure 1.1 est une adaptation de la représentation, maintenant classique, d'une organisation telle que R. N. Anthony l'a conçue[9]. Anthony présente l'organisation comme étant composée de trois niveaux de gestion appelés planification stratégique, contrôle de gestion et contrôle des opérations. Les personnes qui occupent le niveau de la planification stratégique sont situées au sommet de la hiérarchie organisationnelle et elles ont pour rôle de définir la mission, les buts et les objectifs de l'organisation; elles en établissent les politiques générales et les lignes de conduite. Dans l'entreprise manufacturière fictive◊, le sommet stratégique est occupé par le président-directeur général et les vice-présidents (par exemple, le vice-président au personnel, le vice-président à la planification, le vice-président

Voir la figure 1.1.

6. P. A. Strassman, *Information Payoff : The Transformation of Work in the Electronic Age*, New York, N.Y., The Free Press, 1985.
7. R. O. Mason, *op. cit.*, 1986, p. 8.
8. L. Gingras, N. Magnenat-Thalman et L. Raymond, *Systèmes d'information organisationnels*, Chicoutimi, Gaëtan Morin Éditeur, 1986, p. 23.
9. R. N. Anthony, *Planning and Control Systems : A Framework for Analysis*, Cambridge, Mass., Harvard University Press, 1965.

FIGURE 1.1
Niveaux de gestion d'une organisation

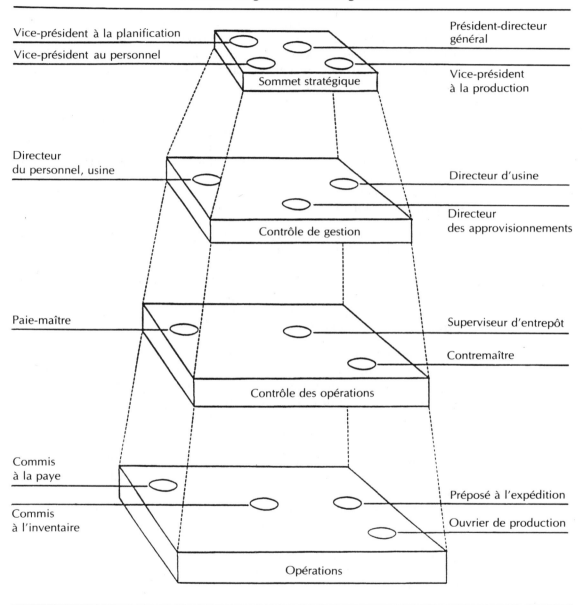

Vice-président à la planification

Vice-président au personnel

Président-directeur
général

Vice-président
à la production

Sommet stratégique

Directeur
du personnel, usine

Directeur d'usine

Directeur
des approvisionnements

Contrôle de gestion

Paie-maître

Superviseur d'entrepôt

Contremaître

Contrôle des opérations

Commis
à la paye

Préposé à l'expédition

Commis
à l'inventaire

Ouvrier de production

Opérations

Source: R. W. Zmud, *Information Systems in Organizations*, Scott, Foresman and Co., 1983, p. 55.

à la fabrication). C'est au niveau du contrôle de gestion que se joue la prise de responsabilités des aspects tactiques, c'est-à-dire la mise en place de moyens concrets pour la mise en œuvre de la stratégie établie au plan hiérarchique supérieur. Anthony mentionne que l'acquisition des ressources nécessaires à la réalisation de la stratégie, l'établissement de tactiques d'acquisition et de diversification, la localisation industrielle, le lancement de nouveaux produits, l'établissement et le suivi des budgets font partie des responsabilités prises à ce niveau. Dans ce type d'entreprise, les gestionnaires comme le directeur général, le directeur du personnel et le directeur des approvisionnements se retrouvent au niveau du contrôle de gestion. Enfin, c'est au niveau du contrôle des opérations que l'on veille à l'utilisation efficace et efficiente des moyens et des ressources afin de mener à bien les activités de l'organisation, tout en respectant les contraintes budgétaires. Comme le montre cette figure, les détenteurs de postes de superviseur d'entrepôt, de paie-maître ou de contremaître d'équipe de production sont responsables de ces activités.

On l'aura remarqué, la représentation de l'entreprise ne s'arrête pas à ce troisième niveau. Nous en avons ajouté un quatrième qui, cependant, n'offre pas de responsabilités de gestion. Il est constitué de toutes les activités de transformation grâce auxquelles l'entreprise réalise sa mission. Dans l'entreprise manufacturière proposée en exemple, c'est à ce niveau que les postes de préposé à l'inventaire, commis à la paye et ouvrier de production se retrouvent.

Interrogeons-nous maintenant sur les activités quotidiennes des personnes qui occupent les divers postes de la figure 1.1. Les vice-présidents sont souvent occupés à des réunions avec leurs subordonnés, soit pour leur transmettre des directives ou pour recevoir leurs rapports. Ils se réunissent aussi avec les autres vice-présidents et le P.-D.G. afin d'établir des plans, de revoir les réalisations. Ils rencontrent des gens de l'extérieur, que ce soit des représentants des gouvernements, des représentants d'associations d'industriels du même secteur, ou encore des conseillers, des clients, des fournisseurs, des créanciers. Ils reçoivent bon nombre de notes de service et en écrivent un nombre plus grand encore. Ils reçoivent de l'information écrite venant de l'extérieur de l'entreprise, aussi bien sous forme d'articles de journaux ou de revues spécialisés, de publications gouvernementales, de lettres de clients, fournisseurs et créanciers que de rapports d'experts sur des études de marché ou des prévisions économiques. Ils reçoivent et font eux-mêmes nombre d'appels téléphoniques. En un mot, le travail de ces gestionnaires consiste à traiter de l'information.

La situation se présente de la même façon aux niveaux hiérarchiques inférieurs. Le directeur du personnel de l'usine établit ou fait établir des prévisions en besoins de personnel, met sur pied des mécanismes qui favorisent la motivation des employés et permettent de diminuer l'absentéisme, analyse les résultats d'études sur les conséquences de divers mécanismes de prime. Il rencontre son supérieur hiérarchique, en reçoit des documents afin de connaître ses directives, lui transmet ses attentes et fait rapport sur ses activités. Il rencontre ses subordonnés, entretient avec eux des conversations téléphoniques, leur transmet des documents et en reçoit de leur part; tout cela afin de transmettre ses propres directives et évaluations et de recevoir les rapports de ses subordonnés. Il rencontre les autres gestionnaires de l'entreprise afin d'établir leurs besoins en personnel, de leur faire part de certains mécanismes à mettre en place, et ainsi de suite.

On pourrait faire une description semblable des activités de gestion à tous les niveaux. Il faut bien l'avouer, la description des activités présentées ci-haut est sommaire; elle ne représente que la pointe de l'iceberg de toutes les activités de gestion. Toutefois, un point demeure commun à toutes ces activités qui ont été décrites ou qui ont été omises. Elles sont essentiellement des activités de traitement d'information : saisie, transformation, entreposage et diffusion.

Finalement, on remarque que, même au niveau des opérations, bon nombre de personnes de cette entreprise sont impliquées dans le traitement d'information. C'est le cas du commis à la paye de même que du commis à l'inventaire et du préposé à l'expédition. Seul l'ouvrier de production effectue peu d'activités de traitement d'information. Par ailleurs, si l'on considérait des entreprises comme les banques, les compagnies d'assurances, la plupart des ministères d'un gouvernement, les entreprises de publicité, les maisons de courtage en valeurs mobilières ou les maisons d'éducation, on verrait que tous les niveaux hiérarchiques sont impliqués essentiellement dans le traitement d'information. Il serait en effet bien difficile de trouver, dans ce type d'entreprise, un employé qui ne l'est pas.

Dans les organisations, l'information n'est pas seulement traitée, elle est en plus véhiculée. En effet, la transmission d'information, qu'elle se fasse de supérieur à subordonné ou inversement, entre des personnes du même degré hiérarchique ou avec l'extérieur de l'organisation, occupe elle aussi une place importante dans les activités d'une entreprise.

Par conséquent, l'information est une ressource primordiale pour les organisations. Pour que la gestion de l'organisation soit adéquate, l'information produite et transmise doit être pertinente, complète, précise, exacte, conforme aux délais exigés et diffusée judicieusement. Voilà le rôle des systèmes d'information.

Les systèmes d'information

Définition d'un système d'information

Voir la figure 1.2.

Un système d'information est un ensemble d'activités qui *saisissent*, *stockent*, *transforment* et *diffusent* des données sous un ensemble de contraintes appelé l'*environnement* du système◊. Il est réalisé concrètement par des personnes, des procédures, des données et des équipements, informatiques ou non. Des inputs (données) sont émis par une source et traités par le système, lequel utilise aussi des données entreposées préalablement. Les résultats du traitement (outputs) sont transmis à une destination ou mettent à jour des données entreposées.

FIGURE 1.2
Un système d'information

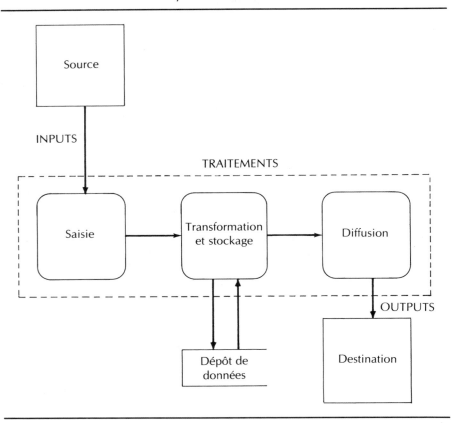

Comme l'illustre la figure 1.2, tout système d'information comporte quatre composantes : les inputs, les traitements, les dépôts de données et les outputs. Ainsi, un système classique de paye, qui saisit les données au sujet du temps travaillé, les transforme à l'aide de données permanentes entreposées dans des fichiers, produit des chèques de paye ou effectue des dépôts automatiques aux comptes de banque des employés et transmet de l'information au sujet des montants versés est un système d'information. Il est réalisé par du personnel et de l'équipement. Ce peut être de l'équipement non automatisé, comme une calculatrice et une machine à écrire; ce peut être un ordinateur auquel sont reliées de multiples unités de disques et d'imprimantes au laser. De plus, il est soumis à des contraintes externes. Ces contraintes peuvent être des ententes entre patrons et employés, ententes qui déterminent la périodicité de la préparation de la paye, les salaires devant être versés à chaque catégorie d'employés. Les lois de l'impôt, de l'assurance-chômage et de l'assurance-maladie sont elles aussi des variables qui influencent le système.

De la même façon, la prise de notes par le président d'une PME au sujet du comportement de ses proches collaborateurs, de leur efficacité, de leur degré d'autonomie, et son utilisation de ces notes au moment des promotions, des offres de participation aux bénéfices ou des augmentations de salaires constituent un système d'information. Dans un tel cas, le président est à la fois utilisateur et producteur de l'information; l'équipement est réduit à un carnet personnel. Malgré cela, la description qui vient d'être donnée correspond en tout point à la définition d'un système d'information.

Nous sommes cependant en présence de deux types de systèmes d'information différents : l'un est un système formel, l'autre un système informel. Un système d'information formel comporte généralement un ensemble de règles et de méthodes de travail dûment documentées ou à tout le moins établies selon une tradition. Tel est le cas du système de paye dont il était question précédemment, ou des systèmes de comptes fournisseurs et comptes clients, analyse des ventes et établissement de budgets, des systèmes permettant d'évaluer les aspects financiers de diverses possibilités d'acquisition et même des systèmes experts permettant la pose de diagnostic organisationnel. Les systèmes d'information informels d'une organisation comportent des systèmes semblables au système d'évaluation des collaborateurs que possédait le président d'entreprise dans l'exemple cité au paragraphe précédent. Ils sont aussi constitués de l'ensemble des activités de traitement d'information que sont l'envoi et la réception de lettres et notes de service, les conversations téléphoniques, les discussions impromptues, les notes aux tableaux d'affichage et les articles de journaux et magazines.

Bien que les systèmes d'information informels jouent un rôle fort important dans les organisations, ce livre ne s'y intéressera pas. La méthode de développement de systèmes d'information dont il sera question dans les chapitres subséquents s'applique essentiellement à des systèmes d'information formels, qu'ils soient manuels ou informatisés. Dans les prochains paragraphes, nous ferons référence à ces systèmes.

Taxonomie des systèmes d'information formels

VOIR LE TABLEAU 1.3.

Il existe une taxonomie des systèmes d'information formels◊. Ces systèmes se répartissent en cinq grandes catégories : les systèmes de traitement de transactions, les systèmes d'information de gestion, les systèmes d'information d'aide à la décision, les systèmes experts et les systèmes à avantage compétitif. Bien que ces systèmes utilisent souvent des technologies différentes, ils se distinguent surtout les uns des autres par le type d'activités qu'ils supportent.

TABLEAU 1.3
Taxonomie des systèmes d'information

- Systèmes de traitement de transactions
- Systèmes d'information de gestion
- Systèmes d'information d'aide à la décision
- Systèmes experts
- Systèmes à avantage compétitif ou concurrentiel

Comme leur nom l'indique, les systèmes de traitement de transactions traitent les données qui proviennent des transactions que l'organisation effectue soit avec ses clients, ses fournisseurs, ses créanciers ou ses employés. Ils produisent aussi les documents et pièces qui témoignent de ces transactions. Les systèmes de traitement des transactions sont responsables de l'emmagasinage de toutes les données qui permettent de faire le suivi des activités de l'organisation. Ils supportent les activités qui sont effectuées au niveau des opérations de l'organisation (figure 1.1). Citons encore les systèmes de paye, de prise de commande, de facturation, de comptes fournisseurs, de comptes clients, d'inscription d'étudiants, de prêt de livres et de documents dans une bibliothèque, de mise à jour de comptes bancaires et de calcul des impôts dus par un contribuable.

Les systèmes d'information de gestion ont pour objectif de supporter les activités des gestionnaires de l'organisation, qu'elles se situent au niveau du contrôle des opérations, du contrôle de gestion ou de la planification stratégique. Ils reposent souvent sur les bases de données créées par les systèmes de traitement de transactions, bien qu'ils aient aussi des sources de données externes à l'organisation. Ils consistent généralement en des rapports remis aux gestionnaires, de façon périodique ou sur demande, qui résument la situation d'un aspect particulier de l'organisation. Ces rapports sont souvent comparatifs; ils mettent en contraste une situation présente et une situation qui avait été prévue, une situation présente et une prévision, des données à propos d'entreprises du même secteur industriel, des données présentes à des données historiques. Puisque ces systèmes reposent en grande partie sur les données produites par les systèmes de traitement des transactions, la qualité de l'information qu'ils produisent est largement tributaire du bon fonctionnement de ces derniers. Les systèmes d'analyse de performance des vendeurs, de suivi budgétaire, de suivi de la productivité ou de l'absentéisme et les études de marché appartiennent à cette catégorie.

Les systèmes d'information d'aide à la décision (S.I.A.D.) sont des systèmes conçus avec l'objectif explicite de supporter les activités de prise de décision. Le processus de prise de décision est souvent décrit comme étant composé de trois grandes phases : l'identification du problème, l'élaboration et l'évaluation de scénarios de solutions et le choix d'une solution. En principe, un système d'aide à la décision doit fournir de l'information permettant à ceux qui prennent les décisions d'identifier une situation où une décision doit être prise. De plus, il doit être pourvu de capacités de modélisation afin de permettre la génération et l'évaluation de scénarios de solutions. Ce sont en général des systèmes interactifs, qui ont accès à une ou plusieurs bases de données et qui utilisent un ou plusieurs modèles pour représenter et évaluer une situation.

Les systèmes experts, ou systèmes à base de connaissances, trouvent leur origine dans la recherche en intelligence artificielle. Ils résultent d'un effort qui vise à représenter, par des moyens informatiques, les connaissances d'un expert dans un domaine donné. Le système expert est composé essentiellement d'une base de connaissances et d'un moteur d'inférence. Comme certains auteurs le notent :

> On peut considérer le domaine des systèmes experts comme une extension du domaine des systèmes interactifs d'aide à la décision lorsque l'expertise vise la prise de décision, ou encore comme un prolongement du domaine de système d'aide au travail intellectuel. Leur particularité réside toutefois dans l'emploi de certaines techniques de l'intelligence artificielle, notamment de l'expertise dans une base de connaissances comprenant des faits et des règles utilisés par l'expert[10].

---

10. G. B. DAVIS, M. H. OLSON, J. AJENSTAT et J. L. PEAUCELLE, *Systèmes d'information pour le management*, vol. 2, Montréal, G. Vermette Inc., 1986, p. 188.

En plus de supporter les activités de gestion interne de l'organisation, les systèmes d'information peuvent être utilisés comme support à la stratégie. On les appelle alors systèmes à avantage compétitif ou concurrentiel. En examinant un de ces systèmes sans tenir compte des raisons qui ont amené son implantation ou encore de l'environnement dans lequel il évolue, on croira qu'il s'agit tout simplement d'un système de traitement des transactions, d'un système d'information de gestion, d'un S.I.A.D. ou d'un système expert. Pourtant, l'utilisation qu'on en fait permet de différencier ce système des autres. Alors que par leur définition même, les autres systèmes sont conçus pour des utilisateurs qui font partie de l'organisation (gestionnaires ou autres), l'utilisateur d'un système à avantage concurrentiel peut aussi être un client, un fournisseur et même une autre organisation de la même industrie. Si les systèmes définis auparavant ont pour objectif de supporter les activités de gestion de l'organisation, les systèmes à avantage concurrentiel sont des outils de réalisation de la stratégie. Ils peuvent permettre à l'organisation de réussir face aux forces concurrentielles représentées par les clients, les fournisseurs, les nouveaux venus dans l'industrie, les produits de substitution et les autres organisations de la même industrie. Par exemple, l'installation de terminaux qui permettent aux clients d'un distributeur de produits pharmaceutiques de transmettre directement leurs commandes à l'ordinateur de leur fournisseur en a fait des clients quasi captifs. Un fabricant d'armoires de cuisine qui a mis à la disposition de sa clientèle un système d'aide à la décision au sujet du design d'une cuisine a pu augmenter fortement sa part de marché.

La méthode de développement de systèmes présentée dans les chapitres subséquents s'applique surtout aux deux premiers types de systèmes. Bien que certains principes énoncés et certains concepts vus dans le livre soient pertinents lors du développement de S.I.A.D., de systèmes à avantage compétitif et même de systèmes experts, la spécificité de ces systèmes et des situations auxquelles ils s'appliquent requiert des méthodes spécialement adaptées.

Représentation d'un système d'information

Un même système d'information peut être décrit différemment selon la perspective dans laquelle on se situe. Par exemple, un client percevra le système de guichet automatique d'une banque comme étant composé d'un terminal sur l'écran duquel des questions sont affichées et d'un ensemble de procédures à effectuer (entrer une carte bancaire dans la fente du terminal prévue à cet effet, entrer un code personnel, répondre aux questions au sujet du genre de transaction à effectuer, entrer les montants en appuyant sur les touches appropriées, retirer des billets de la fente prévue à cet effet). Pour sa part, le directeur des services à la clientèle de la banque le décrira comme étant un système qui permet aux clients d'effectuer des dépôts ou des retraits pour une valeur maximale de 500 $, de transférer des montants d'un compte à un autre, après avoir vérifié l'identité du client. Enfin, le directeur de l'exploitation informatique de la banque décrira peut-être le système comme étant composé de 122 programmes et sous-routines différents, écrits dans un langage structuré avec un type particulier d'ordinateur, et qui font appel à un certain nombre d'unités de disques d'une capacité donnée.

Chacune de ces personnes décrit le système selon un modèle différent. Ce concept de modèle est fort important; il constitue l'un des fondements de la méthode de développement de systèmes d'information décrite dans ce livre. Nous définissons ici trois modèles selon lesquels on peut décrire un même système d'information : le modèle logique, le modèle physique externe et le modèle physique interne. La figure 1.3◊, adaptée à partir d'un guide de développement de systèmes publié par la firme DMR[11], illustre ces concepts.

VOIR LA FIGURE 1.3.

Le modèle logique décrit ce que fait le système : les données qu'il saisit, les traitements qu'il effectue, les dépôts où il entrepose des résultats et desquels il extrait des données pour fins de traitement et l'information qu'il produit. Il répond aux questions : Quoi? et Pourquoi? Il ne s'intéresse nullement aux moyens mis en place pour réaliser le système, ni aux lieux ou aux moments où les données sont traitées. La description faite par le directeur des services à la clientèle du système fictif de guichet automatique correspond à ce modèle.

Pour sa part, le modèle physique externe s'intéresse aux aspects « visibles » du système, tels que les supports des données et ceux des résultats ainsi que le format des inputs et des outputs, les moyens mis en oeuvre pour opérer le système, les services, départements, personnes ou postes impliqués dans les activités de traitement, les procédures manuelles, ainsi que les aspects ergonomiques comme l'aménagement physique des lieux de traitement de données, les types de claviers ou d'écrans utilisés. Il s'intéresse aussi à l'aspect temporel du système, c'est-à-dire aux moments où les diverses activités de traitement de données ont lieu. Il répond aux questions : Quoi? Qui? Où? et Quand? La vision du système de guichet automatique du client de la banque correspond à ce modèle.

Le modèle physique interne concerne lui aussi des aspects physiques du système, qui cependant ne sont pas perceptibles pour ses utilisateurs.

---

11. DMR ET ASSOPIÉS, *Guide de développement d'un système d'information*, Montréal, mai 1985.

14

FIGURE 1.3
Les trois modèles d'un système d'information

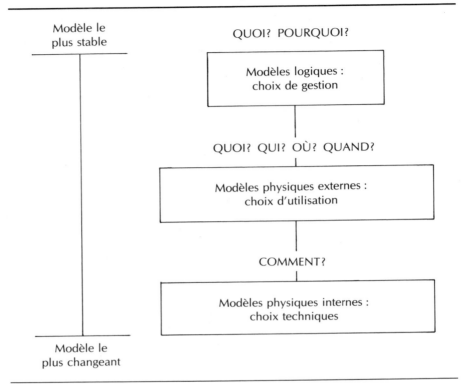

Source: Adapté de DUCROS, MEILLEUR, ROY & ASS., *Guide de développement d'un système d'information*, mai 1985.

Tel est le cas de renseignements relatifs au type d'équipement utilisé pour réaliser le système, à la capacité d'entreposage et à la rapidité de traitement de cet équipement, à l'organisation physique des données dans les dépôts, à la structure des programmes et aux langages de réalisation, par exemple. Il répond essentiellement à la question : Comment? La description du système de guichet automatique donnée par le directeur de l'exploitation informatique de la banque correspond au modèle physique interne.

Selon la figure 1.3, chaque modèle est le résultat de choix différents, le modèle logique résultant d'un choix de gestion, le modèle physique externe, d'un choix d'utilisation, et le modèle physique interne, d'un choix technique. Les trois modèles ont des degrés de stabilité différents, le modèle logique étant le plus stable, et le modèle physique interne le plus changeant. L'exemple suivant illustrera ces deux énoncés.

 La salle Peyronnet est une grande salle de spectacles où l'on présente aussi bien des concerts de musique classique que des opéras, des spectacles de vedettes rock, des comédies musicales et des spectacles de variétés. La salle Peyronnet peut accueillir 4 500 spectateurs. Voilà quelques années, la propriétaire de la salle a demandé à des analystes en systèmes d'information de mettre au point un système de réservation de places. Lors de rencontres avec les analystes, la propriétaire leur fit part des caractéristiques essentielles que devait posséder le système. Tout d'abord confirmer aux clients la date et l'heure du spectacle pour lequel une réservation avait été effectuée, de même que la rangée, le numéro et le prix de chaque siège réservé. Ensuite veiller à ce que le même siège ne soit pas loué deux fois et qu'on ne réserve pas plus de places que n'en contenait la salle. Puis fournir, à la direction de la salle, des données au sujet du taux de réservation pour chaque spectacle et des revenus de ventes de billets. Enfin permettre de comparer la rentabilité des divers genres de spectacles.

Comme le suggère cette figure et comme l'illustreront les paragraphes subséquents, le modèle logique est le niveau le plus stable d'un système d'information. En effet, à partir du moment où les outputs et les contraintes de gestion ont été identifiés grâce aux utilisateurs, il existe très peu de variations possibles quant au modèle logique approprié. Ainsi que nous le verrons dans le chapitre qui traite de la conception du modèle logique d'un système, le contenu des outputs a une incidence directe sur le contenu de la base de données; les outputs étant déterminés, la base de données l'est aussi. Les contraintes de gestion, le contenu des outputs et le contenu de la base de données déterminent à leur tour les traitements à effectuer et le contenu des inputs du système. Le modèle logique résulte directement de choix de gestion et est extrêmement stable. À la limite, on pourrait dire qu'étant donné les choix de gestion faits par la propriétaire de la salle Peyronnet, il n'existe qu'un modèle logique de système possible.

Il en est autrement pour le modèle physique externe. Puisqu'il est le résultat de choix d'utilisation, il peut prendre un grand nombre de formes. Dans le cas de la salle Peyronnet, on pourrait imaginer les modèles physiques externes suivants.

Modèle physique externe 1.   Aux guichets de la salle Peyronnet, on a en mains tous les billets disponibles pour la vente. Lorsqu'un client se présente au guichet, on lui fait choisir les sièges qu'il désire parmi les billets en vente pour le spectacle auquel il souhaite assister. Lorsque son choix est fait, le client paie et on lui remet ses billets. On procède sensiblement de la même façon pour les réservations par téléphone; les clients ont jusqu'à

30 minutes avant le début d'un spectacle pour réclamer leurs billets. Les billets non réclamés à ce moment pourront être vendus à d'autres spectateurs. Les rapports de gestion sont préparés par un commis qui, chaque matin, compte le nombre de billets invendus pour chaque spectacle. Il effectue les calculs relatifs aux montants des recettes pour chaque spectacle et prépare un rapport à la direction.

Modèle physique externe 2.   Le système de réservations est informatisé. Au moment où un client se présente au guichet, on lui demande d'indiquer le spectacle auquel il désire assister ainsi que la date et, éventuellement, l'heure. À partir d'un terminal, un préposé vérifie les possibilités pour ce choix et en informe le client. Plusieurs interrogations peuvent ainsi avoir lieu. Lorsque le choix est arrêté, le préposé fait imprimer le ou les billets et encaisse le paiement du client et l'inscrit au terminal. La procédure est semblable pour les réservations téléphoniques; la même contrainte des 30 minutes avant le spectacle est imposée. Chaque matin, une adjointe de la propriétaire de la salle Peyronnet fait imprimer, à partir de son bureau, un rapport résumant les ventes pour chaque spectacle à venir et effectue des comparaisons.

> *Il existe de nombreuses autres versions possibles du modèle physique externe correspondant au modèle logique ébauché pour satisfaire les exigences de la direction de la salle Peyronnet. Sauriez-vous en suggérer?*

Ces brèves ébauches de modèles physiques externes ont deux caractéristiques essentielles. D'une part, elles répondent effectivement aux questions : Quoi? Qui? Où? et Quand? D'autre part, et selon les circonstances, elles apportent un nombre relativement élevé de modèles physiques externes qui peuvent satisfaire les exigences d'un modèle logique donné. Ces modèles physiques, bien sûr, ne sont pas équivalents au niveau des coûts, de la faisabilité, de l'efficacité et de l'efficience. La décision d'adopter un modèle physique externe plutôt qu'un autre résulte d'un choix d'utilisation. Ainsi, on optera pour le modèle qui correspond le mieux aux contraintes de l'organisation, que ce soit aux plans financier, technique, organisationnel ou humain.

Qu'en est-il du modèle physique interne? La suite de l'exemple de la salle Peyronnet démontrera qu'il est encore moins stable que le modèle physique externe. Supposons que la direction ait opté pour le second modèle physique externe. Comment ce modèle sera-t-il réalisé? Il existe un grand nombre de possibilités. En voici quelques-unes.

Modèle physique interne 1.   Les terminaux dont se servent les préposés à la vente de billets sont en fait des micro-ordinateurs reliés en réseau. Un micro-ordinateur serveur est muni d'un disque rigide où sont entreposés les données et les programmes. Le disque a une capacité de 40 méga-octets. Le micro-ordinateur serveur a une mémoire centrale de 1 méga-octet; les micro-ordinateurs jouant le rôle de terminaux ont des mémoires centrales de 640K. Les 20 programmes du système sont écrits en langage Pascal. Une imprimante à laser est installée dans le bureau de l'adjointe de la propriétaire de la salle Peyronnet; la vitesse d'impression est de 270 CPS. Les billets sont imprimés à l'aide d'une imprimante Proprinter III.

Modèle physique interne 2.   Des terminaux sont reliés à un mini-ordinateur ayant une mémoire centrale de 10 méga-octets. Les données et les programmes sont gardés sur un disque rigide de type Winchester, ayant une capacité de 1,2 milliard d'octets. Le logiciel Oracle a été utilisé pour réaliser le système. Une imprimante Proprinter III est installée dans le bureau de l'adjointe de la propriétaire de la salle Peyronnet. Les billets sont imprimés à l'aide d'une imprimante à laser.

Modèle physique interne 3.   Les terminaux dont se servent les préposés à la vente de billets sont en fait des micro-ordinateurs reliés en réseau. Un micro-ordinateur serveur est muni d'un disque rigide où sont entreposés les données et les programmes. Le disque a une capacité de 120 méga-octets. Le micro-ordinateur serveur a une mémoire centrale de 1 méga-octet; les micro-ordinateurs jouant le rôle de terminaux ont des mémoires centrales de 640K. Le système a été réalisé à l'aide du logiciel DBase III-Plus. Une imprimante FX-85 est installée dans le bureau de l'adjointe de la propriétaire de la salle Peyronnet. Les billets sont imprimés à l'aide d'une imprimante Laser Jet III de Hewlet-Packard.

Il existe plusieurs autres possibilités de modèle physique interne permettant de réaliser le modèle physique externe sélectionné. Pouvez-vous ébaucher l'un de ces modèles?

Comme l'illustrent ces quelques ébauches de modèle physique interne, ce genre de modèle d'un système d'information résulte essentiellement de choix techniques faits au sujet du système, et ses composantes ne sont pas perceptibles pour l'utilisateur. Étant donné un modèle physique externe, il existe, comme nous l'avons vu, de nombreuses possibilités de modèle physique interne. Toutes les possibilités ne seront pas équivalentes; certaines seront plus coûteuses, d'autres plus efficaces. La décision au sujet du modèle physique interne à adopter, repose en général sur des considérations techniques, de coût et d'efficacité.

VOIR LA FIGURE 1.4.   La figure 1.4 illustre le schéma de base d'un système d'information incluant les trois modèles◇. Comme l'indique l'illustration, chaque compo-

FIGURE 1.4
Un système d'information selon les trois modèles

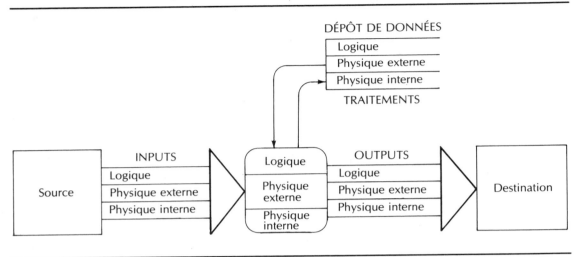

Voir le tableau 1.4.

sante d'un système d'information peut être décrite selon ces trois niveaux. Les principaux éléments de chaque modèle sont résumés au tableau 1.4◊.

L'importance du bon fonctionnement d'un système d'information

Comme nous l'avons vu précédemment, la gestion efficace d'une organisation repose en grande partie sur la qualité de l'information produite par ses systèmes d'information formels. Évidemment, la gravité des conséquences du mauvais fonctionnement d'un de ces systèmes dépendra de l'importance, pour la gestion de l'organisation, de l'information produite par ce système. À titre d'illustration, considérons l'exemple suivant.

Les systèmes de réservation de billets d'avion sont essentiels au bon fonctionnement des compagnies aériennes modernes. Une panne prolongée d'un tel système pourrait perturber gravement les activités d'une compagnie et, dans certains cas, la mener à la faillite. Mais les systèmes de réservation ne sont pas l'apanage des seules compagnies aériennes. Plusieurs entreprises disposent aussi de systèmes de réservation, lesquels permettent de réserver des salles de réunions ou de conférences. Le mauvais fonctionnement d'un tel système peut avoir des conséquences indésirables. Par exemple, si le système est tel que deux groupes de personnes

TABLEAU 1.4

Composantes de chaque modèle d'un système d'information

Modèle logique

Input :
- identification
- contenu (éléments d'information)
- volume
- source

Output :
- identification
- contenu (éléments d'information)
- volume
- destination

Dépôt de
données :
- identification
- éléments d'information pour chaque fichier
- clé primaire
- liens entre les fichiers
- volume
- accès

Traitements :
- description de la logique des traitements (incluant validations et contrôles)

Modèle physique externe

Input :
- médium d'input
- format d'input
- fréquence de saisie

Output :
- médium d'output
- format d'output
- fréquence de production

Base de
données :
- personnes pouvant accéder
- fréquence de mises à jour
- caractéristiques du matériel perceptibles par l'utilisateur

Traitements :
- identification des traitements informatisés et des modes de traitement
- procédures manuelles

Aspects
ergonomiques :
- éclairage
- types de claviers
- aménagement physique, etc.

TABLEAU 1.4 (suite)

Composantes de chaque modèle d'un système d'information

Modèle physique interne
- Outils de réalisation technique
- Structure des programmes
- Caractéristiques du matériel non perceptibles par l'utilisateur

Input :	– caractéristiques du matériel non perceptibles par l'utilisateur
Output :	– caractéristiques du matériel non perceptibles par l'utilisateur
Dépôt de données :	– organisation physique de la base de données – caractéristiques du matériel non perceptibles par l'utilisateur
Traitements :	– structure des programmes – langages de réalisation – caractéristiques du matériel non perceptibles par l'utilisateur

puissent obtenir une réservation pour la même salle de réunion à la même période, l'efficacité du travail effectué dans l'organisation en sera affectée. Cependant, les conséquences seront loin d'être aussi néfastes que celles causées par une panne importante d'un système de réservation de billets d'avion!

Voir le tableau 1.5. Le tableau 1.5◊ présente la liste des critères essentiels à la qualité de l'information; cette liste servira de base à la discussion qui suit, portant sur les principaux problèmes reliés au mauvais fonctionnement d'un système d'information.

La fiabilité de l'information produite par un système doit englober des aspects tels que l'exactitude et la précision. Un système qui crée de l'information peu fiable peut avoir des conséquences fâcheuses pour l'organisation. Prenons l'exemple de cette entreprise dont le système de facturation était tel, que de nombreuses erreurs avaient été signalées par ses clients; ces derniers s'étaient plaints qu'on leur ait facturé un montant supérieur à leurs achats. Certes, une telle situation est embarrassante pour l'entreprise; son image peut en souffrir et elle peut perdre des clients, donc voir ses ventes diminuer. Cependant, s'il y a facturation en plus, il est fort possible qu'il y ait aussi facturation en moins. Le fait qu'aucun client ne se soit plaint d'une telle situation n'est pas vraiment surprenant. Pourtant,

TABLEAU 1.5

Critères de qualité de l'information

Une information de qualité est

- Fiable
- Complète
- Pertinente
- Compréhensible
- Protégée
- Disponible au moment opportun

ce genre d'erreurs de facturation a un impact immédiat sur les recettes de l'entreprise. Si elles sont importantes et surviennent trop fréquemment, ces erreurs pourraient même, éventuellement, mettre l'entreprise en péril.

L'utilisation, par un gestionnaire, d'une information incomplète peut mener à des décisions ou à des actions qui ne correspondent pas aux exigences de la situation réelle. Prenons l'exemple, fort simpliste, du directeur de production d'une usine fabriquant des chaises, qui aurait demandé un rapport sur la quantité de chaises produites chaque semaine. Afin d'établir des comparaisons, ce rapport indique aussi le nombre de chaises produites au cours de la semaine précédente et à la même période l'année antérieure. Le directeur voyant le nombre de chaises produites augmenter de façon régulière pourrait considérer la situation comme tout à fait satisfaisante. La réalité peut pourtant être tout autre. Le système fournit à son utilisateur la quantité de chaises produites, mais non le taux de productivité. Que ferait le directeur de production s'il savait que pour produire cette quantité de chaises, de nombreuses heures supplémentaires sont nécessaires? Que dirait-il s'il savait qu'une quantité appréciable de matières premières est gaspillée parce que les ouvriers doivent travailler plus rapidement? Ici aussi, les conséquences de cette faille dans le système d'information peuvent être fort néfastes pour l'entreprise.

On entend parfois des gestionnaires mentionner qu'ils n'utilisent pas tel ou tel rapport qui leur est distribué; pourtant, ces rapports concernent des activités dont ils ont la responsabilité. Les raisons le plus souvent invoquées pour expliquer ce désintérêt vis-à-vis ce type de rapports se résument par le manque de pertinence de l'information qu'ils contiennent ou encore par leur caractère hermétique. En effet, si dans l'exemple précédent, on remarque que le rapport mentionné manquait d'information, on peut comprendre que certains autres rapports produits par un système donné peuvent contenir une très grande quantité d'information, dont une grande partie n'est pas pertinente pour la personne qui les reçoit. De la même façon, le manque de clarté d'un rapport, que ce soit à cause de l'usage abusif de codes ou d'abréviations avec lesquels l'utilisateur n'est pas familier, de la surcharge ou encore de la mauvaise disposition des éléments d'information dans un tableau ou sur un graphique, peut aussi amener l'utilisateur à négliger l'information qu'il contient. Deux types de conséquences résultent d'une telle situation. D'une part, l'organisation doit absorber le coût de production de rapports qui ne sont pas utilisés; l'expérience de nombreuses entreprises a démontré qu'un tel coût n'est pas à négliger. D'autre part, des actions ou des décisions erronées peuvent être prises parce que le gestionnaire ne dispose pas de l'information essentielle.

L'information est une ressource précieuse pour l'entreprise, au même titre que le capital ou les matières premières. Rares sont les entreprises où n'importe qui peut avoir accès aux réserves de capital et de matières premières. On aurait intérêt à en faire autant pour l'information; elle devrait être protégée et son accès, limité aux seules personnes autorisées. Pourtant, il n'en est pas toujours ainsi. Bien que les conséquences du manque de sécurité de l'information ne soient pas toujours aussi graves que lorsque des espions de puissances étrangères réussissent à pénétrer dans les systèmes d'information stratégiques d'un pays, elles peuvent causer beaucoup de tort à une organisation. Imaginons quelles pourraient être les conséquences si des personnes non autorisées et malintentionnées avaient accès aux dossiers-étudiants du ministère de l'Éducation ou d'une université, aux fichiers contenant les états de compte des utilisateurs d'une carte de crédit ou aux dossiers des contribuables au ministère du Revenu!

L'information produite par un système aura beau être fiable, complète, pertinente, compréhensible et protégée, elle n'aura aucune utilité si elle n'est pas disponible au moment où l'utilisateur en a besoin. Une entreprise employant 1 500 ouvriers syndiqués a dû faire face à des mouvements de grève parce que les chèques de paye avaient été distribués avec quelques heures de retard, plusieurs semaines de suite. Une clause de la convention collective stipulait, en effet, que l'on devait disposer des chèques au plus tard à 10 heures, le mercredi matin. Un système de guichet automatique qui aurait un temps de réponse de 5 minutes au lieu de quelques secondes verrait son utilisation chuter rapidement. Imaginons une entreprise dont les clients paient 30 jours après réception d'une facture; plus le délai de facturation sera long, plus important sera le manque à gagner de l'entreprise.

Ces quelques exemples illustrent l'importance d'une information de qualité. Certaines questions demeurent pourtant. Qu'est-ce qui, dans le fonctionnement d'un système, peut causer de tels problèmes? Comment y remédier? L'étude du développement de systèmes apportera quelques réponses à ces questions.

Questions

1. Considérez une petite entreprise de votre choix et décrivez les tâches des employés en faisant ressortir les liens qui existent entre les différentes tâches. Classez ces tâches selon le modèle d'Anthony.

2. Interrogez des gens de votre entourage qui travaillent. Demandez-leur de vous décrire leurs tâches. Selon vous, quel pourcentage de leur temps ces gens passent-ils à des activités de traitement de l'information?

3. Les années 80 ont été marquées par un accroissement de l'importance du rôle de l'information dans les entreprises. Expliquez en quoi l'information est devenue une ressource essentielle à la gestion de toute organisation.

4. Expliquez en vos propres termes ce qu'est un système d'information.

5. En vous inspirant de la figure 1.2, représentez un système classique de gestion des commandes et de facturation d'une petite entreprise manufacturière. Selon vous, quelles pourraient être les contraintes associées à ce type particulier de système?

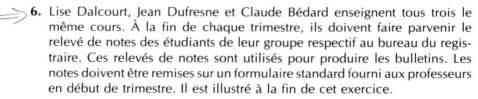

6. Lise Dalcourt, Jean Dufresne et Claude Bédard enseignent tous trois le même cours. À la fin de chaque trimestre, ils doivent faire parvenir le relevé de notes des étudiants de leur groupe respectif au bureau du registraire. Ces relevés de notes sont utilisés pour produire les bulletins. Les notes doivent être remises sur un formulaire standard fourni aux professeurs en début de trimestre. Il est illustré à la fin de cet exercice.

    Après avoir corrigé un travail ou un examen, Claude Bédard inscrit immédiatement la note de chaque étudiant sur le formulaire. À la fin du trimestre, il calcule la note globale de chacun et l'inscrit. Il calcule ensuite la moyenne et l'écart type de son groupe. Pour effectuer ces opérations, il utilise sa calculatrice.

    Lise Dalcourt procède quelque peu différemment. Au moment où elle reçoit la liste des notes, elle reporte les données (nom, matricule) dans un fichier sur l'ordinateur VAX modèle 785 de l'école, à l'aide d'un programme Basic et ce, à partir de son terminal XT100. Le fichier a pour support un disque dur de type Winchester d'une capacité de 1,2 milliard d'octets. Après correction d'un travail ou d'un examen, chaque note est inscrite au fichier. Ceci est effectué à l'aide d'un autre programme Basic. À la fin de chaque trimestre, un autre programme établit la note globale de chaque étudiant, la moyenne du groupe et l'écart type. Enfin, les notes sont imprimées directement sur le formulaire standard à l'aide d'un quatrième programme Basic et d'une imprimante Epson.

Pour sa part, Jean Dufresne reçoit aussi le formulaire, mais il a demandé au bureau du registraire de lui fournir les données du formulaire sur disquette. Lorsque la correction d'un travail ou d'un examen est terminée, il entre les notes sur disquette grâce à une application développée à l'aide du chiffrier électronique Lotus 1-2-3 installé dans un micro-ordinateur de marque IBM-PC. À la fin de chaque trimestre, lorsque les notes sont entrées, il fait calculer la moyenne et l'écart type et fait imprimer les résultats sur une feuille d'imprimante standard (voir page 26). Par la suite, il reporte manuellement les notes sur le formulaire du bureau du registraire.

Pour chacun des trois scénarios, indiquez quelles sont les composantes du modèle logique, du modèle physique externe et du modèle physique interne.

FORMULAIRE STANDARD POUR LA GESTION DES NOTES

CODE DU COURS : _____ – _____ – _____   ÉCOLE D'ADMINISTRATION PUBLIQUE

TITRE DU COURS : _____

PROFESSEUR : _____

COORDONNATEUR : _____

GROUPE : _____

TRIMESTRE : AUTOMNE _____   HIVER _____   ÉTÉ _____

ANNÉE : _____

NOM DE L'ÉTUDIANT	1	2	3	4	5	6	7	8	TOTAL
	%	%	%	%	%	%	%	%	100 %

_____

SIGNATURE DU PROFESSEUR

MOYENNE DU GROUPE : _____ %

ÉCART TYPE : _____ %

LISTE DES ÉTUDIANTS

CODE DU COURS : __02-004-81__

TITRE DU COURS : __A.C.S.I.__

TRIMESTRE : Hiver 1990   PROFESSEUR : Jean Dufresne

NOM DE L'ÉTUDIANT	TP1	TP2	TP3	INTRA	FINAL	TOTAL
	10	15	25	25	25	100
BÉRUBÉ ALAIN	7.0	11.0	22.0	22.0	20.0	82.0
BRISSON CHANTALE	8.0	13.7	21.9	24.0	21.9	89.5
DANIEL FRANÇOIS	9.0	12.6	20.6	18.5	21.0	81.7
FORTIN JEAN	6.0	14.1	18.9	19.0	17.9	75.9
.	.	.	.	.	.	.
.	.	.	.	.	.	.
.	.	.	.	.	.	.
.	.	.	.	.	.	.
.	.	.	.	.	.	.
.	.	.	.	.	.	.
MOYENNE	7.3	12.0	21.4	21.2	21.3	83.3
ÉCART TYPE	1.1	2.1	1.7	1.6	1.5	4.6

7. Pour chacun des énoncés suivants, indiquez l'association au modèle logique ou au modèle physique externe d'un système d'information.

	LOGIQUE	PHYSIQUE EXTERNE
Bon de commande en trois exemplaires		
On indique la date d'expédition		
Pierre Martel classe manuellement les bons de commande		
On compare les données des bons de commande à celles des bons de réception		
Le total de la facture est calculé		
Monsieur Martel saisit les données sur informatique		
Les données de transfert sont transmises aux magasins		
Les quantités facturées sont comparées		
On vérifie les codes de produit		
On entre les données quotidiennement		
Une copie du formulaire de transfert est annexée au bon d'expédition		
On consulte les bons de transfert afin de répartir les montants des achats entre les succursales		
Les quantités reçues		
Les bons de commande par ordre numérique		
La liste des factures à payer est produite		

8. Selon vous, quels sont les principaux objectifs qui sous-tendent l'introduction de la technologie informatique dans les entreprises? Ces objectifs sont-ils les mêmes pour toutes les organisations? Sinon, quels facteurs organisationnels peuvent influencer l'importance relative accordée à chacun des objectifs visés?

9. Les entreprises de tout type et de toute taille investissent actuellement de plus en plus dans la technologie de l'information dans l'espoir d'accroître entre autres leur productivité et d'améliorer le processus décisionnel des gestionnaires. Dressez une liste des technologies disponibles tant à la petite qu'à la grande entreprise en faisant référence aux domaines particuliers de l'informatique, de la télématique, de la bureautique et de la productique.

10. En vous inspirant du tableau 1.3, distinguez les différents types de systèmes qui peuvent exister, premièrement dans une institution universitaire et deuxièmement dans un centre hospitalier.

11. Quels sont les attributs de l'information? Démontrez en quoi ces attributs ne sont pas toujours nécessaires au même degré selon qu'il soit question de systèmes visant à supporter la planification stratégique, le contrôle de gestion ou le contrôle des opérations.

12. Expliquez en quoi un système d'information formel diffère d'un système d'information informel. Donnez des exemples concrets de tels systèmes pouvant exister d'abord dans une entreprise commerciale, ensuite dans une entreprise manufacturière et enfin dans une entreprise de services.

## CHAPITRE 2

Le développement de systèmes d'information

S·O·M·M·A·I·R·E

Raisons justifiant un développement de système

Le but ultime de tout effort de développement d'un système d'information est de fournir aux membres d'une organisation de meilleurs outils de gestion. Le développement d'un système consiste à analyser un système existant, à concevoir un nouveau système, à le réaliser et à procéder à sa mise en place. L'analyse de système consiste à recueillir des données au sujet d'un système existant et de son contexte, à décortiquer ces données et à les mettre en forme, de façon à poser un diagnostic de la situation présente. La conception se préoccupe d'identifier les composantes d'un système pouvant améliorer la situation actuelle et de construire les modèles logique et physique externe de ce nouveau système. La réalisation concerne l'élaboration du modèle physique interne du nouveau système et la traduction de ce modèle en langage informatique. La mise en place du système est son intégration dans les activités de l'organisation.

Qu'est-ce qui amène une organisation à procéder à un développement de système? Comme nous l'avons vu au chapitre précédent, le mauvais fonctionnement d'un système d'information, les problèmes de gestion et les pertes monétaires qui en résultent constituent la première raison qui motive une demande de développement de système. Mais il en existe d'autres◊.

VOIR LE TABLEAU 2.1.

TABLEAU 2.1

Raisons amenant un développement de système

- Problèmes de gestion
- Nouveaux besoins de gestion
- Changements technologiques
- Politique

De nouveaux besoins de gestion peuvent aussi rendre nécessaire un projet de développement de système. Que l'on songe à de nouvelles lois émises par les gouvernements (lois de l'impôt par exemple), à la signature d'une nouvelle convention collective, à une diversification des activités de l'entreprise que ce soit à travers de nouveaux produits ou encore de nouveaux marchés. Les actions des concurrents peuvent aussi avoir un fort effet de motivation, forçant l'entreprise à l'action. Par exemple, l'implantation des premiers guichets automatiques par une banque a pratiquement obligé les autres banques à aller de l'avant.

La mise en place de nouvelles technologies peut aussi amener une organisation à revoir quelques-uns de ses systèmes d'information. Lors de l'avènement des logiciels de gestion de bases de données, par exemple, bon nombre d'organisations ont réexaminé leurs systèmes afin de déterminer ceux qui devraient être implantés en utilisant cette nouvelle technologie.

Finalement, le rôle des jeux politiques n'est pas à négliger comme agent de motivation de certains développements de systèmes d'information. Les exemples ne manquent pas au sujet de développements de systèmes qui ont eu lieu parce qu'un gestionnaire désirait étendre son pouvoir et savait que l'information était un moyen de le faire.

Le fait qu'on ait perçu un besoin de développement de système n'est évidemment pas suffisant pour effectivement faire démarrer ce développement. Dans la plupart des organisations, des mécanismes plus ou moins formels existent pour déterminer si une étude de système sera entreprise ou non. Il peut s'agir d'une simple demande, émanant d'un département ou d'un service, transmise à la direction des services informatiques de l'organisation, laquelle est responsable de décider si la demande est recevable. Parce qu'une telle situation peut souvent être perçue comme laissant la porte ouverte à l'arbitraire, de nombreuses organisations ont mis sur pied un comité informatique, chargé entre autres de telles décisions. Dans la plupart des cas, le comité informatique est composé de la personne responsable de l'informatique ainsi que des responsables des principales fonctions dans l'organisation. Cette façon de faire assure que tous les points de vue seront considérés avant qu'une décision ne soit prise. La décision du comité, ou du responsable de l'informatique le cas échéant, ne résultera pas obligatoirement en la mise en place d'un nouveau système d'information; elle portera plutôt sur le démarrage d'un projet de développement. Tout au long du projet, il faudra reconsidérer cette décision, c'est-à-dire déterminer si l'on doit poursuivre le projet ou y mettre fin.

Une méthode de développement de système

Les objectifs précis d'un projet de développement de système d'information sont d'obtenir un produit qui répond aux besoins des utilisateurs, qui s'intègre bien aux activités de l'organisation et qui est techniquement correct, tout en respectant les budgets et les échéances préalablement établis. Point n'est besoin de suivre une méthode pour développer un système d'information; pourtant, sans méthode, on risque de n'atteindre aucun des objectifs fixés. Pourquoi en est-il ainsi? Un système d'information est un objet complexe, évoluant dans un environnement fort complexe, lui aussi. Afin de maîtriser cette complexité, l'analyste a besoin d'une démarche ordonnée, c'est-à-dire d'une méthode.

Une méthode est définie ici comme étant un ensemble d'étapes et d'outils qui permettent de discipliner le processus de développement de systèmes en le rendant rigoureux, donc plus facile à gérer. La méthode proposée ici prend appui sur trois principes fondamentaux qui sont à la base de la plupart des méthodes modernes, dites structurées, de développement de systèmes d'information[1]. Ces trois principes sont : d'abord l'utilisation de modèles, ensuite le passage du général au particulier et enfin, le passage du modèle physique au modèle logique lors de l'analyse, et du modèle logique au modèle physique lors de la conception. Examinons ces trois principes.

Au chapitre précédent, nous avons défini les trois modèles d'un système d'information, nommément les modèles logique, physique externe et physique interne. Nous avons vu comment, tout en décrivant le même objet, ces trois modèles s'intéressent à des aspects différents et sont, jusqu'à un certain point, hermétiques les uns par rapport aux autres. La méthode de développement présentée ici fait appel à cette notion de modèles et requiert que les trois niveaux soient toujours clairement différenciés dans notre esprit.

Le principe du passage du général au particulier est, en fait, un principe simplificateur. En effet, il stipule que, pour bien comprendre un système, il faut d'abord en comprendre les aspects généraux avant de s'intéresser aux détails. La nécessité d'appliquer un tel principe semble bien évidente. Pourtant, les premiers outils utilisés pour le développement d'applications informatiques permettaient de procéder à la modélisation d'un système en s'intéressant surtout aux aspects détaillés. La tâche en était d'autant plus difficile.

La tâche de développement est aussi simplifiée par l'application du troisième principe, c'est-à-dire le passage du physique au logique lors de l'analyse, et le passage du logique au physique lors de la conception. Comme il a été mentionné précédemment, l'analyse consiste à recueillir des données au sujet du système d'information existant et de son contexte. Les principales sources de ces données sont les utilisateurs, les documents, et l'observation. Ces trois sources fourniront surtout une description du modèle physique externe du système. Par exemple, un utilisateur nous dira : « Robert examine la copie rose et transmet la copie bleue à Marie. Celle-ci examine à son tour le contenu du document, appose sa signature et l'envoie au service de la comptabilité » plutôt que de dire : « Le premier traitement est une validation des commandes, le second une approbation de crédit. » Il appartient à l'analyste d'effectuer cette « traduction ». Cependant, la situation est différente lors de la conception du nouveau système.

1. DMR ET ASSOCIÉS, *Guide de développement d'un système d'information*, Montréal, mai 1985.

En effet, on établira d'abord que « le système devra vérifier l'identité du client » avant de déterminer si « le client insère sa carte dans la fente réservée à cet effet et tape son code personnel » ou encore si « le client pose son pouce et son index sur le lecteur d'empreintes digitales »!

Les étapes du développement

Voir la figure 2.1. Comme l'illustre la figure 2.1, la méthode proposée ici consiste en sept étapes◇. Chaque étape comporte une série d'activités décrites ci-après. Il faut noter, dès maintenant, que chaque étape est suivie d'une prise de décision au sujet de la poursuite ou de l'arrêt du développement. Cette décision s'appuie sur le contenu du rapport que remet l'analyste ou l'équipe d'analyse aux utilisateurs concernés. Le développement de système est un processus itératif. Selon les résultats d'une étape, il est possible, et parfois nécessaire, de retourner à l'étape précédente pour apporter des corrections. Certaines tâches sont effectuées tout au long du processus; ce sont la planification des étapes à venir, le contrôle des tâches accomplies, l'évaluation du projet et la documentation du système et du projet. Voici, décrite brièvement, chaque étape d'un développement de système d'information.

Étape 1. Évaluation de la demande

L'évaluation de la demande a pour objectif de fournir à la direction de l'organisation ou au comité directeur, les données pertinentes pour prendre une décision au sujet de l'opportunité, de la faisabilité et de la rentabilité d'un projet de développement de système. Cette étape doit être effectuée relativement rapidement et ne pas engager trop de frais. Elle comporte les activités suivantes :

1.1. Planification de l'évaluation de la demande

1.2. Clarification de la demande

1.3. Évaluation de la faisabilité

1.4. Préparation et présentation du rapport d'évaluation de la demande

Étape 2. Analyse détaillée

L'analyse détaillée est entreprise à la suite d'une évaluation favorable de la demande. Les principaux objectifs de l'analyse détaillée sont de comprendre les problèmes du système d'information à l'étude, de déterminer

34

FIGURE 2.1
Étapes du développement d'un système d'information

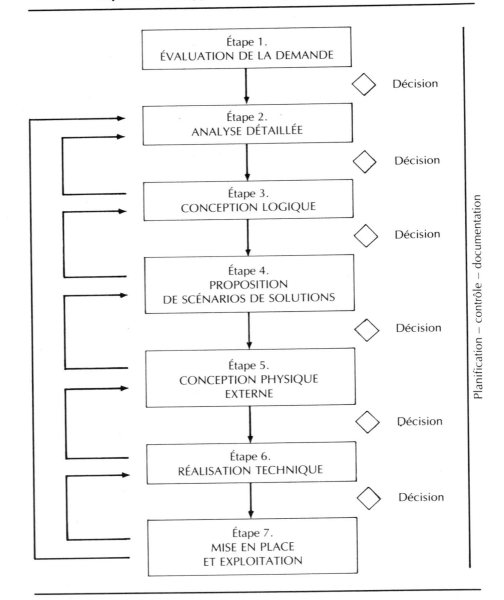

les véritables causes de ces problèmes, d'identifier les exigences et les contraintes imposées au système et de définir les objectifs que devrait atteindre un nouveau système d'information. Ce sera sur la base du contenu du rapport d'analyse détaillée que sera prise la décision de procéder ou non au développement d'un nouveau système. Pour ce faire, les activités suivantes prendront place :

2.1. Planification de l'analyse détaillée

2.2. Étude de l'environnement du système existant

2.3. Étude du système existant

2.4. Pose du diagnostic et identification d'éléments de solution

2.5. Réévaluation de la faisabilité

2.6. Modification de la proposition de projet

2.7. Préparation et présentation du rapport d'analyse détaillée

Étape 3. Conception logique

Cette tâche consiste à déterminer toutes les composantes logiques d'un système d'information qui permettrait d'éliminer les problèmes du système actuel et d'atteindre les objectifs établis à la phase précédente. Le modèle logique du nouveau système inclura l'information que produira le système (contenu des outputs), le contenu de la base de données (fichiers, liens entre les fichiers), les transformations et validations qui seront effectuées (traitements) et les données que saisira le système (inputs). Ce modèle logique sera ensuite validé et approuvé par les utilisateurs.

La conception logique comporte les activités suivantes :

3.1. Conception de la base de données

3.2. Conception des traitements

3.3. Conception des flux entrants (inputs)

3.4. Mise en forme de la documentation logique

3.5. Validation du modèle logique

Étape 4. Proposition de scénarios de solutions

Le modèle logique du nouveau système décrit *ce que* le système fera. Une fois ceci déterminé et approuvé par les utilisateurs, l'analyste ou l'équipe d'analyse doit se pencher sur les moyens de réaliser ce système. Cette activité consiste à élaborer divers scénarios qui sont tous des façons différentes de concrétiser le modèle logique. Chaque scénario correspondra à une *ébauche* de modèle physique externe du système et non pas à une description détaillée. Il serait, bien sûr, plus facile pour les utilisateurs de choisir sur la base de modèles physiques externes très élaborés; cependant, les coûts encourus pour ce faire seraient nettement prohibitifs.

Afin d'aider les utilisateurs à choisir la solution physique qui peut le mieux satisfaire les objectifs définis au préalable, l'équipe d'analyse évaluera les coûts et les bénéfices (tangibles et intangibles) de chaque scénario et fera une recommandation. Un rapport sera remis aux utilisateurs et une présentation sera faite. Les utilisateurs choisiront le scénario qui leur semblera le mieux correspondre à leurs besoins, tout en respectant les contraintes de l'organisation.

Voici les activités de la proposition de scénarios de solutions :

4.1. Identification des contraintes informatiques et organisationnelles

4.2. Élaboration de scénarios de solutions

4.3. Évaluation des scénarios de solutions

4.4. Préparation et présentation du rapport de proposition de scénarios de solutions

Étape 5. Conception physique externe

Cette phase est entreprise à la suite du choix du scénario. La conception physique comporte deux biens livrables : d'abord, un document contenant toutes les spécifications du nouveau système qui seront nécessaires à sa réalisation technique; ensuite, un document destiné à l'utilisateur et qui décrit la façon dont les portions manuelles seront effectuées ainsi que les interfaces avec les portions informatisées.

Les principales tâches de la conception physique externe sont :

5.1. Planification de la conception physique externe

5.2. Conception détaillée des interfaces (inputs, outputs)

5.3. Conception du mode d'interaction avec la partie informatisée

5.4. Conception des procédures manuelles

5.5. Préparation et présentation du rapport de conception physique externe

Étape 6. Réalisation technique

Le plus important bien livrable de la réalisation technique est la portion informatisée du système d'information, c'est-à-dire le logiciel. Les responsables de cette phase devront aussi fournir des documents, tels que des manuels d'utilisation et d'opération de même qu'une documentation du système. Les principales activités de la réalisation technique sont les suivantes :

6.1. Planification de la réalisation technique

6.2. Conception physique interne

6.3. Programmation

6.4. Tests

6.5. Préparation de la documentation

Étape 7. Mise en place et exploitation

La mise en place du système est la phase au cours de laquelle le passage se fait entre l'ancien et le nouveau système. Afin que ce passage s'effectue avec le minimum de heurts, il est important qu'il ait été planifié avec soin. Les activités de la mise en place sont :

7.1. Planification de la mise en place

7.2. Conversion

7.3. Exploitation et entretien

7.4. Évaluation

Voir le tableau 2.2 Le bien livrable du processus d'analyse et de conception a deux grandes composantes : ce sont le système d'information et la documentation du système. Le tableau 2.2◊ résume les étapes et activités décrites précédemment.

Les principaux intervenants

Le nombre d'intervenants dans un projet de développement de système variera selon l'ampleur et la complexité du projet. Voici une typologie relativement exhaustive, proposée par Y. C. Gagnon[2]. Il faut noter qu'une

2. Y. C. GAGNON, *Les usagers-opérateurs syndiqués et l'implantation de systèmes informatiques*, mémoire de maîtrise en administration, Québec, Université Laval, 1987, p. 6 et 7.

TABLEAU 2.2

Le développement d'un système d'information

Étape 1.   ÉVALUATION DE LA DEMANDE

ACTIVITÉS

1.1. Planification de l'évaluation de la demande
1.2. Clarification de la demande
1.3. Évaluation de la faisabilité
1.4. Préparation et présentation du rapport d'évaluation de la demande

---

Étape 2.   ANALYSE DÉTAILLÉE

ACTIVITÉS

2.1. Planification de l'analyse détaillée
2.2. Étude de l'environnement du système existant
2.3. Étude du système existant
2.4. Pose du diagnostic et identification d'éléments de solutions
2.5. Réévaluation de la faisabilité
2.6. Modification de la proposition de projet
2.7. Préparation et présentation du rapport d'analyse détaillée

---

Étape 3.   CONCEPTION LOGIQUE

ACTIVITÉS

3.1. Conception de la base de données
3.2. Conception des traitements
3.3. Conception des flux entrants (inputs)
3.4. Mise en forme de la documentation logique
3.5. Validation du modèle logique

Étape 4.   PROPOSITION DE SCÉNARIOS DE SOLUTIONS

ACTIVITÉS

4.1. Identification des contraintes informatiques et organisationnelles
4.2. Élaboration de scénarios de solutions
4.3. Évaluation des scénarios de solutions
4.4. Préparation et présentation du rapport de proposition de scénarios de solutions

---

Étape 5.   CONCEPTION PHYSIQUE EXTERNE

ACTIVITÉS

5.1. Planification de la conception physique externe
5.2. Conception détaillée des interfaces (inputs, outputs)
5.3. Conception du mode d'interaction avec la partie informatisée
5.4. Conception des procédures manuelles
5.5. Préparation et présentation du rapport de conception physique externe

TABLEAU 2.2 (suite)
Le développement d'un système d'information

Étape 6.   RÉALISATION TECHNIQUE

ACTIVITÉS

6.1. Planification de la réalisation technique
6.2. Conception physique interne
6.3. Programmation
6.4. Tests
6.5. Préparation de la documentation

Étape 7.   MISE EN PLACE ET EXPLOITATION

ACTIVITÉS

7.1. Planification de la mise en place
7.2. Conversion
7.3. Exploitation et entretien
7.4. Évaluation

---

même personne peut, selon les circonstances, appartenir à plus d'un groupe.

– Les *décideurs* contrôlent les ressources utilisées dans le système. Ils ont le pouvoir d'influencer le développement du système. Ils ont aussi leur mot à dire dans la sélection des objectifs que doit tendre à réaliser le nouveau système. Il s'agit souvent de la haute direction d'une organisation.

– Les *gestionnaires* supervisent le processus de développement et/ou l'opération du système. Ils sont les représentants, à un niveau hiérarchique inférieur, des décideurs. Ils travaillent en collaboration avec les concepteurs.

– Le groupe des *concepteurs* (analystes et concepteurs) analyse, développe et implante le système en collaboration avec les décideurs et les gestionnaires.

– Les *clients* interagissent avec le système par nécessité ou par choix. Ils utilisent les extrants [outputs] du système. Ils sont en contact direct avec le système pour de courtes périodes de temps; ce sont les usagers des guichets automatiques, les gestionnaires pour qui le système a été construit, etc.

– Les *usagers-opérateurs* sont ceux dont le rôle organisationnel est directement associé au système devenu opérationnel. Ils produisent les intrants [inputs] ou reçoivent les extrants du système qui a été pensé en fonction des clients. [...]

- Quant aux *usagers indirects*, ils subissent les effets indirects du système : son utilisation de ressources rares, ses effets sociaux, etc.

- Les *programmeurs* travaillent à l'élaboration des détails de la structure du système. [...]

- Finalement, les *entraîneurs* enseignent aux usagers opérateurs et aux autres groupes comment utiliser le système.

Le rôle de l'analyste de systèmes

L'analyste de systèmes n'est généralement pas la seule personne ayant des responsabilités dans un projet de développement de systèmes. Dans le cas d'un très grand système, on pourra voir une équipe composée d'un chef de projet, de plusieurs analystes, de quelques utilisateurs, de plusieurs programmeurs et d'adjoints à l'administration. À l'autre extrême, on pourra avoir une équipe composée d'une seule personne qui jouera, à la fois, le rôle de chef de projet, d'analyste, de programmeur et de secrétaire. Pour remplir ses fonctions de façon efficace, l'analyste devra donc posséder des connaissances dans plusieurs domaines, que ce soit en gestion, en systèmes d'information ou en informatique.

L'analyste devra être en mesure de bien comprendre le travail accompli par les utilisateurs, les problèmes ou les difficultés rencontrés et la part du système d'information dans ces problèmes ou difficultés. Pour ce faire, la connaissance de diverses méthodes de cueillette d'information lui sera nécessaire, de même que la connaissance de méthodes de représentation de systèmes. L'analyste devra aussi être en mesure de proposer des solutions aux problèmes rencontrés et de concevoir les aspects logiques du système correspondant. Il lui faudra aussi être en mesure de traduire ces aspects logiques en des scénarios concrets et d'évaluer les coûts et les bénéfices, autant monétaires qu'humains, des scénarios proposés. Il lui faudra aussi savoir traduire ces propositions en spécifications précises, que ce soit pour des programmeurs qui auront à les réaliser ou, le cas échéant, afin de les réaliser lui-même. Des connaissances sur la programmation, sur les tests de systèmes et les méthodes de mise en place lui seront aussi précieuses.

En outre, l'analyste doit posséder certaines qualités essentielles, étroitement liées au contexte dans lequel se déroulent nombre de projets. En effet, le lancement d'un projet de système engendre souvent des inquiétudes chez les utilisateurs concernés. Certains y voient un moyen pris par leurs supérieurs pour évaluer leur compétence, d'autres ne sont que dérangés dans leurs habitudes, certains craignent une perte de pouvoir, alors que d'autres voient carrément leur emploi menacé. Ces malaises et ces inquiétudes amènent parfois l'utilisateur à résister d'emblée au changement éventuel que pourrait apporter un nouveau système et réduisent la probabilité d'une collaboration efficace à l'étude.

Dans un tel contexte, il est primordial que l'analyste fasse preuve de véritables qualités humaines. Rien n'est plus agressant, pour un utilisateur, que d'avoir affaire à un analyste qui donne l'impression de savoir mieux que lui comment accomplir sa tâche!

Questions

1. Qu'est-ce que l'analyse et la conception de systèmes d'information?

2. Quelles sont les raisons qui peuvent inciter une entreprise à procéder au développement d'un système d'information?

3. Certaines études empiriques ont démontré que la démarche d'informatisation des petites et moyennes entreprises est effectuée de façon moins formelle que celle des grandes entreprises. Commentez.

4. En faisant référence à la méthode de développement proposée dans ce livre, identifiez les étapes à franchir lors du développement d'un système d'information, du début jusqu'à ce qu'il devienne opérationnel.

5. Cette méthode prend appui sur trois principes, quels sont-ils? Quels sont les objectifs visés par l'application de ces principes?

6. En quoi le cycle de développement proposé dans ce livre est-il itératif?

7. Précisez le rôle des principaux intervenants dans le développement de systèmes d'information.

8. Pourquoi un analyste doit-il savoir programmer?

9. On a souvent constaté que le travail des analystes varie d'une entreprise à l'autre. Expliquez pourquoi.

10. Selon vous, qu'est-ce qui constitue l'environnement organisationnel d'un système d'information?

## CHAPITRE 3

Évaluation de la demande

S•O•M•M•A•I•R•E

Nécessité de procéder à une évaluation de la demande

Après avoir pris conscience de la nécessité de procéder à des changements ou à des ajustements à un système d'information, les gestionnaires qui en ont la responsabilité formuleront une demande de développement de système. Cette demande sera adressée à la direction du Service des systèmes d'information/informatique, lorsqu'un tel service existe dans l'organisation, ou à une firme spécialisée dans le cas contraire. Selon les circonstances, la demande peut être plus ou moins formelle. Dans certaines organisations, les départements utilisateurs doivent présenter leur demande selon des normes préalablement établies, et indiquer claire-ment le problème tel qu'ils le perçoivent, ses causes probables, les solutions qu'ils entrevoient et les bénéfices escomptés. Ailleurs, une note de service rédigée par les gestionnaires concernés sera jugée suffisante, alors que dans d'autres cas une conversation tiendra lieu de demande.

Un projet de développement de système ne démarrera pas automa-tiquement à la suite d'une demande. Parce que ce type de projet requiert des investissements non seulement en argent mais aussi en temps et en ressources humaines, la décision à son sujet doit être précédée d'une analyse qui permet d'en déterminer l'opportunité et la faisabilité. Cette analyse, appelée ici évaluation de la demande, est aussi nommée parfois étude de faisabilité ou étude d'opportunité.

Une juste évaluation de la demande est essentielle au succès d'un projet. Une erreur commise au cours de cette étape aura vraisemblablement des répercussions sur l'ensemble du projet, entraînant parfois des frais importants pour l'organisation. Imaginons, par exemple, le cas d'une organisation dotée d'un syndicat puissant, qui entreprendrait un projet d'informatisation d'une portion importante des tâches de ses employés syndiqués sans, au préalable, évaluer les réactions possibles du syndicat. Bien que le succès d'un tel projet ne soit pas impossible, il est fort peu probable!

L'évaluation de la demande consiste à cerner le problème, à estimer l'ampleur du projet et des changements probables, à juger de l'impact de ces changements, à évaluer la faisabilité du projet et à faire une recom-mandation aux responsables de la prise de décision. Cette étape doit s'ac-complir dans un temps relativement limité, afin de ne pas entraîner trop de retards et de frais. Certains experts estiment que l'évaluation de la demande, dans le cas de systèmes d'envergure, pourra nécessiter entre cinq et dix pour cent du temps total consacré au projet[1]. C'est une tâche complexe, puisqu'elle exige que l'analyste qui en est chargé perçoive le

---

1. E. YOURDON, *Modern Structured Analysis*, Englewood Cliffs, N.J., Prentice Hall, 1989.

problème rapidement et avec acuité, en identifie les causes les plus probables, envisage des éléments de solution, détermine un ordre de grandeur au sujet des coûts et des délais requis pour arriver à une solution, évalue l'importance des changements à prévoir et en estime l'impact. En un mot l'analyste doit en peu de temps réaliser, bien que de façon superficielle, toutes les étapes d'un cycle normal de développement de système. Il n'est donc pas surprenant que ce soit aux analystes chevronnés que l'on confie en général une telle responsabilité.

Activités de l'évaluation de la demande

VOIR LA FIGURE 3.1. Ainsi que l'illustre la figure 3.1◊, l'évaluation d'une demande de développement de systèmes comporte quatre activités. Ce sont la planification de l'étape elle-même, la clarification de la demande, l'évaluation de la faisabilité, la préparation et la présentation du rapport d'étude.

Activité 1.1. Planification de l'évaluation de la demande

Chaque étape d'un projet de développement de système doit être planifiée avec soin; le degré de formalisation de cette planification variera selon l'ampleur du projet et selon l'étape d'analyse. Essentiellement, la planification de l'évaluation de la demande consiste à se familiariser avec le système à analyser, à déterminer l'information qu'il faudra recueillir au cours de cette étape ainsi que les sources et les méthodes de cueillette d'information qui seront utilisées. Le nombre et la diversité des sources d'information varieront selon la taille et la complexité du système à l'étude. Ainsi, l'évaluation d'une demande de développement du système de facturation d'une petite entreprise exigera la consultation d'un nombre inférieur de sources d'information que celle d'un système de gestion de personnel d'une grande entreprise où les employés sont regroupés en plusieurs syndicats.

Dans un projet d'envergure importante, où plusieurs personnes sont engagées dans l'évaluation de la demande, il s'agira aussi de définir les tâches de chaque participant et de décider des moyens de coordination de ces tâches.

Activité 1.2. Clarification de la demande

La clarification de la demande a pour objectif de s'assurer que l'analyste a une compréhension de la demande qui correspond à celle des requérants,

FIGURE 3.1
Évaluation de la demande : activités

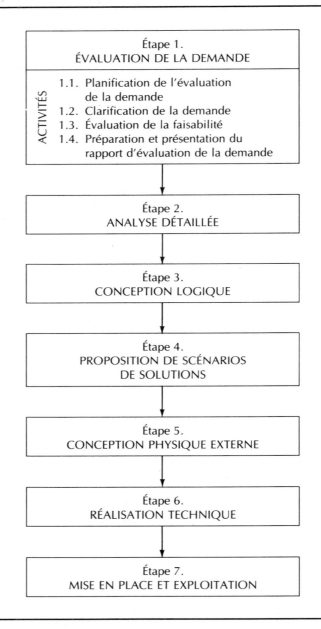

d'identifier de façon adéquate le système faisant l'objet de la demande, de saisir les éléments essentiels de l'environnement de ce système et de définir le cadre de l'étude.

Les demandes de développement de systèmes sont parfois énoncées de façon très générale, ce qui peut porter à confusion. Ainsi, un gestionnaire peut demander qu'on « refasse le système de gestion des commandes ». Par là, il entend plutôt le système de saisie des commandes, lequel est inefficace. Pour sa part, l'analyste peut interpréter cet énoncé comme le signe qu'il faut refaire le système en incluant la saisie des commandes, leur transmission au département de production, le suivi de la production, la préparation des documents de livraison, la facturation et les comptes clients. Qui des deux a raison? C'est l'étape d'évaluation de la demande, et en particulier l'activité de clarification, qui permettra de le déterminer. L'analyste doit d'abord préciser ce que l'utilisateur veut. Il lui faudra ensuite déterminer s'il faut évaluer cette demande telle quelle ou s'il est opportun de la modifier en augmentant, ou en diminuant, l'envergure du système.

DE LA DIFFICULTÉ DE COMMUNIQUER AVEC LES UTILISATEURS

C'est bien connu, chaque fonction de l'entreprise a son jargon propre. Même des expressions courantes, dont la définition semble limpide, peuvent avoir des significations différentes selon la personne qui les emploie. L'analyste en systèmes, même lorsqu'il a une bonne connaissance de l'organisation, n'est pas à l'abri des quiproquos. Gerald Weinberg, expert-conseil en systèmes d'information et auteur de nombreux ouvrages, cite sa propre expérience[2].

À une certaine époque, Weinberg était engagé dans le développement d'un système de gestion des stocks, système dont la complexité et la taille étaient importantes. Il désirait donc s'assurer que, tout au long du projet, ses collègues et lui-même n'auraient oublié aucun détail et que toutes les spécifications données par les utilisateurs auraient été bien comprises. « Vérifier plutôt deux fois qu'une » était l'un des principes qu'il s'efforçait de suivre.

Sur l'ordinateur à utiliser pour réaliser et opérer le système, certains caractères spéciaux étaient réservés au contrôle des travaux. Ces caractères étaient du type #, @ et &. Aucun programme d'application ou

---

2. G. M. WEINBERG, *Rethinking Systems Analysis and Design*, Winthrop Computer Systems Series, Cambridge, Mass., Winthrop Publishers, 1982.

aucun fichier ne devait contenir ce type de caractères, sous peine de causer des erreurs. Weinberg s'assura donc auprès de son principal utilisateur que les données à entrer dans les fichiers ne contiendraient pas de caractères spéciaux. Il lui posa à plusieurs reprises la question : « Vous êtes certain qu'aucun de vos codes — soit le code produit, le code couleur ou autre — ne contient de caractères spéciaux? » Weinberg insiste sur le fait qu'il réitéra cette question à maintes reprises. Chaque fois, l'utilisateur lui assurait qu'il n'y avait aucun caractère spécial dans quelque code que ce soit du fichier stocks.

On procéda à la programmation, puis on chargea un commis de faire la saisie de données de test, permettant de vérifier les programmes. Les données de test furent fournies par l'utilisateur principal. Il y eut des problèmes dès l'exécution du premier programme. On fit imprimer les listes d'erreurs, la liste des données traitées. Et là, surprise, les codes étaient truffés de #, @ et &, les codes produits étant du type #315&A5. Weinberg s'empressa donc de se rendre chez son utilisateur pour lui donner la preuve qu'il n'avait pas bien répondu à sa question, causant ainsi un retard important au projet. L'utilisateur se montra très étonné. À la vue de la liste des données et des caractères de type #, @ et &, il dit à Weinberg : « Mais ce ne sont pas des caractères spéciaux! Nous les employons depuis toujours et de façon très courante. »

La clarification de la demande s'effectue principalement par le biais de rencontres, avec les requérants d'abord, puis avec les principaux gestionnaires dont les départements sont affectés par, ou ont une influence sur, le système à l'étude. En plus de viser à bien cerner ce en quoi consiste la demande et à identifier le système dont il est question, ces rencontres serviront à établir une première ébauche du cadre du système à l'étude. Le cadre d'un système est défini par les sources et les destinations d'information, de même que par les départements, les fonctions et les individus engagés dans les activités de traitement de données. Cette définition du cadre aura une influence déterminante sur l'ampleur du projet à venir. Afin de mieux visualiser le cadre du système on pourra l'illustrer comme le fait la figure 3.2◊.

VOIR LA FIGURE 3.2.

Déterminer le cadre du système n'est pas une tâche facile. Si l'analyste le définit de façon trop restreinte, le risque est grand que pour des éléments essentiels soient laissés pour compte. Le système résultant du projet pourrait ne correspondre en rien aux besoins réels de l'organisation. Il pourrait avoir des impacts sur, ou être affecté par des individus, des départements ou des systèmes dont on n'aura pas tenu compte au cours du dévelop-

FIGURE 3.2
Le cadre de l'étude : diagramme de contexte

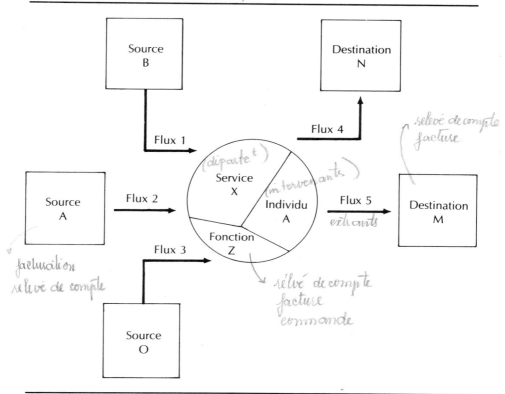

pement. Ce serait le cas, par exemple, de l'étude d'un système de facturation qui ne prendrait pas en considération les activités de saisie des commandes et d'expédition, ainsi que des politiques de crédit d'une entreprise. Par contre, une définition trop large du cadre aura aussi des conséquences négatives. Bien qu'elle permette à l'analyste de s'assurer qu'il a pris en compte tous les éléments importants de l'environnement du système, ceux qui l'influencent et ceux qui sont influencés par lui, une telle définition aurait pour effet d'augmenter, de façon importante, le temps et le coût du futur projet.

LE CADRE DU SYSTÈME DE LA SALLE PEYRONNET

Tracez le diagramme de contexte pour le système de réservation de billets de la salle Peyronnet.

L'analyste devra profiter de ces rencontres, de même que de la consultation de divers documents disponibles dans l'organisation, pour recueillir de l'information sur le système et son environnement pertinent, c'est-à-dire celui délimité par le cadre. Cette information, relative aux aspects techniques aussi bien qu'organisationnels et financiers, lui sera nécessaire au moment de procéder à l'évaluation de la faisabilité du projet.

Les rencontres permettront aussi de saisir la vision qu'ont les différents intervenants du problème à l'origine de la demande. Cet exercice devra être accompli non seulement auprès des requérants, mais aussi auprès des autres départements qui font partie du cadre du système. L'analyste est souvent confronté à des opinions et à des perceptions fort différentes au sujet des problèmes et de leurs causes. De plus, certaines personnes ont tendance à être sur la défensive, l'analyste étant parfois perçu comme mandataire pour porter un jugement sur la façon dont elles accomplissent leur tâche. Cette attitude aura parfois comme résultat de biaiser leur perception des problèmes et de leurs causes. Il appartient à l'analyste d'extraire le plus d'éléments objectifs possible.

Pour la suite, l'analyste devra synthétiser l'information à la lumière des problèmes identifiés et des causes les plus probables, préparer une ébauche sommaire de solution dans le but de procéder à l'évaluation de la faisabilité du projet.

> *L'interview, l'observation, la consultation de documents et la diffusion de questionnaires sont les outils privilégiés de l'analyste. Ils lui seront utiles tout au long du développement d'un système, mais surtout lors de l'évaluation de la demande et de l'analyse détaillée. L'annexe 1 traite de ces outils de cueillette d'information◊.*

VOIR L'ANNEXE 1.

Activité 1.3. Évaluation de la faisabilité OTFT

De façon générale, l'évaluation de la faisabilité d'un projet de développement consiste à se demander s'il existe des éléments qui empêcheraient les solutions envisagées par l'analyste d'être réalisées et implantées avec succès. Bien que tout au long du développement du système, on réévaluera la faisabilité, l'activité présente est critique. Les principales dimensions de la faisabilité sont les suivantes : la faisabilité organisationnelle, la faisabilité technique, la faisabilité temporelle et la faisabilité financière.

L'évaluation de la faisabilité organisationnelle exige que l'on s'interroge au sujet de la concordance entre les implications du projet et de la solution envisagée et l'environnement organisationnel. Y aura-t-il respect des politiques de gestion du personnel de l'entreprise? Quel sera l'impact sur le climat de travail et sur les relations avec la clientèle? Quel sera l'impact sur les systèmes d'information connexes et sur la gestion de l'activité supportée par le système? Y a-t-il des projets d'expansion, de diversification, de repli, qui rendraient caduque l'utilité du futur système? La haute direction est-elle favorable au projet? Est-elle prête à l'appuyer? Les utilisateurs immédiats sont-ils décidés à contribuer au développement? Pourront-ils disposer du temps nécessaire pour participer au projet, ne serait-ce que répondre aux questions lors d'entrevues? Ont-ils contribué à la décision? Risquent-ils d'opposer une résistance au changement à venir? Ont-ils la formation requise pour fonctionner dans un nouvel environnement? Sinon, leur accordera-t-on le temps nécessaire pour obtenir cette formation?

La faisabilité technique est évaluée en comparant la technologie qui existe dans l'organisation ou peut être acquise, aux exigences des utilisateurs et du système envisagé. Si, par exemple, la situation étudiée amène l'analyste à envisager comme seule solution un système de reconnaissance de la parole pouvant interpréter une dizaine de langues différentes, il devrait décréter, pour le moment du moins, que le projet n'est pas viable techniquement . Une technologie peut être disponible sur le marché mais le projet demeurer infaisable du point de vue technique. Tel serait le cas d'une technologie relativement sophistiquée incompatible avec la technologie déjà existante dans l'organisation. Il faut aussi s'interroger sur la capacité de la technologie envisagée à répondre aux exigences du système, à évoluer avec les besoins des utilisateurs et de l'organisation.

L'évaluation de la faisabilité financière consiste à déterminer si les bénéfices tangibles (monétaires) attendus seront supérieurs aux coûts. Un projet de système d'information est considéré ici de la même façon que n'importe quel autre projet d'investissement. L'analyste devra procéder à une estimation des coûts non seulement pour exploiter le système projeté, mais aussi pour le développer et le mettre en place, et il devra prévoir aussi les frais à engager pour l'acquisition d'équipement. Les utilisateurs seront une source importante d'information au plan de l'identification des bénéfices tangibles.

Afin d'évaluer la faisabilité temporelle d'un projet, l'analyste doit s'interroger sur la capacité de l'organisation, que ce soit celle des utilisateurs, des analystes, des programmeurs, des techniciens ou autres, à compléter le projet dans les délais requis par la nature de la demande.

Comme nous l'avons dit, cette évaluation de la faisabilité est critique. Elle exige de la part de l'analyste une bonne compréhension du problème et de son contexte, une grande capacité à concevoir rapidement des éléments de solutions et à évaluer les coûts de ces solutions. Si l'évaluation de la faisabilité est négative sur l'un des aspects, le projet ne devrait pas être entrepris, sans au moins une reprise de l'analyse avec plus de profondeur dans le but d'identifier des éléments nouveaux. Il s'agit donc d'une analyse supplémentaire.

Activité 1.4. Préparation et présentation du rapport d'évaluation de la demande

Le rapport d'évaluation de la demande permettra aux décideurs de déterminer si l'effort d'analyse doit être poursuivi ou arrêté. Pour supporter cette décision, le rapport devra offrir une image claire et complète de la situation et recommander une action. Bien souvent le rapport sera accompagné d'une présentation au cours de laquelle les décideurs pourront demander des éclaircissements. À la suite de cette présentation, une décision sera prise au sujet de la poursuite ou de l'abandon du projet. Le tableau 3.1◊ propose une table des matières pour le rapport.

Voir le tableau 3.1.

TABLEAU 3.1

Rapport d'évaluation de la demande : table des matières

Sommaire

1. **Rappel de la demande**
   - Requérant
   - Système à l'étude
   - Problème(s) identifié(s) par le requérant

3. **Méthode utilisée pour procéder à l'évaluation de la demande**
   - Outils de cueillette d'information
   - Personnes rencontrées

3. **Description du contexte**
   - Identification des services, fonctions, postes ayant un impact sur, ou étant affectés par le système
   - Identification des gestionnaires responsables de ces services, fonctions, postes
   - Rappel de la mission des services impliqués et des objectifs de leurs gestionnaires
   - Profil organisationnel : politiques, personnel, applications
   - Profil technologique : équipements
   - Contexte financier (chiffre d'affaires, taux de croissance, profitabilité)

4. **Le système à l'étude**
   - Identification — description
   - Objectifs

5. **Problèmes**
   - Problèmes perçus par les gestionnaires concernés
   - Problèmes perçus par l'analyste

6. **Évaluation de la faisabilité**
   - Organisationnelle
   - Technique
   - Temporelle
   - Financière

7. **Recommandations**

8. **Proposition de projet**
   - Description des tâches à accomplir
   - Proposition d'échéancier
   - Proposition de budget

SUIVI DES DIPLÔMÉS M.B.A.-HÉC

Partie A

À l'automne 1985, Jean-Pierre Frénois, directeur du programme de M.B.A. de l'École des hautes études commerciales, commandait une analyse du système de suivi des diplômés du programme. Dans le cadre de ses fonctions de directeur de programme, le système de suivi des diplômés est important, en ce qu'il permet :

— de rejoindre le plus grand nombre de diplômés possible lors d'enquêtes effectuées par la direction du programme (pour connaître les besoins en perfectionnement, pour tracer les profils de carrière des diplômés, etc.);

— d'avoir accès à un bassin de chargés de cours ou de conférenciers potentiels pour l'enseignement aux HÉC;

— de permettre de répondre rapidement à des requêtes d'information provenant autant de l'intérieur que de l'extérieur de l'École.

Selon M. Frénois, le système qu'il possédait à l'époque était loin d'être approprié. D'une part, la recherche d'information était lente et la structure d'accès peu flexible. D'autre part, certaines informations manquaient alors que d'autres n'étaient pas à jour. Il espérait que ce système de suivi des diplômés puisse être informatisé sur un micro-ordinateur ou sur l'ordinateur VAX de l'École, en utilisant des logiciels disponibles, et sans qu'il y ait trop de frais à engager.

Vous êtes responsable de l'évaluation de la demande de M. Frénois. Que faites-vous?

Questions

1. Expliquez ce en quoi l'évaluation de la demande est une étape critique au succès d'un projet de développement de système.

2. Quelles sont les activités associées à l'étape de l'évaluation de la demande? Décrivez-les en vos propres mots.

3. À qui cette étape est-elle confiée généralement? Pourquoi?

4. Qu'est-ce que le cadre d'un système d'information? Donnez les raisons qui font que le cadre d'un système n'est pas facile à déterminer.

5. En quoi consiste l'évaluation de la faisabilité d'un projet de développement de système d'information? Sur quels critères se base le responsable de l'évaluation de la demande pour déterminer si un projet est faisable? Précisez l'objectif de chacun.

6. On propose de présenter dans le rapport d'évaluation de la demande un sommaire à la direction. Selon vous, en quoi consiste ce sommaire et quelle est son utilité?

7. Cour à bois est une entreprise qui vend des matériaux de construction aux contracteurs et aux particuliers de la banlieue ouest de Montréal. Elle fut établie il y a 75 ans par le grand-père du propriétaire actuel, M. Paul Landry. En janvier 85, après que la firme de comptables agréés avec laquelle il faisait affaires lui ait fait parvenir les états financiers de Cour à bois, M. Landry était inquiet. En effet, la portion des dépenses attribuable aux charges administratives avait augmenté par rapport à l'année précédente. De plus, au cours des dernières années, les compétiteurs de Cour à bois s'étaient informatisés et M. Landry se demandait s'il ne devait pas lui aussi acquérir un ordinateur. Il décida donc de faire appel à un consultant en gestion et en informatique.

   L'analyste indiqua à M. Landry qu'il procéderait d'abord à une analyse préliminaire. M. Landry, n'étant pas très au courant des concepts d'analyse et de conception des systèmes d'information, lui demanda des éclaircissements. Expliquez, en vos propres termes, en quoi consiste cette étape et à quoi elle sert.

8. ACME inc. est un important distributeur de pièces d'automobiles. Le propriétaire envisage la possibilité d'automatiser la gestion de son stock de pièces. Il fait donc venir un consultant spécialisé dans le domaine. Après deux heures de discussion, le consultant propose la solution suivante : l'acquisition de six ordinateurs personnels (trois au département de prise de commande, trois à l'entrepôt) reliés en réseau, un logiciel de gestion des stocks, l'installation et la formation, le tout pour 50 000 $. Le propriétaire qui ne connaît rien à l'informatique vous demande votre opinion.

Analyse détaillée

Objectifs de l'analyse détaillée

Après avoir étudié le rapport d'évaluation de la demande et assisté, le cas échéant, à la présentation faite par l'analyste ou l'équipe d'analyse, une décision est prise au sujet de la poursuite ou de l'abandon du projet. À la suite d'une décision favorable, l'analyse détaillée est entreprise. On ne saurait trop insister sur l'importance de cette étape dans le développement d'un système. Une étude réalisée par James McKeen[1] et portant sur les approches de développement de systèmes d'information, met en lumière l'aspect critique de cette étape et de celle qui la suit, la conception logique. De tous les projets de cette étude, ceux qui ont eu le plus de succès, c'est-à-dire ceux ayant le mieux respecté les budgets et les échéances, et dont les utilisateurs étaient le plus satisfaits, étaient ceux pour lesquels, toutes proportions gardées, on avait consacré le plus de temps aux activités d'analyse détaillée et de conception logique.

Les principaux objectifs de l'analyse détaillée sont de poser un diagnostic au sujet du système existant (c'est-à-dire identifier les principaux problèmes du système ainsi que leurs causes), de définir les objectifs que devrait atteindre un nouveau système et de suggérer quelques éléments de solution qui permettraient d'atteindre ces objectifs. Pour ce faire, l'analyste devra acquérir une excellente connaissance de l'environnement dans lequel le système évolue et comprendre parfaitement le fonctionnement du système lui-même.

Dans la plupart des manuels qui traitent spécifiquement du développement de systèmes d'information, on met peu l'accent sur les divers mécanismes de prise de décision entourant un tel projet. En conséquence, une question demeure toujours présente à l'esprit du lecteur : mais qui décide? La réponse, déjà amorcée au premier chapitre de ce livre, est que la responsabilité de la décision varie selon l'organisation et la situation. Les quelques exemples suivants proposent certains éléments additionnels de réponse à cette question.

---

1. J. D. McKeen, « Successful Development Strategies for Business Application Systems », *MIS Quarterly*, vol. 7, n° 3, septembre 1983, p. 47-65.

Les Aciers Batigne

Les Aciers Batigne est une entreprise de petite taille, qui se spécialise dans la fabrication de poutres d'acier et de certaines composantes utilisées dans la construction de lignes de transmission d'électricité.

Quatre personnes se partagent les tâches de gestion de l'entreprise : le président, la vice-présidente aux finances, le directeur des ventes et le directeur de la production. La vice-présidente aux finances fait partie de l'équipe de direction depuis six mois seulement. Avant son arrivée chez Batigne, c'était le président qui s'occupait personnellement de la gestion financière. Les gestionnaires sont assistés par un comptable, par deux analystes responsables des soumissions et par une secrétaire. L'entreprise emploie 50 personnes dont trois dessinateurs techniques; les autres employés sont les contremaîtres et les ouvriers.

Voilà environ cinq ans, le président avait acquis un ordinateur sur lequel trois applications étaient déjà installées : les comptes clients, les comptes fournisseurs et la paye. Au moment de la présentation pour la vente, le représentant avait mis l'accent sur le fait que d'autres entreprises du même secteur avaient un système similaire; il nomma plusieurs de ces entreprises. Le prix total du système étant tout à fait raisonnable, le président décida d'en faire l'achat. Il ne jugea pas nécessaire de consulter les autres gestionnaires. Il était l'actionnaire majoritaire de la compagnie, les autres gestionnaires ne détenant qu'un pourcentage extrêmement réduit des actions. Il disposait d'une marge de manœuvre importante et avait l'habitude de décider seul. Cependant, on se rendit très rapidement compte qu'il n'avait pas fait une si « bonne affaire ».

Les autres gestionnaires lui firent remarquer que les applications installées sur le système n'étaient pas les plus utiles : on comptait en tout et pour tout deux fournisseurs de matière première et, aux périodes les plus achalandées, cinq ou six clients. La paye des employés avait depuis longtemps été confiée à la banque avec laquelle on faisait affaires et on se montrait très satisfait du service offert. Tout en ne contestant pas son autorité, ils se montraient très surpris que le président ait pris une telle décision sans les consulter. L'ordinateur demeura donc plus ou moins inutilisé pendant près de cinq ans.

Voilà un an, alors qu'elle avait la responsabilité d'effectuer en tant qu'experte-comptable la vérification des livres des Aciers Batigne, l'actuelle vice-présidente aux finances fit au président certaines recommandations qu'il jugea fort pertinentes. Entre autres, elle avait conseillé de mettre en place un système de prix de revient, système qui n'existait pas dans l'entreprise. Fort impressionné par son expertise, le président lui offrit le poste de vice-présidente aux finances, lequel fut accepté.

Depuis l'arrivée de la vice-présidente, un comité a été mis sur pied afin d'examiner le projet de système de prix de revient. Les membres du comité sont la vice-présidente aux finances, le directeur de la production et l'un des analystes responsables des soumissions. Le président a donné carte blanche au comité, mais à l'intérieur d'un certain budget; non pas qu'il se désintéressait du projet, mais il estimait que la décision qui lui revenait était prise, c'est-à-dire consacrer une certaine somme pour améliorer la gestion de l'entreprise. Aucun des membres du comité n'ayant l'expérience ni le temps nécessaire pour entreprendre un projet de développement de système, on se mit en rapport avec une entreprise de consultation en systèmes d'information. Un consultant a procédé à l'évaluation de la demande et c'est le comité qui a eu la responsabilité entière de la décision.

Raivio Sports

Raivio Sports est un important grossiste d'équipement sportif. Ses fournisseurs sont autant américains que français, italiens, norvégiens ou autrichiens, alors que ses clients, des boutiques de sport, sont situés en majorité au Québec. Raivio Sports emploie plus de 250 personnes dont de nombreux acheteurs et représentants commerciaux. Certains systèmes, tels que la saisie des commandes, la facturation, les comptes clients et la paye, sont informatisés. Le service informatique compte un analyste principal, un programmeur et un technicien.

La croissance récente du chiffre d'affaires ainsi que la complexité accrue de la gestion de l'inventaire ont amené le président de l'entreprise à demander une analyse du système de l'inventaire. L'analyste principal en fut chargé. Le président a formé un comité de gestion de l'informatique, composé du directeur des approvisionnements, de la directrice du marketing et du directeur des finances. Ces personnes ont comme responsabilités d'offrir tout le support possible à l'analyste au cours de ses travaux, d'étudier le contenu de son rapport d'évaluation de la demande et de faire une recommandation au président, lequel se réserve la décision finale.

La Mutuelle

La compagnie d'assurances Mutuelle est l'une des plus grandes compagnies d'assurances au pays. Employant plus de 2 000 personnes, elle est informatisée depuis nombre d'années. Cinq cents terminaux sont reliés aux deux ordinateurs centraux et près de six cents micro-ordinateurs sont installés dans les divers services. Un comité de direction des systèmes d'information existe, formé des principaux vice-présidents, incluant le vice-président aux systèmes d'information.

Le comité est responsable d'approuver le plan directeur des sytèmes d'information et d'établir les priorités en ce qui concerne le développement de systèmes. Cependant, le domaine d'intervention du comité est limité aux systèmes dits corporatifs, c'est-à-dire les systèmes qui sont d'envergure importante ou qui font intervenir plus d'un service. Chaque directeur de service peut disposer, dans son propre budget, d'un montant pouvant être destiné à des activités d'informatisation. Cependant, les projets ne doivent pas être de type corporatif; de plus, s'il ne dispose pas du personnel nécessaire, le service des systèmes d'information n'est pas tenu d'y affecter des membres de son personnel.

Récemment, un consultant a effectué, pour le directeur des services administratifs de la compagnie d'assurances, l'évaluation d'une demande de développement d'un système de gestion de la documentation, système qui ne ferait qu'informatiser des tâches déjà effectuées manuellement par l'une des employés du service. Dans son rapport, l'analyste évalue le coût de développement d'un tel système à 10 000 $. Le directeur des services administratifs est le seul responsable de la décision d'aller de l'avant ou d'abandonner le projet.

La Banque Centrale

La Banque Centrale emploie plus de 10 000 personnes dont plus de 4 000 travaillent au siège social. Comme c'est le cas pour toutes les banques du pays, la plupart des services offerts par cette banque sont appuyés par des systèmes informatiques.

La fonction systèmes d'information est sous la responsabilité d'un vice-président auquel se rapportent six directeurs : le directeur du développement de systèmes, le directeur de l'exploitation, le directeur des services techniques, le directeur des télécommunications, le directeur des services aux utilisateurs et le directeur de la recherche et de la planification. Un comité directeur, composé du vice-président aux systèmes d'information, des autres vice-présidents ainsi que du président de la banque, émet des directives permettant d'orienter les activités de planification du service de recherche et de planification; le comité a aussi la responsabilité d'établir les priorités en ce qui concerne les développements de systèmes d'envergure importante. Les demandes de développement de tels systèmes sont généralement déposées auprès du vice-président aux systèmes d'information par le vice-président de la fonction requérante.

Le comité se penche sur les diverses demandes et établit les priorités. Lorsque l'équipe chargée de l'évaluation de la demande aura terminé son travail, elle remettra son rapport et présentera les résultats de son étude au vice-président de la fonction concernée ainsi qu'au vice-président aux systèmes d'information. Ces deux gestionnaires sont conjointement responsables de la décision de poursuivre ou d'arrêter le processus. Il leur arrive, bien sûr, de solliciter les avis de certains de leurs collaborateurs, c'est-à-dire les directeurs des services le plus touchés par le système à l'étude.

Ces exemples illustrent la diversité des responsabilités dans la prise de décision au sujet d'un système. La taille de l'entreprise, l'envergure et la complexité du système, mais aussi le mode de gestion en vigueur dans l'organisation, déterminent qui prendra la décision.

Activités de l'analyse détaillée

Voir la figure 4.1.

La méthode de développement de système décrite dans cet ouvrage, décompose l'analyse détaillée en sept activités principales◊. Ainsi que le suggère l'ordre dans lequel sont effectuées les activités, l'analyse détaillée consiste, après avoir planifié les tâches à venir, à recueillir une quantité importante d'information au sujet du système existant et de son environnement. Lorsqu'il dispose de cette masse d'information, l'analyste est prêt à poser un diagnostic, c'est-à-dire à identifier les problèmes et leurs causes, et à identifier des éléments de solution. Cette connaissance du système sert ensuite à une réévaluation de la faisabilité. Il est en effet possible que de nouveaux éléments, non identifiés au moment de l'évaluation de la demande, viennent modifier le degré de faisabilité du projet. Ces nouveaux éléments peuvent aussi, et c'est souvent le cas, confirmer l'évaluation de la faisabilité effectuée à l'étape précédente. Ils demeureront cependant

FIGURE 4.1
Activités de l'analyse détaillée

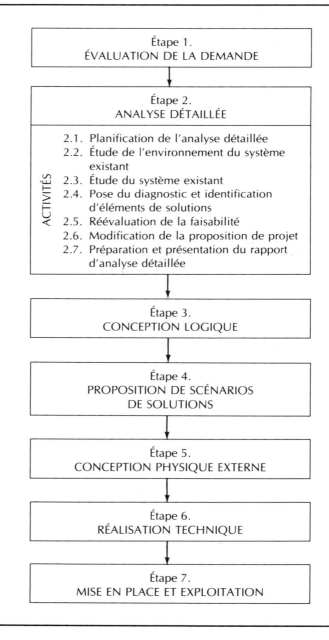

64

précieux en ce qu'ils permettront de raffiner les évaluations faites précédemment. À cause de ces nouveaux éléments, la proposition de projet contenue dans le rapport d'évaluation de la demande devra être modifiée; des données plus précises au sujet des objectifs à atteindre, des échéances, des coûts et des bénéfices, devront être incorporées à la proposition. Finalement, le rapport d'analyse détaillée sera préparé et présenté aux responsables de la décision.

Le processus décrit ici est itératif. En effet, il se peut qu'au moment de procéder à la pose du diagnostic, de la réévaluation de la faisabilité ou de la modification de la proposition de projet, l'analyste se rende compte qu'il lui manque certains éléments d'information, que ce soit au sujet du système lui-même ou de son environnement. Il lui faudra donc reprendre certaines activités de cueillette d'information. Il se produit même parfois que, lors de la présentation du rapport d'analyse, de nouveaux éléments apparaissent et que certaines des activités soient à reprendre. Bien qu'une telle situation ne soit pas agréable à l'analyste, il est préférable qu'elle survienne au moment de la présentation des résultats de l'analyse détaillée plutôt que lors de la présentation du système lui-même, ce qui, du reste, n'est pas impossible!

Activité 2.1. Planification de l'analyse détaillée

Avant que ne commence l'analyse proprement dite, le responsable de cette étape doit planifier les tâches à effectuer. Cette activité consiste, principalement, à former l'équipe d'analyse et à répartir les tâches, à choisir les méthodes, outils et techniques qui seront utilisés et à élaborer un échéancier.

Tâche 2.1.1. Former l'équipe d'analyse

La composition finale de l'équipe d'analyse dépendra de plusieurs facteurs : l'envergure du système, la taille de l'organisation, les modes de gestion de projet en vigueur dans l'organisation, la disponibilité et l'expérience des intervenants potentiels. Il serait évidemment souhaitable que les utilisateurs du système jouent un rôle important dans le projet. Puisque ce sont eux qui auront à utiliser le futur système, ils ont la responsabilité de s'assurer que celui-ci répondra à leurs besoins. De plus, comme ils connaissent bien les activités qui doivent être appuyées par le système, ils sont une source d'information fort précieuse. Certaines organisations ont reconnu ce besoin et libèrent un ou plusieurs utilisateurs de leurs tâches courantes afin qu'ils deviennent membres de l'équipe de développement.

Cependant, ceci n'est pas toujours possible; nombreuses sont les organisations qui ne peuvent se le permettre, par manque de ressources humaines ou monétaires. Même lorsque aucun utilisateur n'est membre de l'équipe de projet, le ou les analystes devront s'efforcer d'obtenir un maximum de participation de la part de la population utilisatrice.

Selon les ressources disponibles et l'ampleur du système, l'équipe pourra être formée d'un ou de plusieurs analystes. Dans un projet d'envergure réduite, une seule personne suffira à la tâche, non seulement d'analyse et de conception, mais aussi de réalisation technique et de mise en place. Les projets de grande envergure et de nature complexe exigent des équipes de plus grande taille et souvent multidisciplinaires. Dans de tels projets, une équipe type sera formée d'un chef de projet appartenant au service des systèmes d'information, d'analystes ayant une expérience dans l'analyse détaillée et la conception des modèles logique et physique externe, d'autres analystes se spécialisant dans les aspects plus techniques ainsi que de techniciens et programmeurs. Dans de tels projets, il est indispensable que des représentants des utilisateurs puissent collaborer étroitement.

LA COMPOSITION TYPIQUE D'UNE ÉQUIPE DE PROJET?

Il peut exister une grande variété dans la composition des équipes de projet. En voici quelques exemples.

Le projet 1 consistait en la mise sur pied d'un système de consultation d'une importante base de données pour un ministère[2]. Les intervenants dans le projet étaient le pilote du système, la chargée de projet, un analyste, un architecte de données, une technicienne et cinq utilisateurs représentant autant de régions administratives.

Dans ce ministère, tous les projets d'une certaine envergure ont un pilote, lequel est un représentant de la population utilisatrice. Le pilote a un rôle fort important à jouer.

Il participe activement au développement du système et il est responsable du développement administratif. Il coordonne les activités reliées au pilotage et à l'implantation du système en développement. À titre de représentant des usagers, il affecte le personnel nécessaire au soutien de l'équipe de développement. En cours de développement, il identifie les demandes de changement.

---

2. D. RENÉ, « Étude des méthodes, outils et formes de prototypage », travail dirigé de M.Sc., Montréal, École des hautes études commerciales, 1989.

Régulièrement, il revoit avec le chargé de projet la planification des activités. De plus, il contribue à l'évaluation des impacts administratifs du système proposé[3].

Ainsi, dans une équipe de projet avec un pilote, le chargé de projet est issu du service des systèmes d'information. Il gère plus particulièrement les travaux des analystes, techniciens et programmeurs qui font partie de l'équipe. Il collabore étroitement avec le pilote afin d'assurer le succès du projet en cours.

Dans le projet qui nous occupe, l'analyste travaillait en étroite collaboration avec le pilote, sa principale source d'information pour toute question relative aux besoins des utilisateurs.

Des réunions convoquées par le pilote étaient tenues avec le groupe des cinq utilisateurs. C'était aussi le pilote qui entretenait le dialogue avec les utilisateurs, leur demandant si telle donnée était nécessaire ou pas, si telle méthode était en usage dans leur région respective, etc.

Le rôle des utilisateurs était défini comme suit : fournir les informations sur le fonctionnement du système administratif (description des données, des traitements et des besoins des utilisateurs) et participer aux essais du système sous la coordination du pilote[4].

La technicienne était chargée de programmer le prototype du système. L'architecte de données joua un rôle d'expert-conseil lors de la structuration interne de la base de données.

Le projet 2 consistait à développer un système de gestion des prêts pour une institution financière[5]. Il couvrait l'ensemble des activités reliées à la gestion des prêts tant commerciaux que personnels. Ces activités comprenaient d'abord la saisie et la gestion des informations de base sur un client; puis la saisie et la gestion des informations concernant les garanties du client; et enfin la gestion de la demande de prêt en tant que telle. Ce projet était de très grande envergure; on estimait qu'au moment où il serait terminé, il aurait nécessité environ 10 000 jours/ressource humaine.

L'équipe du projet était formée du chargé de projet, secondé par un secrétaire possédant une formation technique en informatique. Une dou-

3. *Ibid.*, p. 2-18.
4. *Ibid.*, p. 2-20.
5. *Ibid.*, p. 2-45.

zaine d'analystes étaient rattachés de façon permanente au projet. Certains d'entre eux étaient orientés vers les aspects plutôt techniques, alors que d'autres se spécialisaient dans les aspects propres à la gestion des prêts. Certains analystes avaient déjà travaillé dans des succursales et jouissaient de bonnes connaissances dans le domaine du crédit.

Les services du crédit nommèrent un membre de leur personnel comme représentant des utilisateurs. Bien qu'il n'ait pas été affecté à plein temps au projet, il faisait preuve d'une grande disponibilité. Sa tâche consistait à seconder les analystes en les informant du fonctionnement du système de prêts ou en validant certaines des analyses qu'ils avaient effectuées. Chaque service de crédit avait mis à sa disposition un directeur adjoint dont le rôle était de lui fournir toutes les informations dont il pouvait avoir besoin pour bien accomplir sa tâche.

Le projet 3 concernait l'informatisation de la comptabilité pour les Imprimeries du Corum. Les Imprimeries du Corum emploient une centaine de personnes. Le nouveau président, fils et successeur du propriétaire, s'est entouré d'une équipe de gestionnaires dynamiques. La plupart de ses collaborateurs sont d'avis, comme lui, que l'ordinateur peut s'avérer un outil de gestion important, à condition que l'utilisation qu'on en fait corresponde aux besoins de l'entreprise.

Lors d'une réunion de la direction, il est décidé d'étudier la possibilité d'informatiser les systèmes comptables. Le trésorier est mandaté pour mener à bien un tel projet. Quoique familier avec ce domaine — il a suivi quelques cours sur les systèmes d'information et l'analyse de systèmes, au cours de sa formation en sciences comptables — il décide néanmoins d'approfondir ses connaissances et ce, afin d'être vraiment le maître d'œuvre du projet. Il assiste à quelques séminaires spécialisés, lit plusieurs livres et revues.

Puis il prend contact avec un ami qui travaille dans ce domaine afin que celui-ci lui recommande un analyste-conseil. Avec la collaboration de ce dernier, le trésorier mène lui-même l'étude. Il est responsable des activités reliées directement à la gestion de l'entreprise, alors que l'analyste-conseil se consacre aux activités de nature plus technique.

Le projet 4 se rapportait au système de suivi des clients de publicité d'une station radiophonique[6]. Le directeur des ventes de la station désirait obtenir un système pour lui permettre de mieux faire le suivi des activités des représentants auprès des clients de publicité.

Un analyste fut embauché pour mener à bien le projet. Il travailla étroitement avec le directeur des ventes, interviewa certains des représentants. L'analyste fut donc responsable de tout le développement, de l'évaluation de la demande à la formation des utilisateurs.

Tâche 2.1.2. Choisir les méthodes de travail et les outils que l'équipe adoptera

L'analyse détaillée consiste essentiellement à recueillir de l'information, à en faire la mise en forme en construisant des modèles du système à l'étude, à préparer la documentation de ces modèles et à utiliser modèles et documentation pour poser un diagnostic et identifier des éléments de solution. Les méthodes de travail et les outils de l'équipe seront donc les instruments qui faciliteront l'accomplissement des tâches.

VOIR L'ANNEXE 1.   Comme nous l'avons vu précédemment$^\diamond$, il existe quatre principaux outils de cueillette d'information : l'interview, les questionnaires, l'observation et la documentation de l'organisation. Tous ces outils n'auront pas à être utilisés dans toutes les situations. Les questionnaires, par exemple, sont surtout utiles pour obtenir des renseignements précis au sujet d'un système ou de son environnement, et ce, à partir d'un grand nombre de personnes. Le questionnaire est donc utilisé surtout dans les projets de grande ampleur, où un nombre important d'utilisateurs doivent être consultés. Dans certains cas, l'analyste ne jugera pas nécessaire de procéder à des séances d'observation; bien que cela soit justifiable, il est recommandé fortement de procéder à quelques observations lorsque faire se peut. L'interview et la documentation sont, eux, des outils utilisés dans toutes les circonstances, quel que soit le projet.

    L'analyste doit non seulement déterminer quels outils de cueillette d'information seront utilisés mais encore quelles seront les sources d'in-

---

6. S. RIVARD ET J. TALBOT, *Le développement de systèmes d'information : mise en pratique au moyen de dix situations concrètes*, Québec, Presses de l'Université du Québec, Presses HÉC, 1989.

formation. Celles utilisées lors de l'évaluation de la demande seront sans doute consultées aussi lors de l'analyse détaillée. Il faudra cependant aller plus en profondeur qu'au cours de l'étape précédente. Par exemple, on interviewera les employés responsables des diverses activités de traitement de données, en plus de rencontrer leurs gestionnaires. De même, lors des interviews, les questions seront plus précises parce que l'analyste doit être au courant de chaque détail. On se rend compte ici de l'importance, pour l'analyste, d'être bien perçu par la population utilisatrice, et de l'avantage qu'il a lorsqu'un ou plusieurs utilisateurs font partie de son équipe.

Voir l'annexe 2.   Ainsi que le décrira l'annexe 2◊, il existe des outils relativement standard de modélisation et de documentation de systèmes; ce sont les diagrammes de cheminement de l'information, les diagrammes de flux de données et le dictionnaire de système. Ces outils sont utilisés, en tout ou en partie, par la plupart des analystes, quelles que soient l'ampleur du projet ou la taille de l'organisation. Aujourd'hui, certains de ces outils sont informatisés. Ainsi, il existe de nombreux logiciels qui permettent de construire les diagrammes de flux de données d'un système. Certains logiciels plus sophistiqués donnent la possibilité de créer à la fois le diagramme de flux de données et le dictionnaire de système. Mais attention! Ces outils facilitent la tâche de l'analyste en accélérant par exemple l'activité de « dessin » des diagrammes ou en faisant le lien entre les diagrammes et les éléments du dictionnaire. Cependant, ils n'effectuent pas la tâche d'analyse, et la tâche de détection de toutes les erreurs, lesquelles demeurent la seule responsabilité de l'analyste!

Que l'équipe soit constituée d'un seul analyste ou qu'elle compte plusieurs analystes, techniciens et utilisateurs, les tâches à accomplir et les responsabilités doivent être déterminées avec soin. Ici encore, l'information recueillie au cours de l'évaluation de la demande est fort précieuse. Puisqu'elle décrit les grandes composantes de l'environnement du système et celles du système lui-même, le chargé de projet ou l'analyste s'y référeront. Lorsque plusieurs analystes travaillent au même projet, le chargé de projet s'efforcera de découper le travail de telle façon que chaque personne ou sous-groupe puisse travailler de façon relativement autonome, les participants ne se nuisant pas les uns les autres.

Tâche 2.1.3. Élaborer un échéancier

Les utilisateurs pour lesquels un système est en cours de développement, comme les propriétaires d'une maison en construction, le ministère des

Travaux publics qui fait construire un pont ou une autoroute ou les membres d'un comité olympique qui attendent la fin de la construction d'un stade, ont des exigences certaines quant au moment où le système devra être disponible. Certains analystes vont même jusqu'à dire que c'est en général pour la veille du début d'un projet que le requérant a besoin de son système. L'analyste ou le chargé de projet devra donc s'assurer de bien évaluer le temps nécessaire à chacune des tâches à accomplir et de respecter les échéances établies. L'analyste inexpérimenté se montre souvent trop optimiste dans son évaluation du temps requis par chacune des activités. Si l'expérience est un atout précieux dans l'établissement d'un échéancier, elle n'est parfois pas suffisante. Certains aléas peuvent survenir, qui prolongent la durée du projet, parfois la doublent ou la triplent.

Tout en n'étant pas une panacée à tous les problèmes d'échéances d'un projet, certains outils permettent, soit de mieux évaluer le temps nécessaire, soit de mieux coordonner certaines activités en tenant compte des préséances, soit d'identifier les activités critiques ou encore de maîtriser efficacement le déroulement du projet. Parmi ces outils, on retrouve la méthode de formule standard, les bases de données historiques, les diagrammes de Gantt et la méthode du chemin critique.

Activité 2.2. Étude de l'environnement du système existant

Un système d'information n'évolue pas en vase clos ; il est influencé par de nombreux facteurs externes et il a un impact sur tout autant de facteurs. Cet ensemble de facteurs est réuni sous le vocable de contraintes du système. Comme nous l'avons vu au premier chapitre, la valeur d'un système d'information dépend de sa capacité à respecter ces contraintes. Dans sa pose de diagnostic du système existant, l'analyste devra donc s'efforcer d'acquérir une connaissance approfondie de l'environnement du système à l'étude, afin d'évaluer le degré de concordance entre les caractéristiques du système et les contraintes de son environnement. Cette connaissance lui sera aussi précieuse ultérieurement, lors de la conception d'un nouveau système. L'étape d'évaluation de la demande aura déjà permis de recueillir certains éléments d'information. De façon générale cependant, ces éléments d'information ne sont pas suffisants et la recherche d'information doit se poursuivre. Cette recherche s'effectuera selon trois grandes dimensions de l'environnement du système : les dimensions organisationnelle, technique et financière.

DE L'IMPORTANCE D'IDENTIFIER LES CONTRAINTES

La connaissance des contraintes de l'environnement d'un système d'information est essentielle à la pose d'un diagnostic juste. De la même façon, elle est essentielle à la conception d'un système d'information répondant aux besoins de l'organisation. Quelques exemples illustrent ces énoncés.

Une entreprise de distribution avait un important problème de rupture de stocks. L'entreprise avait récemment connu une croissance importante. Alors qu'à une certaine époque la gestion des stocks « au jour le jour » semblait convenir, la direction de l'entreprise jugeait qu'il fallait y changer quelque chose. Près du tiers des commandes des clients était en rupture de stock. On embaucha un analyste afin qu'il procède à une étude du système. L'analyste interviewa le directeur général, la directrice des ventes, le responsable de l'entrepôt, l'acheteur et les préposés à l'expédition. À la suite de son étude, il proposa un système informatisé de gestion des stocks pour permettre de solutionner les problèmes identifiés. Six mois de travail furent nécessaires à la conception et à la réalisation de ce système. Trois mois après sa mise en place, il existait toujours d'importants problèmes de ruptures de stock. Le directeur général s'en montra très inquiet; il entra en contact avec une firme d'experts-conseils qui mena à son tour une analyse. On découvrit que le système de surveillance de l'entrepôt laissait beaucoup à désirer et que la principale explication des ruptures de stock était le vol. On conclura que le premier analyste avait omis de s'intéresser au système de surveillance et de sécurité de l'entrepôt!

La connaissance des modes de paiement et des politiques de crédit d'une entreprise est essentielle lors de l'analyse d'un système de saisie des commandes. Pourtant, un analyste ayant négligé de se renseigner à ce sujet a posé un diagnostic erroné dans le cas suivant. Une entreprise avait comme politique qu'une vérification de l'état du crédit du client était nécessaire lorsque le coût d'une commande dépassait un certain montant. Pourtant, les préposés à la prise de commandes négligeaient d'effectuer cette vérification. D'une part, seulement un faible pourcentage de commandes dépassait ce seuil critique. D'autre part, ces employés devaient traiter un nombre très grand de transactions et ils étaient surchargés; de plus, ils étaient évalués selon le nombre de transactions de saisie qu'ils traitaient et non pas sur l'aptitude des clients à bien payer leurs comptes. L'analyste proposa l'informatisation du système de saisie mais omit la vérification du crédit. Lorsque, quatre mois plus tard, il fit la présentation du système terminé à un comité de gestionnaires, le responsable du crédit demanda à voir la fonction de vérification de crédit, qui, bien sûr, n'existait pas. L'ajout de cette fonction (et la création des fichiers nécessaires pour l'exécuter) exigea un mois de travail supplémentaire, plusieurs changements étant requis pour les composantes déjà terminées.

L'importance accordée à la qualité du service à la clientèle est une contrainte dont doivent tenir compte les analystes et concepteurs d'un système de guichet automatique dans une institution financière; s'ils concevaient un système avec un temps de réponse de quelques minutes plutôt que de quelques secondes, l'institution financière verrait sa clientèle diminuer rapidement!

Dans son analyse du système de localisation de stock chez un grossiste, un analyste avait négligé de s'enquérir, auprès de la direction, des éventuels projets d'expansion. Il prit huit mois à développer le système qui fut mis en place à la satisfaction des utilisateurs. À la même époque cependant, l'entreprise ouvrait un second comptoir de distribution à l'autre extrémité de la même ville. Le directeur de l'entreprise téléphona à l'analyste pour lui demander s'il n'était pas possible de « juste brancher le nouveau comptoir à l'ordinateur, avec un de ces modems qui existent sur le marché... »

Voir le tableau 4.1.   Plusieurs aspects de la dimension organisationnelle de l'environnement du système doivent faire partie de cette recherche d'information◊. En effet, l'analyste doit être familier aussi bien avec le secteur d'activité de l'organisation, les tendances technologiques des firmes ou organismes du même secteur et les principales lois auxquelles l'organisation est soumise, qu'avec la structure de l'organisation elle-même, les relations formelles et informelles existant entre les principaux services concernés par le système et avec les responsabilités, le type de formation et l'attitude face au changement des employés directement affectés aux tâches supportées par le système à l'étude. Pour recueillir de telles informations, l'étude de la documentation organisationnelle et les interviews seront des outils privilégiés.

TABLEAU 4.1
L'environnement du système existant

Environnement externe

- Type d'activité, de produit ou de service
- Secteur d'activité (privé ou public)
- Évolution du secteur d'activité
- Concurrence et part de marché
- Tendances technologiques du secteur
- Principales lois auxquelles est soumis le secteur
- Facteurs critiques de succès pour les organisations de ce secteur

Environnement organisationnel

- Mission
- Historique
- Taille, croissance, marché, performance
- Clients
- Politiques, structure, objectifs à long et court termes
- Plans d'action
- Degré de centralisation des responsabilités
- Dispersion géographique
- Mode de gestion
- Caractéristiques du personnel, expérience informatique
- Syndicalisation
- Situation financière, investissements prévus, budgets alloués et prévus pour le traitement des données

Environnement physique

- Dispersion des utilisateurs, achalandage
- Organisation des lieux où sont effectués les traitements de données
- Mesures de sécurité, contrôle (voûtes, etc.)

Environnement technique

- Matériel et logiciel en place pour le traitement des données, autres équipements, bases de données et fichiers informatisés
- Personnel de développement et d'exploitation

Rappelons-le, la cueillette d'information au sujet de l'environnement du système doit contribuer à donner à l'analyste une connaissance telle de cet environnement que non seulement il soit en mesure de poser un diagnostic exact sur la situation actuelle, mais aussi qu'il soit ultérieurement capable de concevoir un système qui réponde aux besoins et aux exigences de l'organisation. Un élément d'information ne devra donc pas être jugé comme non pertinent sur la seule base de son utilité dans la pose du diagnostic; l'analyste devra constamment s'interroger sur son utilité future. La cueillette d'information au sujet de la dimension technique de l'environnement du système illustre ce point. En effet, cette activité inclut aussi bien des renseignements sur les équipements présentement utilisés pour opérer le système que sur les autres équipements de traitement de données en place dans l'organisation. La connaissance des premiers est requise puisqu'il faudra en évaluer l'efficacité et déterminer si le système est approprié. L'information au sujet des autres équipements de traitement de données en place dans l'organisation et au sujet de l'usage qu'on en fait, est utile à deux fins. D'une part, elle renseigne sur la « culture informatique » de l'organisation et, d'autre part, elle permet à l'analyste d'évaluer le degré d'innovation que constituerait l'implantation d'un système informatisé. Dans une organisation où plusieurs systèmes sont informatisés, où plusieurs personnes utilisent des terminaux et des micro-ordinateurs, l'implantation d'un nouveau système informatisé créera peu de remous. Par contre, dans une organisation où toutes les tâches sont effectuées manuellement, l'implantation d'un système informatisé pourra être perçue comme un changement majeur et causer certaines perturbations. S'il est informé de ces aspects, l'analyste pourra mieux prévoir les approches à prendre pour procéder sans heurts à la mise en place du futur système, si système il y a. La connaissance des autres équipements en place pourra aussi être utile ultérieurement à l'analyste; si, lors de la conception physique externe il propose un système informatisé, il aura les éléments nécessaires pour déterminer l'opportunité et la possibilité d'utiliser ces équipements. La présence dans l'organisation de personnel de développement de systèmes et de personnel d'opération, la nomenclature des logiciels en place, des bases de données ou des fichiers disponibles sont d'autres éléments que l'analyste doit connaître.

Les aspects financiers de l'environnement du système seront surtout pertinents lors de la réévaluation de la faisabilité qui aura lieu à la fin de l'étape. En effet, le chiffre d'affaires de l'entreprise ou son budget global dans le cas d'un organisme gouvernemental, les investissements prévus et le budget alloué pour le traitement des données permettront à l'analyste de mieux juger de la faisabilité d'un projet, quand il en aura déterminé l'ampleur.

Activité 2.3. Étude du système existant

Au moment où l'étude du système existant se terminera, l'équipe d'analyse devra avoir une compréhension complète du système d'information à l'étude, c'est-à-dire de sa raison d'être, de ses liens avec les autres systèmes de l'organisation, de ses utilisateurs, de ses composantes, de ses modes de traitement, de l'information qu'il produit, des données qu'il reçoit, des contrôles qu'il prévoit, du volume de données qu'il traite, des coûts reliés à la saisie, au traitement et à la diffusion de l'information, de l'efficacité avec laquelle les données sont traitées, ainsi que d'une foule d'autres détails. De plus, il faudra qu'elle ait identifié les problèmes reliés au système de même que leurs causes. La masse d'information à cueillir et à analyser est telle que l'analyste doit faire preuve d'une rigueur encore plus grande que dans les activités précédentes. Au cours de cette activité, les principes d'utilisation des modèles, de séparation des niveaux logique et physique et de passage du général au particulier prennent toute leur valeur. L'étude du système existant comporte trois tâches principales : la cueillette d'information, la construction du modèle physique externe et la construction du modèle logique.

Tâche 2.3.1. Cueillette d'information sur le système existant

Cette tâche porte sur deux facettes essentielles du système à l'étude : d'une part, la description de ses composantes et de son fonctionnement et, d'autre part, les problèmes qui lui sont reliés.

Le système.   Afin d'obtenir une image complète des composantes du système et de sa dynamique, les données et documents énumérés ci-après devront être recueillis.

- *Fonctionnement général du système*, incluant les responsabilités, les contraintes de temps et de volume, l'aménagement physique des lieux et les autres aspects ergonomiques.

- *Inputs* : contenu, spécimens des documents d'entrée (échantillonnage), formats d'écrans (échantillonnage d'empreintes d'écrans), description des équipements de saisie, sources de données, volumes et fréquences de saisie, coûts reliés aux inputs (documents, matériel, personnel).

- *Outputs* : destinataires, contenu et évaluation du contenu par les destinataires, fréquence de production, volume, description des équipements de production d'outputs, format et évaluation du format, spécimens de rapports, formats d'écrans, empreintes d'écrans, coûts de production des outputs (documents, matériel, personnel).

- *Traitements* : procédures de cueillette et de saisie des inputs, modes de traitement, validations et contrôles, procédures de transformation des inputs, liens entre les traitements, contraintes de temps, lieux où sont effectués les traitements, personnes effectuant les traitements et postes qu'elles occupent, temps requis pour effectuer les traitements, équipements utilisés, manuels de méthodes décrivant les traitements, coûts de traitement (matériel, personnel).

– *Base de données* : contenu, support, volume, accès (traitements et personnes accédant aux données, contrôles en place lors de l'accès), mode d'organisation des données, coûts du matériel.

On se rend bien compte de l'utilité qu'auront les outils de cueillette d'information décrits à l'annexe 1. Ces outils devront être utilisés dans une approche allant du général au particulier; l'analyste devra d'abord s'interroger au sujet des grandes composantes du système, de son fonctionnement général, de sa raison d'être, de ses principaux utilisateurs, de ses principaux inputs, outputs et traitements, avant de se plonger dans les détails. Donc il ne lui faudra pas être surpris si de nombreuses réitérations lui sont nécessaires pour arriver à bien comprendre le système. La construction des modèles physique externe et logique et surtout leur validation auprès des utilisateurs lui permettront de juger s'il a bien compris le fonctionnement du système et si la description qu'il en fait est complète.

Les problèmes du système. Au cours de l'évaluation de la demande, l'analyste s'est déjà intéressé à la perception qu'ont les utilisateurs des problèmes du système à l'étude. En effet, on se souviendra qu'au moment de la clarification de la demande, l'analyste aura interviewé les requérants et aura pris en considération leur vision du problème. De la même façon, il aura rencontré des personnes d'autres services concernés par le système et aura sollicité leur opinion à ce sujet. Tout au long de l'analyse détaillée, cette activité doit être poursuivie davantage; l'analyste devra prendre bonne note de tous les problèmes identifiés et de leurs causes possibles, que ce soit au cours d'interviews, de l'étude de documents se rapportant au système ou de séances d'observation.

Voir la figure 4.2.

Cette tâche de recherche des problèmes et de leurs causes probables devra être étoffée. Pour ce faire, l'analyste pourra utiliser une fiche semblable à celle proposée à la figure 4.2◊; il ne fait pas de doute qu'à la fin de la cueillette d'information, l'analyste aura complété plusieurs fiches de ce type. Ainsi, la fiche de documentation de problème permet de prendre note non seulement des problèmes identifiés ou perçus, mais aussi de leurs causes probables et de la source d'information ayant permis à l'analyste d'identifier chaque problème et ses causes présumées.

L'exemple que développe en partie cette figure permet de mieux saisir l'utilisation et l'utilité d'un document de ce type. Monique Tesseydre était trésorière chez un important entrepreneur en construction qui faisait affaires avec un nombre élevé de fournisseurs et dont les achats représentaient des sommes importantes. Dans un souci de gestion adéquate de la trésorerie, elle s'efforçait de profiter au maximum, à la fois des délais de paiement accordés par les fournisseurs, et des escomptes que certains offraient dans le cas de paiement rapide (du type 2/10 N 30). L'entreprise prenant de l'expansion, le moment vint où Mme Tesseydre ne pouvait plus suivre elle-même la progression des différentes factures et produire quotidiennement les listes de paiements à effectuer. Avec l'accord de son employeur, elle fit développer, par l'analyste-programmeur qu'employait l'entreprise, un système qui, à partir des données des factures des fournisseurs, créait quotidiennement la liste des factures à payer.

Le système était relativement simple. Chaque matin, la secrétaire de Mme Tesseydre faisait la saisie des données des factures reçues (date de saisie, nom du fournisseur, adresse, montant de la facture et conditions de paiement). À partir de la date de saisie et des conditions de paiement, un programme calculait la date à laquelle chaque facture devait être payée. Cette donnée, de même que les données saisies, étaient mises en fichier. Chaque jour aussi, la secrétaire de Mme Tesseydre faisait exécuter le programme de préparation de la liste des chèques à tirer. Ce programme comparait simplement la date du jour, entrée par l'utilisateur, à la date à laquelle le montant de la facture était dû; il imprimait ensuite la liste des factures à payer.

Mme Tesseydre avait bon espoir que ce système allégerait sa tâche, tout en lui permettant de profiter au maximum des escomptes offerts par les fournisseurs. Cependant, après quelques mois d'utilisation, elle se rendit compte que le système ne remplissait pas son rôle de façon adéquate. D'une part, certains fournisseurs avaient communiqué avec elle pour lui signaler que, bien qu'elle ait fait parvenir, pour certaines factures, un chèque équivalant au montant de la facture moins 2 % d'escompte, ils ne pouvaient lui accorder cet avantage puisque le paiement avait été fait longtemps après les 10 jours réglementaires. D'autre part, d'autres fournisseurs lui avaient téléphoné pour lui dire que certaines factures de plusieurs milliers de dollars étaient encore impayées, bien que leur date de paiement fût dépassée de plusieurs semaines.

La trésorière se montra fort surprise et ennuyée. Elle vérifia les listes de paiement. D'une part, selon le contenu des listes, les chèques qui devaient lui permettre de profiter des escomptes du type 2/10 N 30 avaient été tirés à la date requise; d'autre part, elle ne retrouva sur ses listes aucune mention des factures impayées. Elle évalua que plusieurs dizaines de milliers de dollars avaient été perdus au cours de la période pendant laquelle le système avait été utilisé. De plus, la réputation de l'entreprise auprès des fournisseurs avait été, selon ses propres termes, sinon touchée, du moins égratignée. N'ayant plus aucune confiance en ce système, Mme Tesseydre décida de ne plus l'utiliser jusqu'à ce que quelqu'un en ait trouvé et corrigé les faiblesses. Elle ne voulut pas confier cette tâche à l'analyste-programmeur qui avait développé le système. Elle demanda donc à la firme de comptables agréés qui s'occupait habituellement d'effectuer la vérification des livres de l'entreprise, et qui avait aussi un service-conseil en systèmes d'information, de charger l'une de leurs analystes de ce mandat.

C'est à ce problème, tel qu'illustré à la figure 4.2, que l'analyste s'attaqua d'abord. Bien qu'elle ait par la suite identifié d'autres problèmes, ils ne seront pas traités ici, l'objectif étant d'illustrer l'utilisation de la fiche de documentation des problèmes. L'analyste nota le problème tel qu'énoncé par Mme Tesseydre au cours d'une interview ayant eu lieu dans le cadre de l'évaluation de la demande. À cette même occasion, la trésorière avoua que son seul soupçon au sujet de la cause du problème était que le système n'était pas approprié. Elle ne savait pas ce qui s'était passé, mais le système n'accomplissait pas ce qu'il devait faire. L'analyste prit note. Dans le présent cas, l'évaluation de la demande dura très peu de temps. Mme Tesseydre montra à l'analyste les listes de paiements ainsi que les originaux de certaines des factures ayant été soit payées en retard ou n'ayant pas été payées. La présence d'un problème était si évidente, le besoin de régler le problème si urgent, qu'il fut immédiatement jugé non seulement opportun mais nécessaire de procéder à une analyse plus détaillée.

L'analyste interviewa la secrétaire de Mme Tesseydre afin d'obtenir une description détaillée du mode de fonctionnement du système. Elle observa aussi certaines séances de saisie de données, préleva un échantillon des transactions telles que saisies (c'est-à-dire 100 enregistrements du fichier dans lequel les données saisies étaient enregistrées) ainsi que des factures qui leur correspondaient, étudia l'écran de saisie et examina en détail les programmes de saisie et de production de la liste. Ces diverses activités lui permirent de cerner les causes du problème. D'une part, la date de saisie, telle qu'inscrite au fichier était souvent erronée. L'analyste put s'en rendre compte en comparant la date de saisie de plusieurs transactions saisies le même jour. Par exemple, une transaction mentionnait comme date de saisie 08-04-89 ou 14-08-89 alors que la quasi-totalité des autres transactions saisies le même jour avait comme date 04-08-89. L'analyste remarqua qu'environ 4 % des transactions avaient ce genre d'erreur. De plus, elle examina attentivement l'écran de saisie et observa encore une fois l'activité de saisie. Cela lui permit d'identifier, presque avec certitude, la cause du problème. Elle la nota à la fiche de documentation du problème (cette note n'est cependant pas reproduite à la figure 4.2).

FIGURE 4.2

Fiche de documentation de problème

Boisvert, Lebrun et Associés	
FICHE DE DOCUMENTATION DE PROBLÈME	
Système : Liste de paiement	Analyste : Julie Arsenault
Énoncé du problème	Sources
• Nombreuses erreurs dans les dates auxquelles les paiements aux fournisseurs sont dus. Ceci a amené l'omission de payer certaines factures; on a perdu certains escomptes du type 2/10 N 30; certains fournisseurs sont surpris cette apparente négligence.	• Interview avec Mme Tesseydre, trésorière, utilisatrice principale du système, mandatrice.
Causes	Sources
1. Le système n'est pas adéquat.	1. Mme Tesseydre.
2. La date de saisie des factures (à partir de laquelle est calculée la date où le paiement doit être effectué) est souvent erronée (4 % d'erreurs).	2. Analyse d'un échantillon de 100 transactions saisies sur une période de deux semaines.
3. ?	3. Observation de la saisie. Examen détaillé de l'écran de saisie.

L'ORIGINE DU PROBLÈME?

En vous basant sur la description du système, de son problème, de la source identifiée après l'examen de l'échantillon, et en vous rappelant que l'analyste a identifié l'origine du problème après avoir examiné attentivement l'écran d'entrée et observé la saisie, essayez d'identifier la cause la plus probable du problème.

Dans la plupart des situations, l'analyste aura à faire face à des problèmes plus complexes et à des causes multiples. Dans cet exemple très simple, la fiche de documentation de problème est suffisante pour en arriver à la pose de diagnostic. Cependant, elle ne l'est pas dans des situations plus complexes. La section qui porte sur la pose du diagnostic au sujet du système proposera une approche pour supporter l'activité propre au diagnostic dans de telles situations.

OUTILS D'ANALYSE : AVERTISSEMENT

La construction du modèle physique externe et du modèle logique nécessite la connaissance de certaines techniques de modélisation et de documentation appelées ici outils d'analyse. Avant de poursuivre plus loin, le lecteur qui n'est pas familier avec les termes de diagramme de cheminement de l'information, diagramme de flux de données et dictionnaire de données, est fortement invité à lire l'annexe 2.

Tâche 2.3.2. Construction du modèle physique externe

VOIR L'ANNEXE 2.

L'analyste construira le modèle physique externe en se servant des données descriptives qu'il aura recueillies au sujet du système. Le modèle décrit le système tel que les utilisateurs le perçoivent. Comme on le voit dans l'annexe 2◊, les deux outils privilégiés pour construire ce modèle sont, le DCI (diagramme de cheminement de l'information) et le dictionnaire de système (fiches physiques). Ce modèle constitue la documentation du système tel qu'il existe; il est aussi un outil de communication qui permet à l'analyste de valider sa compréhension du système auprès des utilisateurs. Au cours de l'exercice de modélisation et une fois le modèle validé, l'analyste tentera encore une fois de déceler la présence de certains problèmes, leurs causes, et les précisera au moyen de fiches de documentation de problème. Toute cette information servira lors de la pose du diagnostic du système existant, et au moment de la détermination des objectifs du nouveau système et des besoins qu'il devra satisfaire.

DANS LE DOUTE S'ABSTENIR ... PUIS SE RENSEIGNER

Les modèles physique externe et logique n'auront de valeur que dans la mesure où ils seront une image fidèle du système à l'étude. De la même façon qu'un modèle d'avion est d'une utilité réduite pour des études de résistance des matériaux s'il ne respecte pas complètement les caractéristiques de l'original, un modèle de système d'information est d'une utilité réduite s'il n'est pas la « copie conforme » du système réel.

La construction d'un modèle de système exige que l'on possède, au sujet de celui-ci, une grande quantité d'information détaillée. Peu importe le nombre d'heures passées à interviewer les utilisateurs, à observer leur travail et à analyser les documents qu'ils reçoivent et transmettent, il reste toujours, au moment de la construction du modèle (qu'il soit physique externe ou logique), des questions pour lesquelles l'analyste n'a pas de réponses. Que fait-on du bordereau de contrôle une fois les totaux de contrôle effectués? Le détruit-on, le range-t-on avec les pièces justificatives des transactions? Que fait-on du quatrième exemplaire du document X? Est-il archivé, transmis à un autre service?

Par manque d'expérience, par manque de temps ou par négligence, il arrive que certains analystes répondent eux-mêmes à cette question, en donnant bien évidemment la réponse la plus « logique ». Bien sûr, le bordereau de contrôle accompagne les pièces justificatives... le quatrième exemplaire du document X est sûrement transmis au service Y... Pourtant, ceci ne correspond pas toujours à la situation réelle même si, pour l'analyste, cela paraît devoir couler de source.

Une telle façon de procéder risque de donner à l'analyste une vision erronée du système. L'erreur n'est pas toujours grave, mais elle peut parfois avoir des conséquences fâcheuses.

D'où la recommandation faite au tout début de ces paragraphes : dans le doute, il est préférable que l'analyste s'abstienne de donner lui-même une réponse et qu'il se renseigne auprès des utilisateurs. On l'a souvent répété: nous sommes en présence d'un processus qui doit s'effectuer de manière itérative. L'analyste devra sans doute retourner plusieurs fois auprès des utilisateurs afin d'obtenir de l'information supplémentaire et valider les modèles qu'il aura construits.

Tâche 2.3.3. Construction du modèle logique

Le modèle logique sera élaboré à partir du modèle physique externe et des autres données recueillies précédemment. Sa documentation complète comporte le diagramme de flux de données (DFD), le dictionnaire de système (fiches logiques) et le diagramme de structure de données (DSD), le cas échéant.

De la même façon que le modèle physique externe, le modèle logique décrit le système existant, permet à l'analyste de valider sa compréhension du système auprès des utilisateurs et est un outil pour identifier certains problèmes du système de même que leurs causes. Il est aussi utilisé lors de la pose du diagnostic du système existant, de la détermination des objectifs et de l'identification des besoins du nouveau système. La différence essentielle réside dans le fait que ces modèles offrent deux perspectives distinctes de la même réalité.

Activité 2.4. Pose du diagnostic et identification d'éléments de solution

Cette activité comporte essentiellement trois tâches, étroitement dépendantes les unes des autres. Ce sont la pose du diagnostic, la détermination des objectifs que devrait atteindre un système « corrigé » ou un nouveau système, et l'identification d'éléments de solution. Ces trois tâches sont présentées ici comme étant effectuées l'une à la suite de l'autre. Dans la pratique, il arrive qu'elles soient effectuées en concomitance.

Tâche 2.4.1. Pose du diagnostic

En médecine, le terme diagnostiquer signifie : « déterminer la nature d'une maladie d'après les symptômes[7] ». C'est tout à fait ce en quoi consiste l'activité de diagnostic dans le cadre d'une étude de système d'information. Il s'agit en effet de déterminer quels sont les « mauvais fonctionnements » du système en se basant sur les symptômes (problèmes) identifiés en cours d'analyse. De plus, de la même façon que le médecin procède à certains prélèvements et autres examens spéciaux afin de mieux poser son diagnostic, l'analyste examine des documents et procède à des observations.

---

7. *Petit Larousse illustré*, Paris, Librairie Larousse, 1983.

L'analyste qui aura utilisé la fiche de documentation de problème aura déjà commencé à accomplir sa tâche de pose de diagnostic, puisqu'il aura déjà recherché certaines causes des problèmes identifiés.

L'analyste en systèmes d'information est au domaine de la gestion ce qu'un médecin spécialiste est à la médecine. En effet, on s'attend à ce que le neurologue qui aura diagnostiqué une mauvaise vue comme étant à l'origine des migraines de son patient, le dirige vers un collègue ophtalmologue plutôt que de le soigner lui-même. De la même façon, l'analyste en systèmes ne devra pas tenter de corriger, par des moyens de sa spécialité, des problèmes dont la cause ne relève pas de son domaine d'expertise. En effet, il arrive que certains problèmes identifiés au cours d'une étude de système, aient leur source ailleurs que dans le système d'information. L'exemple, cité précédemment, de l'entreprise de distribution ayant un problème de rupture de stocks occasionné principalement par un système de sécurité déficient dans l'entrepôt, plutôt que par le système d'information lui-même, illustre ce point. Dans cet exemple, la mise en place d'un système informatisé a sans doute eu le même effet que d'appliquer un cataplasme sur un tibia fracturé!

Dans la majorité des situations d'étude de systèmes, les causes des problèmes sont mixtes. Certaines sont directement reliées au système d'information, les autres relèvent de multiples domaines, aussi bien de la gestion de personnel, que de la gestion des opérations ou du management. Ainsi, chez un distributeur de produits pharmaceutiques, on avait identifié d'importants problèmes au sujet des stocks. La quantité de produits en stock était si élevée qu'on n'arrivait plus à tout entreposer. On se rendit compte que plusieurs médicaments, à faible demande, étaient périmés. L'équipe d'analyse chargée de l'étude identifia un certain nombre de causes reliées au système d'information. De plus, elle releva le fait que les deux acheteurs de l'entreprise étaient évalués principalement sur la base du nombre de ruptures de stock. Lorsque des ruptures se produisaient, ils étaient très sévèrement réprimandés par leur superviseur qui en tenait compte lors de leur évaluation annuelle. Les employés ne tenaient donc pas à ce qu'il y ait de telles ruptures. Ils commandaient des quantités importantes de chaque produit et maintenaient des stocks élevés. Dans cette situation, bien qu'un nouveau système d'information ait été grandement requis, il ne pouvait être conçu et mis en place tant que des politiques de gestion des stocks et d'évaluation de personnel n'aient d'abord été instaurées.

L'analyste devra sans cesse être conscient et convaincu qu'il ne sert à rien d'implanter un système d'information qui n'aurait pour effet que de perpétuer de mauvaises pratiques de gestion. Quelqu'un a déjà dit que l'ordinateur travaillant à très grande vitesse, le seul résultat de l'informatisation dans un contexte où la gestion est déficiente, était de faire en sorte que les erreurs se produisent plus rapidement!

La pose du diagnostic est donc une activité complexe qui requiert une approche rigoureuse. L'analyste devra mettre à contribution tous les outils qui peuvent lui être utiles pour accomplir cette tâche efficacement. La fiche de documentation de problème est l'un de ces outils, mais elle ne suffit pas. Certains auteurs[8] ont proposé une technique pour faciliter la pose de diagnostic. Appelée analyse causale, cette technique est présentée ci-après.

Souvent, l'analyste inexpérimenté aura tendance à confondre causes et symptômes et à ne pas pousser assez en profondeur sa recherche des causes. Dans l'exemple de l'entreprise de distribution de produits pharmaceutiques dont il était question précédemment, l'équipe d'analyse qui n'aurait pas poursuivi sa recherche des causes jusqu'aux acheteurs et à leur superviseur aurait commis cette erreur. En effet, confrontés avec une situation où l'inventaire est trop important, certains analystes se seraient contentés de diagnostiquer un « mauvais système de gestion des inventaires » et d'en proposer un nouveau. Lorsque bien effectuée, l'analyse causale permet d'éviter certaines erreurs.

Le principe de base de l'analyse causale est extrêmement simple. Lorsque l'analyste identifie un fait relié à un problème de système (par exemple, le niveau d'inventaire trop élevé), il doit immédiatement s'interroger sur les effets possibles de cet élément (coûts d'inventaire élevés, médicaments pouvant être périmés), de même que sur ses causes probables (acheteurs commandant des quantités importantes de chaque produit). Pour chaque cause identifiée, l'analyste poursuivra sa recherche de causes probables (ici, absence de directives concernant le seuil de réapprovisionnement et le lot économique, de même que le type d'évaluation faite par le superviseur); il tentera aussi de déterminer s'il existe d'autres conséquences que celles déjà identifiées (ce qui n'est pas le cas ici). L'analyse se termine lorsque la recherche de causes probables n'apporte aucune information pertinente (pourquoi le superviseur évalue-t-il les acheteurs de cette façon? La connaissance de cet élément d'information n'est pas appropriée au travail de l'analyste de système.) La construction d'un diagramme comme celui de la figure 4.3◊ pourra être utile au cours de cette analyse.

Voir la figure 4.3.

8. X. Castellani, *Méthode générale d'analyse des applications informatiques*, Paris, Masson, 1987, p. 132-134.

FIGURE 4.3
Analyse causale

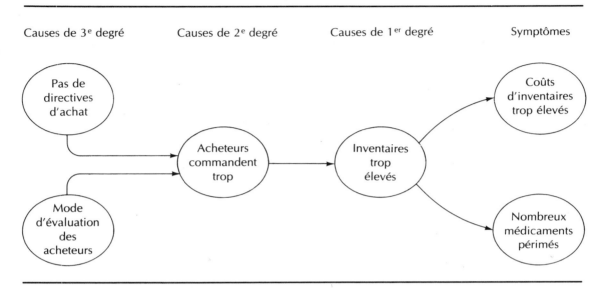

| Causes de 3e degré | Causes de 2e degré | Causes de 1er degré | Symptômes |

ANALYSE CAUSALE DU SYSTÈME
UTILISÉ PAR MME TESSEYDRE

Lors d'un examen attentif de l'écran de saisie des données de factures du système utilisé par Mme Tesseydre, l'analyste se rend compte que le système était conçu de telle sorte que :

1) *La personne effectuant la saisie devait, pour chaque facture, entrer la date de saisie (c'est-à-dire que la date n'était pas créée automatiquement par le système).*

2) *Sur l'écran, dans l'espace prévu pour la date, aucune indication n'existait, précisant si la date devait être entrée en donnant d'abord le jour, puis le mois, puis l'année ou alors le mois, puis le jour, puis l'année. De plus, il n'existait aucune validation de la date.*

Tracez le diagramme d'analyse causale pour ce système.

Les résultats de l'analyse causale pourront être présentés dans un tableau semblable à celui du tableau 4.2◊.

VOIR LE TABLEAU 4.2.

TABLEAU 4.2

Résultats de l'analyse causale

Problèmes	Causes	Objectifs	Solutions
1. Factures fournisseurs demeurant impayées (n'apparaissant pas sur la liste des factures à payer), pertes d'escompte pour paiement rapide.	1. Date de saisie devant être frappée à chaque transaction.		

Tâche 2.4.2. Détermination des objectifs du nouveau système

Maintenant que les problèmes du système actuel ainsi que leurs causes ont été identifiés, l'analyste procédera, avec la collaboration des principaux utilisateurs, à la détermination des objectifs du nouveau système (ou du système corrigé). Ces objectifs auront deux fins : d'une part, guider la conception du nouveau système et, d'autre part, évaluer ce système après qu'il aura été mis en place. Cette détermination des objectifs devra être guidée par les résultats des analyses précédentes. Par exemple, si l'un des problèmes identifiés était un temps de réponse trop long, l'un des objectifs du nouveau système devra être un temps de réponse plus court. Cette indication ne sera pourtant pas suffisante. En effet, que signifie « un temps de réponse plus court » ? Ceci nous amène à définir deux caractérisques essentielles que doivent posséder les objectifs d'un système afin d'être acceptables : premièrement, ils doivent être mesurables et, deuxièmement, leur énoncé doit inclure une valeur à atteindre. Ainsi, « un temps de réponse plus court » possède la première caractéristique, celle d'être mesurable. Cependant, l'énoncé ne fait aucune mention d'une valeur à atteindre. L'objectif n'est donc pas acceptable.

L'analyste devra aussi faire preuve de discernement lors de l'attribution des valeurs à atteindre. Il arrive parfois que les objectifs posés soient tellement élevés qu'ils sont presque impossibles à atteindre. Ainsi, réduire le taux d'erreur à 0 % est une quasi-impossibilité; dans tout système, comme dans tout processus de fabrication, on doit s'efforcer d'identifier un taux

TABLEAU 4.3
Résultats de l'analyse causale

Problèmes	Causes	Objectifs	Solutions
1. Factures fournisseurs demeurant impayées (n'apparaissant pas sur la liste des factures à payer), pertes d'escompte pour paiement rapide.	1. Date de saisie devant être frappée à chaque transaction.	1. Diminuer de 95 % le nombre de factures pour lesquelles on perd l'escompte et de 100 % le nombre de factures impayées.	

d'erreur acceptable. De la même façon, l'analyste ne devra pas accepter un objectif du type « réduire à zéro le nombre de ruptures de stocks ».

Voir le tableau 4.3. Lorsque les objectifs auront été fixés, l'analyste pourra compléter le tableau. On remarquera, dans l'exemple du tableau 4.3◇, qu'il y a une correspondance directe entre problèmes et objectifs.

Tâche 2.4.3. Identification d'éléments de solution

De la même façon que les objectifs étaient étroitement liés aux problèmes, les éléments de solutions sont étroitement liés aux causes des problèmes. Ainsi, si la cause d'un temps de réponse trop faible est le manque de capacité d'un ordinateur, le premier élément de solution sera d'augmenter cette capacité. Dans l'exemple du système utilisé par Mme Tesseydre (préparation de la liste des factures à payer), trois causes principales avaient été identifiées : le programme de saisie n'engendrait pas automatiquement la date de saisie, le format dans lequel la date devait être entrée n'était pas indiqué, et aucun examen de date n'était requis. Dans ce cas, le seul fait de faire produire automatiquement la date de saisie résout le problème. On ajoutera ces éléments à la partie Solutions du tableau des résultats de Voir le tableau 4.4. l'analyse causale◇.

Cet exercice d'identification d'éléments de solution est nécessaire à l'activité qui suit, c'est-à-dire la réévaluation de la faisabilité.

TABLEAU 4.4
Résultats de l'analyse causale

Problèmes	Causes	Objectifs	Solutions
1. Factures fournisseurs demeurant impayées (n'apparaissant pas sur la liste des factures à payer), pertes d'escompte pour paiement rapide.	1. Date de saisie devant être frappée à chaque transaction.	1. Diminuer de 95 % le nombre de factures pour lesquelles on perd l'escompte et de 100 % le nombre de factures impayées.	1. Faire produire automatiquement la date de saisie par le système.

Activité 2.5. Réévaluation de la faisabilité

Lors de l'évaluation de la demande (chapitre 3), l'équipe d'analyse a procédé à une évaluation de la faisabilité du projet. Possédant maintenant une grande quantité d'informations au sujet du système et de son environnement, ayant posé un diagnostic et identifié des éléments de solutions, on procédera à une réévaluation de la faisabilité, mais de façon beaucoup plus précise cette fois. Les mêmes aspects de faisabilité seront examinés, c'est-à-dire la faisabilité organisationnelle, la faisabilité technique, la faisabilité temporelle et la faisabilité financière.

Toutefois, l'information déjà accumulée ne sera pas suffisante pour procéder à la réévaluation de la faisabilité. Il faut aller plus loin et produire de l'information non pas sur ce qui existe, mais sur ce qui devrait être mis en place pour solutionner les problèmes. En effet, l'évaluation de la faisabilité d'un projet ne peut être effectuée que si l'analyste possède de l'information au sujet de ce projet! Le tableau qui expose les résultats de l'analyse causale est un bon point de départ pour créer cette information.

Pour chacun des éléments de solutions du tableau, l'analyste devra d'abord déterminer le type de technologie requise (s'il y a lieu) pour implanter la solution. Il devra ensuite évaluer la quantité de ressources ainsi que les tâches et le temps nécessaires à la conception, à la réalisation et à la mise en place d'une solution de ce genre. Enfin, il identifiera les impacts possibles de cet élément de solution sur l'organisation.

La réévaluation de la faisabilité se fera en comparant cette information aux contraintes organisationnelles, techniques, financières et temporelles identifiées précédemment.

Activité 2.6. Modification de la proposition de projet

À la fin de l'évaluation de la demande, l'équipe d'analyse avait ébauché une proposition de projet qui avait été acceptée par les utilisateurs. À la lumière de l'information recueillie et de la réévaluation de faisabilité qui vient d'être faite (à condition bien sûr que le résultat de cette réévaluation soit positif), on modifiera la proposition de projet en conséquence. Il faudra s'efforcer de fournir aux preneurs de décision une image aussi précise que possible du projet à venir, des tâches à accomplir, des coûts à être engagés et des délais requis.

Activité 2.7. Préparation et présentation du rapport d'analyse détaillée

Le rapport d'analyse détaillée est un document fort important puisqu'il servira de base à la décision de poursuivre ou d'abandonner le projet. Il faudra prendre garde de ne pas ensevelir les lecteurs du rapport sous une foule de détails dont ils ne pourront tenir compte. Le rapport lui-même devra contenir l'essentiel de ce que l'équipe aura trouvé. On pourra joindre des annexes décrivant la situation plus en détail. Les éléments de documentation ne font pas partie du rapport comme tel. Ils devront être mis à la disposition des personnes qui prennent les décisions; il ne faudra cependant pas que ceux-ci se sentent dans l'obligation de plonger dans les détails du DCI, du DFD et du dictionnaire de système afin de comprendre les conclusions et les recommandations de l'équipe.

En général, le rapport d'analyse fera l'objet d'une présentation. Encore une fois, les analystes devront faire attention pour ne pas ensevelir ceux qui prennent les décisions sous un amoncellement de détails. La présentation devra porter sur les points essentiels couverts par l'analyse. Le tableau 4.5$^\diamond$ propose une table des matières pour le rapport d'analyse; il pourra aussi tenir lieu de plan de présentation. De plus, un autre tableau$^\diamond$ établit la liste des éléments qui devraient faire partie de la documentation de l'analyse.

VOIR LE TABLEAU 4.5.
VOIR LE TABLEAU 4.6.

TABLEAU 4.5
Rapport d'analyse détaillée : table des matières

Sommaire

1. Rappel de la demande

2. Description de l'approche d'analyse
   2.1. Identification des outils de cueillette d'information utilisés ; personnes rencontrées ou ayant complété un questionnaire ; observations effectuées ; documents consultés
   2.2. Identification des outils de documentation utilisés

3. Description de l'environnement
   3.1. Environnement externe
   3.2. Environnement organisationnel
   3.3. Environnement technique

4. Description du système existant
   Description générale faisant ressortir les principales caractéristiques du système
   Évaluation des coûts de fonctionnement du système existant

5. Diagnostic du système existant et identification d'éléments de solutions

6. Réévaluation de la faisabilité

7. Proposition de projet

Annexes
A. Organigrammes de structure des services faisant partie du cadre du système à l'étude
B. DCI
C. DFD
D. Fiches du dictionnaire de système
E. Détail des coûts

TABLEAU 4.6
Éléments de la documentation de l'analyse

- Organigrammes de structure de l'organisation et des services faisant partie du cadre du système

- Documentation du modèle physique (DCI, dictionnaire de système-fiches physiques, spécimens de documents, formats d'écrans, spécifications techniques)

- Documentation du modèle logique (DFD - DSD - dictionnaire de système - fiches logiques)

- Détail des coûts de fonctionnement

SUIVI DES DIPLÔMÉS M.B.A.-HÉC

Partie B

Les principales activités de la direction du M.B.A.-DSA liées au suivi des diplômés sont la conduite d'enquêtes, le placement des diplômés et la recherche d'information à leur sujet. Dans un proche avenir, M. Frénois envisage la mise sur pied de rencontres-discussions entre les diplômés ainsi que la publication d'un bulletin d'information. Les analystes chargés de l'analyse du système de suivi des diplômés décrivaient ces activités de la façon suivante.

Deux types de sondages sont effectués. Un premier, qui est administré chaque année, vise les nouveaux diplômés. On réalise également un sondage tous les trois ans, cette fois sur l'ensemble des diplômés. Dans chaque cas, la direction M.B.A.-DSA en définit les grandes lignes. Un officier de recherche institutionnelle construit un questionnaire et le distribue aux diplômés. La liste des noms et adresses des diplômés est fournie par le département d'informatique.

Lorsque les questionnaires lui sont retournés, l'officier de recherche en analyse les données. Il rencontre le directeur du M.B.A. et son comité d'orientation pour leur faire part des conclusions. Les résultats de ces enquêtes servent de données de base au processus d'adaptation de la structure et du contenu du programme aux changements de l'environnement. Ces questionnaires étant complétés de façon anonyme, leurs données cependant, ne peuvent être utilisées comme input au système de suivi des diplômés.

Il arrive qu'un employeur contacte la direction du M.B.A.-DSA afin d'obtenir une liste de candidats possibles à un poste. On le dirige habituellement au centre de placement de l'École. Il arrive cependant que, dans certains cas, le profil du type d'individu désiré soit pris en note par M. Frénois. Il effectue alors une requête au bureau du registraire qui doit passer en revue, et ce de façon manuelle, tous les dossiers des diplômés, en retenant ceux qui remplissent les critères. La liste des candidats retenus est ensuite envoyée à la direction du M.B.A.-DSA, qui la transmet à l'employeur.

Il y a aussi la recherche d'information. Dans cette dernière catégorie, on pense aux recherches effectuées dans le but de retracer une information précise. On peut désirer, par exemple, les coordonnées des gagnants de la compétition de cas de 1983 alors qu'on ne dispose que de leurs noms.

Bien que n'étant pas vraiment une activité du système actuel, il faut mentionner que d'ici quelques mois, un bulletin d'information devrait être publié à l'intention des diplômés M.B.A.-DSA. Le but de ce bulletin sera de permettre une meilleure communication entre la direction et les diplômés, entre les employeurs et les diplômés et finalement, entre les diplômés eux-mêmes. On compte beaucoup sur ce bulletin pour obtenir des commentaires et suggestions et surtout, pour mettre à jour le fichier existant actuellement[9].

Le fichier des diplômés

Au moment où il formula sa requête, M. Frénois conservait les renseignements relatifs aux diplômés sur des fiches de carton. Comme le décrivaient les analystes :

> Ce fichier a été constitué en mai 1985 à partir du bottin des diplômés. Les informations concernant les diplômés du M.B.A. ont été découpées et collées sur des fiches. Les fiches sont classées par année de promotion d'abord, et par ordre alphabétique ensuite. Ces informations comprennent les nom et prénom des diplômés, leurs coordonnées — adresse et numéro de téléphone — leur fonction et le nom de l'entreprise où ils travaillent. Une photo accompagne le tout. Signalons que ce ne sont pas toutes les fiches qui possèdent la totalité des informations précitées [...]

> [...] il y a environ 700 fiches. Celles-ci sont classées par promotion, puis pour chaque promotion, par ordre alphabétique.

> Le taux de consultation du fichier est de 2 ou 3 requêtes par mois alors que le taux de croissance est de près de 120 fiches par année, soit le nombre d'étudiants par promotion.

> Lors de la mise sur pied du fichier, une mise à jour de l'information a été effectuée. On a alors tenté de rejoindre tous les diplômés du M.B.A. afin de vérifier les données des fiches[10].

> [...] Il arrive que certains diplômés communiquent avec M. Frénois afin de lui faire part de nouvelles données : changement d'adresse, de fonction, etc. Les colloques et les journées de retrouvailles permettent d'échanger de l'information. C'est de cette manière que se font présentement les mises à jour du fichier[11].

Selon M. Frénois, non seulement ce système de fiches était lourd, mais les informations qu'il contenait était incomplètes pour les besoins du suivi des diplômés.

---

9. H. BELMAACHI ET C. BOISVERT, *Analyse d'un système de suivi des diplômés*, Montréal, École des hautes études commerciales, décembre 1985, p. 14-15.

10. *Ibid.*, p. 13.

11. *Ibid.*, p. 15.

Questions

1. Quels sont les principaux objectifs de l'analyse détaillée? Expliquez en vos propres termes chacune des activités associées à cette étape.

2. Comment l'analyse détaillée consiste-t-elle en un processus itératif?

3. Selon vous, en quoi la participation active de la population utilisatrice est-elle importante lors du développement d'un système d'information?

4. Dans quelles situations est-il opportun d'utiliser la technique de l'interview comme outil de cueillette d'information? L'utilisation du questionnaire facilite la cueillette de quel type d'information? Dans quelles circonstances est-il utile de procéder à une revue de la documentation de l'organisation? Pourquoi l'observation peut-elle être nécessaire dans une étude de système d'information?

5. Quels sont les outils de modélisation et de documentation d'un système d'information existant? Identifiez le rôle ou l'utilité ainsi que les règles et conventions relatives à chacun de ces outils.

6. Certains outils permettent de mieux évaluer les temps nécessaires, de mieux coordonner les activités en tenant compte des préséances, d'identifier les activités critiques ou encore de contrôler efficacement le déroulement du projet. Quels sont-ils?

7. Commentez l'énoncé suivant : « la valeur d'un système d'information dépend de sa capacité à respecter ses contraintes ».

8. Quels aspects de la dimension organisationnelle doivent être inclus dans la recherche d'information lors de l'étude de l'environnement du système?

9. Quels sont les objectifs associés à la pose du diagnostic? En quoi consiste la technique de l'analyse causale?

10. Quelles caractéristiques essentielles doivent posséder les objectifs du futur système?

11. Quelles sont les informations additionnelles que doit comprendre l'évaluation de la faisabilité de l'analyse détaillée par rapport à celle effectuée lors de l'évaluation de la demande?

12. Expliquez clairement la distinction qui existe entre le modèle logique et le modèle physique d'un système d'information.

13. En quoi consiste un outil d'analyse dynamique? et un outil d'analyse statique?

14. Tracez le diagramme de flux de données (DFD) de contexte et celui de premier niveau associé au système de gestion des notes présenté à la question 6 du chapitre 1.

15. Cour à bois est une entreprise qui vend des matériaux de construction aux contracteurs et aux particuliers de la banlieue ouest de Montréal. Elle fut établie il y a 75 ans par le grand-père du propriétaire actuel, M. Paul Landry. En janvier 85, après que la firme de comptables agréés avec laquelle il faisait affaires lui ait fait parvenir les états financiers de Cour à bois, M. Landry était inquiet. En effet, la portion des dépenses attribuable aux charges administratives avait augmenté par rapport à l'année précédente. De plus, au cours des dernières années, les compétiteurs de Cour à bois s'étaient informatisés et M. Landry se demandait s'il ne devait pas lui aussi acquérir un ordinateur. Il décida donc de faire appel à un consultant en gestion et en informatique. Après plusieurs entrevues avec les employés, l'analyste a écrit une description du système d'information des ventes et des réceptions des paiements chez Cour à bois. Tracez le diagramme de flux d'information (DFD) de premier niveau du système, tel que l'analyste le décrit ci-après.

Pour passer une commande, le client peut téléphoner ou se présenter au comptoir. Dans les deux cas, le commis remplit, à l'aide d'un catalogue des produits, un bon de commande en trois exemplaires où il inscrit la description et le prix des produits commandés. Si la vente est à crédit, il vérifie le crédit du client. Si la commande est acceptée, il inscrit le numéro d'approbation sur le bon de commande. Il envoie ensuite l'original et la deuxième copie du bon à l'entrepôt et conserve la troisième.

À l'entrepôt, les employés préparent la marchandise et inscrivent sur le bon de commande les quantités fournies. Les bons de commande sont placés avec la marchandise dans la cour de l'entrepôt en attendant que le client vienne chercher sa commande. Cour à bois n'offre pas de service de livraison.

Lorsque le client vient chercher sa marchandise, un employé lui remet les deux copies du bon de commande. Habituellement, le client vérifie si les articles correspondent bien à ce qui est inscrit sur le bon. Le client présente ensuite les deux copies du bon de commande au caissier à la sortie de la cour. Celui-ci vérifie le bon et fait le total. Si le client paie comptant, le caissier inscrit Payé sur le bon de commande qui devient alors la facture, remet l'original au client et en conserve la copie. Cour à bois n'accepte ni les chèques ni les cartes de crédit.

À la fin de la journée, après s'être assuré que l'argent en caisse correspond bien au montant des commandes payées comptant, le caissier envoie l'argent ainsi que la deuxième copie des factures accumulées durant la journée au commis des comptes clients. Celui-ci sépare alors les factures comptant et à crédit. Il prépare un sommaire des ventes de la journée qui est reporté dans le journal des ventes et classe le rapport par ordre chronologique. Puis il fait la mise à jour du fichier des comptes clients. L'argent est placé dans le coffre-fort pour la nuit. Une fois par mois, le commis responsable prend le fichier des comptes clients et prépare un état de compte qu'il fait parvenir au client.

Le courrier est ouvert chaque matin par un commis du département des ventes. Il prépare un avis de quittance (mentionnant le numéro du client, son nom et le montant payé) pour les clients ayant oublié de retourner la partie détachable de leur état de compte. Il fait ensuite parvenir les chèques et avis de quittance au département de la comptabilité.

Le superviseur du département de la comptabilité, qui agit aussi comme gérant de crédit, examine les chèques pour identifier les paiements à appliquer aux comptes en souffrance, les endosse et fait ensuite parvenir les avis de quittance et les chèques au commis des comptes clients. Les avis sont ensuite archivés par ordre chronologique. Le commis fait aussi le total des chèques et l'inscrit dans le journal des recettes.

Chaque matin, le commis prend l'argent des ventes au comptant de la veille, lequel se trouve dans le coffre, puis les chèques, et prépare un bordereau de dépôt en trois copies. Il place la troisième copie dans un fichier et va faire le dépôt vers 11 heures.

16. En vous référant à des études de cas publiées ou en consultant des gens de votre entourage ayant été impliqués dans des projets d'informatisation, donnez un exemple permettant d'identifier le ou les responsables de la prise de décision quant à la poursuite ou à l'abandon d'un projet après l'évaluation de la demande.

17. a) Donnez un exemple concret de système d'information et identifiez trois contraintes de l'environnement de ce système, une pour chacune des trois principales dimensions de l'environnement.

b) Pour chaque contrainte, indiquez si sa prise en compte est utile pour la pose du diagnostic du système existant ou si elle sera utile dans une étape ultérieure.

Conception logique

Objectifs de la conception logique

À la suite du rapport d'analyse détaillée, lorsque le requérant décide qu'il est faisable et opportun de poursuivre l'effort de développement de système, l'analyste ou l'équipe d'analyse entreprend l'étape de la conception logique du nouveau système. L'objectif de cette étape est de déterminer de façon détaillée et précise ce que le nouveau système devrait faire, afin de répondre aux objectifs établis lors de l'analyse détaillée, tout en respectant les contraintes identifiées au préalable.

Le principal bien livrable de la conception logique est le modèle logique du nouveau système documenté à l'aide de diagrammes de flux de données (DFD), de diagrammes de structure de données (DSD), de diagrammes d'analyse de requêtes, ainsi qu'à l'aide des fiches logiques du dictionnaire de système. Ce modèle logique devra être validé par les utilisateurs afin de déterminer s'il répond bien à leurs besoins.

L'élaboration du modèle logique du nouveau système est un processus relativement complexe, requérant une bonne compréhension du système à l'étude, une maîtrise des outils de documentation logique et une connaissance adéquate des concepts sous-jacents au domaine des bases de données. Une méthode est donc nécessaire pour accomplir ces activités de manière structurée.

La méthode proposée ici préconise de procéder à la conception logique en commençant par la base de données du nouveau système. Une telle approche permet de s'assurer que toutes les données nécessaires, et seulement celles-là, seront saisies et entreposées, que seuls les traitements requis seront exécutés et que l'ampleur de l'effort de développement sera clairement définie.

Voir la figure 5.1. La méthode prévoit la conception des composantes du système dans l'ordre suivant : conception de la base de données, conception des traitements et conception des flux entrants (inputs)◇. À ces trois tâches, on en ajoute deux dont la nécessité est évidente : mise en forme de la documentation logique et validation du modèle logique.

Activités de la conception logique

Activité 3.1. Conception de la base de données

La conception de la base de données n'est ni plus ni moins que l'identification des besoins en information des utilisateurs du futur système. Cette activité est parfois fort complexe, et il ne suffit pas à l'analyste de rencontrer

FIGURE 5.1
Conception logique

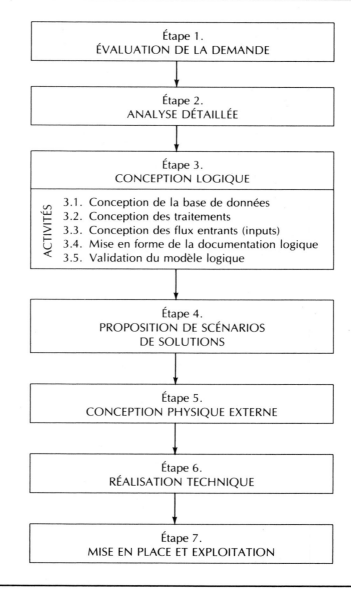

les utilisateurs et de leur demander la liste des données dont ils ont besoin pour accomplir efficacement son travail. En effet, une telle demande peut parfois conduire à des situations difficiles. Par exemple, un utilisateur qui ne sait pas, avec certitude et précision, la réponse à la question générale, pourra fournir une très longue liste d'éléments d'information dont plusieurs seront sans doute superflus. Cependant, cet utilisateur peut avoir une attitude prudente parce qu'il ne veut pas risquer de manquer d'information. Se souciant de satisfaire les besoins des utilisateurs, certains analystes vont ajouter quelques (ou plusieurs) éléments d'information à la liste ainsi élaborée. Une fois le système mis en exploitation, l'utilisateur peut se rendre compte qu'une portion importante de l'information qu'il avait demandée est inutile et superflue. Cette surcharge d'information a souvent pour effet de réduire l'utilité du système d'information. De plus, des frais importants sont engagés par la mise à jour des bases de données et la préparation d'outputs qui ne sont jamais utilisés.

Un autre genre de réponse que certains utilisateurs donnent à la question « Quelle information désirez-vous ? » est l'énoncé : « Donnez-moi la même chose que le système me donne présentement. » On ajoutera parfois, « mais donnez-le à temps » ou « avec moins d'erreurs », etc. Une telle réponse signifie souvent que l'utilisateur n'a pas pris la peine d'analyser ce dont il a vraiment besoin et que, utilisée seule, la question de l'analyste ne favorise pas la réflexion.

Praticiens et chercheurs en systèmes d'information s'accordent pour dire que la détermination des besoins en information est une activité difficile à mener à bien, et qu'il n'existe pas de méthode qui soit appropriée à toutes les circonstances. Les raisons fournies pour expliquer cette difficulté se regroupent sous quatre grandes catégories, telles que détaillées au tableau 5.1◊.

Voir le tableau 5.1.

Par exemple, la détermination des besoins en information sera relativement facile dans le cas suivant. Le système d'information à l'étude doit supporter une tâche très structurée (préparer la paye par exemple), laquelle est sous la responsabilité d'un utilisateur depuis longtemps. À maintes reprises, l'utilisateur a pris part à des développements de systèmes. L'analyste chargé de projet est dans l'entreprise depuis de nombreuses années et a œuvré tant du côté des utilisateurs que dans le département des systèmes d'information. Le système est d'envergure moyenne (paye de 1 000 employés) pour l'entreprise. Tous les employés de l'entreprise travaillent sur le même site.

Par contre, la situation décrite ci-après présentera des difficultés plus grandes du point de vue de la détermination des besoins en information. Le système à être développé devra supporter la tâche des associés chargés

TABLEAU 5.1
**Sources des difficultés du processus de détermination
des besoins en information**

CARACTÉRISTIQUES DE LA TÂCHE À ÊTRE SUPPORTÉE PAR LE SYSTÈME

- Degré de structure de la tâche
- Degré de complexité et de variabilité de la tâche

CARACTÉRISTIQUES DU SYSTÈME D'INFORMATION

- Taille du système (en dollars, nombre de mois prévus pour le développement)
- Complexité de la technologie à être utilisée
- Degré de dispersion géographique des utilisateurs et des sources de données
- Nombre d'utilisateurs

CARACTÉRISTIQUES DES UTILISATEURS

- Propension au changement
- Expérience dans la tâche à supporter
- Expérience de participation à des développements de systèmes

CARACTÉRISTIQUES DES DÉVELOPPEURS (ANALYSTES)

- Expertise dans le développement de systèmes
- Expérience avec des systèmes similaires
- Connaissance de la tâche à supporter

de l'élaboration des offres de service dans une firme de conseillers en gestion. La direction voudrait un système standardisé; cependant, les associés, une quarantaine environ, sont d'avis que leur façon de procéder pour l'élaboration d'offres de services est particulière à chacun. Ils avouent aussi qu'il leur est très difficile d'expliquer en quoi consistent réellement les différentes étapes qui leur permettent d'accomplir leur tâche. Selon les contraintes définies par la haute direction, le système en opération reliera sans doute des micro-ordinateurs entre eux et à un ordinateur central. Il a été établi que ce système serait du type système expert. La firme n'ayant pas à son emploi de spécialiste dans ce domaine, elle a embauché une jeune analyste avec une solide formation en analyse d'information, en systèmes d'aide à la décision et en systèmes experts. L'analyste a cependant peu d'expérience dans le domaine de l'élaboration d'offres de services.

Selon le tableau 5.1, qu'est-ce qui explique que la détermination des besoins en information sera une activité complexe dans le cas présent?

Les deux exemples précédents laissent entendre que des approches différentes devront être utilisées pour déterminer les besoins en information dans chaque situation. Il existe en fait quatre types d'approches parmi lesquelles l'analyste peut choisir, afin de procéder à la détermination des besoins en information. Voici ces approches telles que Davis et Olson[1] les ont définies.

Interroger l'utilisateur sur ce dont il a besoin. Cette approche est l'approche traditionnelle mentionnée précédemment et qui consiste à demander à l'utilisateur quels outputs lui sont nécessaires, le contenu des outputs, etc. Pour que cette méthode soit appliquée avec succès, l'utilisateur doit avoir une bonne compréhension de la structure de la tâche à accomplir, que la tâche elle-même soit relativement structurée, de complexité et de taille réduites, etc. C'est le cas du premier exemple donné.

Procéder à partir d'un système d'information existant. Parfois, lorsqu'il est difficile pour l'utilisateur d'identifier tous les outputs que le système devra produire, de même que leur contenu, on pourra s'inspirer d'un système d'information déjà en place. Davis et Olson identifient quatre types de systèmes d'information qui peuvent être utilisés pour ce faire :

- le système existant, à être remplacé par le nouveau système,
- un système existant dans une autre organisation similaire,
- un progiciel disponible sur le marché,
- des descriptions données dans des livres, revues, etc.

Effectuer une synthèse à partir des caractéristiques de la tâche à supporter. Une telle approche se préoccupe non pas du système d'information mais de la tâche à être supportée par ce système. L'analyste étudie les caractéristiques de la tâche, sa structure, les liens entre les diverses sous-tâches qui la composent, etc. De cela, il déduira les besoins en information. Cette approche est tout à fait appropriée à des situations où la tâche à supporter est peu structurée. Elle exige cependant de la part de l'analyste une excellente connaissance d'une ou de plusieurs méthodes qui permettent d'effectuer une telle synthèse.

Découvrir à partir d'expérimentations. Dans certaines circonstances, il est difficile pour l'utilisateur d'identifier l'information dont il a besoin parce

---

1. G. B. DAVIS et M. H. OLSON, *Management Information Systems*, 2e édition, New York, N.Y., McGraw Hill, 1985.

que des systèmes d'information supportant une telle tâche n'existent pas ou sont confidentiels, etc. Dans de telles circonstances, l'analyste pourra choisir une approche qui utilisera un prototype. Il identifiera un premier ensemble de besoins qu'il traduira rapidement en prototype à l'aide de langages de quatrième génération. Ce prototype sera présenté à l'utilisateur qui l'évaluera; l'analyste identifiera ensuite les besoins en information insatisfaits et les inclura dans une seconde version du prototype. Les réitérations se poursuivront jusqu'à ce que l'utilisateur soit satisfait de l'information proposée par le prototype. L'analyste entreprendra la suite de la conception logique du système.

Il appartient donc à l'analyste de déterminer l'approche la plus appropriée à la situation de développement dans laquelle il se trouve. Il n'est pas dans les objectifs de ce texte de décrire les méthodes qui permettent la mise en œuvre de chacune de ces approches. Nous avons plutôt opté pour la description de la mise en application de deux approches seulement, dont l'utilisation est très répandue chez les praticiens en systèmes d'information. La première approche appelée *approche par les outputs* convient aux situations à incertitude faible ou moyenne. Elle tient pour acquis que l'utilisateur connaît l'information dont il a besoin ou qu'il existe des systèmes en place (dans l'organisation étudiée ou ailleurs) à partir desquels on peut déduire cette information. L'annexe 4 décrit cette approche de

VOIR L'ANNEXE 4. conception de bases de données par les outputs◊.

Comme il a été dit précédemment, certaines circonstances font que l'utilisateur ne peut établir la liste complète des outputs dont il a besoin ainsi que celle de leur contenu. Dans de tels cas, plusieurs privilégient

VOIR L'ANNEXE 5. l'approche dite de *modélisation des données*◊ qui est, en quelque sorte, une modélisation de la tâche à supporter par le système; elle convient aux contextes d'incertitude relativement élevée.

> *La suite de ce chapitre tient pour acquis que la conception de la base de données a été complétée. Pour ce faire, on aura choisi soit la méthode par les outputs décrite à l'annexe 4 ou la méthode de modélisation des données décrite à l'annexe 5.*

Activité 3.2. Conception des traitements

Au plan logique, un système d'information comporte des traitements qui se rapportent essentiellement à trois types d'activités, c'est-à-dire des activités de production de requête, de mise à jour de fichiers et de validation de données. La conception des traitements compte donc trois tâches bien

VOIR LE TABLEAU 5.2. définies◊.

TABLEAU 5.2

Conception des traitements

Activité 3.2.   Conception des traitements

TÂCHES

3.2.1. Analyse des requêtes

3.2.2. Analyse des mises à jour

3.2.3. Détermination des validations

Tâche 3.2.1. Analyse des requêtes

L'analyse des requêtes consiste à s'interroger sur la façon dont les outputs seront obtenus à partir de l'ensemble des fichiers déterminés au moment de la conception de la base de données. D'une part, elle permet de s'assurer que le design de la base de données est adéquat, c'est-à-dire qu'il permet la production des outputs. D'autre part, elle développe en partie la logique des traitements de type production de requêtes. Pour chaque output ou requête, on cherchera à déterminer les fichiers nécessaires, l'ordre selon lequel ces fichiers seront lus et les traitements à effectuer sur les données. Les résultats de cette analyse seront appuyés par les diagrammes d'analyse de requêtes, par les fiches-traitement du dictionnaire de système, de même que par l'ébauche du DFD. Les figures 5.2 à 5.6 illustrent ces documents pour l'exemple du système de gestion des notes de l'École nationale de gestion, traité aux annexes 4 et 5.

Voir les figures 5.2 et 5.3.

Le diagramme d'analyse de requête◊ est un outil de documentation qui permet de déterminer les fichiers qui seront nécessaires à la production de la requête, l'ordre à suivre pour accéder aux fichiers, de même que le nombre moyen d'enregistrements à être lus lors de chaque requête. Pour produire le bulletin par exemple, il faut d'abord accéder au fichier ÉTUDIANTS pour y chercher les attributs Matricule-étudiant, Nom-étudiant et Concentration (accès 1). Il faut ensuite passer au fichier INSCRIPTIONS (accès 2) et en extraire, pour chaque cours suivi par un étudiant, le Numéro-de-cours et la Note. L'accès suivant se fait au fichier COURS (accès 3) pour en extraire le Titre-du-cours puis finalement au fichier PROFESSEURS (accès 4) où l'on ira chercher le Nom-professeur et le Bureau-professeur. Pour déterminer ces chemins d'accès, identifiés par des flèches pointillées et numérotées, l'analyste devra travailler avec le DSD reproduit sur la fiche

FIGURE 5.2
Diagramme d'analyse de requête : Bulletin

REQUÊTE : Bulletin
VOLUME : 2 500
PÉRIODICITÉ : 3 fois l'an, à la fin d'une session
TRAITEMENT CORRESPONDANT : ⎕⎕ ⎕ Produire les bulletins

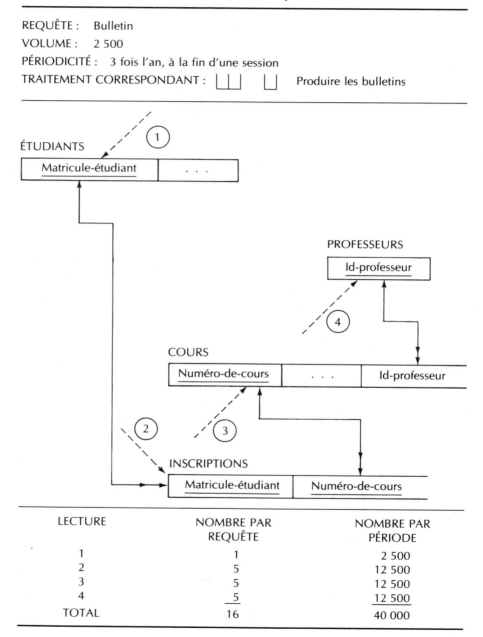

LECTURE	NOMBRE PAR REQUÊTE	NOMBRE PAR PÉRIODE
1	1	2 500
2	5	12 500
3	5	12 500
4	5	12 500
TOTAL	16	40 000

FIGURE 5.3

Diagramme d'analyse de requête : Liste des moyennes

REQUÊTE : Liste des moyennes

VOLUME : 1

PÉRIODICITÉ : 3 fois l'an, à la fin d'une session

TRAITEMENT CORRESPONDANT : ⊔⊔ ⊔ Produire la liste des moyennes

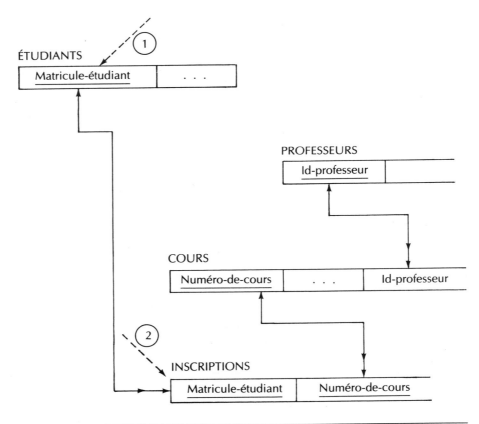

LECTURE	NOMBRE PAR REQUÊTE	NOMBRE PAR PÉRIODE
1	2 500	2 500
2	12 500	12 500
TOTAL	15 000	15 000

d'analyse de requête de même qu'avec la fiche logique du flux sortant correspondant.

Le nombre de lectures à effectuer pour chaque fichier est évalué de la façon suivante. Toujours dans le cas du bulletin, on lira 1 enregistrement du fichier ÉTUDIANTS par requête (Bulletin), 5 enregistrements du fichier INSCRIPTIONS puisqu'un étudiant suit en moyenne 5 cours, 5 enregistrements du fichier COURS et 5 du fichier PROFESSEURS pour la même raison. Puisque l'on produit en moyenne 2 500 bulletins par période, il y aura 2 500 lectures du fichier ÉTUDIANTS et 5 fois plus, c'est-à-dire 12 500 pour chacun des fichiers INSCRIPTIONS, COURS et PROFESSEURS. L'autre diagramme s'interprète de la même façon.

VOIR LES FIGURES 5.4 ET 5.5.

VOIR LA FIGURE 5.6.

Les fiches logiques de traitement◊ décrivent de façon plus explicite le détail des traitements auxquels correspondent les fiches d'analyse de requête. Enfin, le DFD tel qu'ébauché à la figure 5.6, résume et synthétise, de façon visuelle, le contenu des deux autres outils de documentation◊.

Tâche 3.2.2. Analyse des mises à jour

L'information contenue dans la base de données devra être maintenue à jour. Il est donc important de s'interroger sur la cause de ces mises à jour, c'est-à-dire sur les événements qui feront que l'on devra soit ajouter ou supprimer un ou plusieurs enregistrements, soit modifier un ou plusieurs attributs d'un ou de plusieurs enregistrements. Il faudra aussi poser la question Quoi? c'est-à-dire identifier les enregistrements qui seront ajoutés ou supprimés, de même que les attributs susceptibles d'être modifiés. Les résultats de cette analyse seront appuyés par les fiches traitements du dictionnaire de système et par la continuation de l'élaboration du DFD.

CONCEPT D'ÉVÉNEMENT

L'événement est source d'information… On définit un événement élémentaire en suivant le sens le plus courant du terme, à savoir un fait qui survient dans l'entreprise et qui résulte, soit d'une décision interne (embaucher quelqu'un, passer une commande à un fournisseur), soit d'un fait externe à l'entreprise (recevoir une commande de client, réceptionner une marchandise)[2].

---

2. G. DU ROURE, *Informatique et PME*, « Informatique Nouvelle », janvier 1979, n° 102, p. 20.

FIGURE 5.4
Fiche du traitement produire bulletin : ÉNG

NOM DU TRAITEMENT : 4. PRODUIRE BULLETIN   **Page 1 de 2**

DESCRIPTION : Traitement qui prépare le bulletin à partir des fichiers
PROFESSEURS, COURS, ÉTUDIANTS, INSCRIPTIONS

IDENTIFICATION DU DFD ASSOCIÉ : ÉNG GESTION NOTES

FLUX DE DONNÉES ENTRANTS : Fichiers identifiés ci-dessous

FLUX DE DONNÉES SORTANTS : BULLETIN

DÉPÔT(S) DE DONNÉES UTILISÉES : PROFESSEURS; COURS;
ÉTUDIANTS; INSCRIPTIONS

NOM DU TRAITEMENT : 4. PRODUIRE BULLETIN · · · · · · · · · **Page 2 de 2**

LOGIQUE DU TRAITEMENT :

• LIRE un enregistrement du fichier ÉTUDIANTS

    • LIRE les Numéros-de-cours auxquels l'étudiant est inscrit

    (fichier INSCRIPTIONS)

        • LIRE la description de chaque cours dans le

        fichier COURS

            • LIRE le nom et le bureau du professeur dans le

            fichier PROFESSEURS

• IMPRIMER le bulletin

FIGURE 5.5
Fiche du traitement produire liste des moyennes : ÉNG

NOM DU TRAITEMENT : 6. PRODUIRE LISTE
DES MOYENNES   **Page 1 de 2**

DESCRIPTION : Traitement préparant la liste des moyennes pour le
responsable de la liste d'honneur

IDENTIFICATION DU DFD ASSOCIÉ : ÉNG GESTION NOTES

FLUX DE DONNÉES ENTRANT : Fichiers identifiés ci-dessous

FLUX DE DONNÉES SORTANT : LISTE DES MOYENNES

DÉPÔT(S) DE DONNÉES UTILISÉES : ÉTUDIANTS; INSCRIPTIONS

NOM DU TRAITEMENT : 6. PRODUIRE LISTE
DES MOYENNES   **Page 2 de 2**

LOGIQUE DU TRAITEMENT :

• LIRE un enregistrement du fichier ÉTUDIANTS

– Pour chaque étudiant :

– Identifier dans le fichier INSCRIPTIONS les cours

suivis par l'étudiant, ainsi que la note pour chaque cours

– Additionner les notes en faire la moyenne

• IMPRIMER la liste

FIGURE 5.6
DFD du système de gestion de notes de l'ÉNG :
Première ébauche

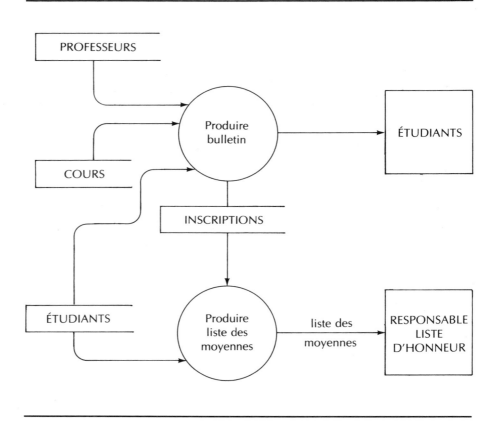

Dans le cas du système de gestion de notes de l'École nationale de gestion, les résultats de l'analyse des mises à jour sont résumés au tableau 5.3 et décrits ci-après◇ :

VOIR LE TABLEAU 5.3.

ÉTUDIANTS

Un ajout est fait lorsque des étudiants sont admis; une suppression a lieu lorsqu'un étudiant quitte l'institution, soit parce qu'il est diplômé, soit parce qu'il abandonne son programme d'études. Plus

TABLEAU 5.3

Analyse des mises à jour, bulletin de l'ÉNG

Fichier	Type de mise à jour	Événements à l'origine des mises à jour
ÉTUDIANTS	• AJOUT • SUPPRESSION • MODIFICATION	• Admission • Abandon • Remise du diplôme • Modification de statut : — relative à l'individu — de concentration ou de programme — de l'année d'études
COURS	• AJOUT • SUPPRESSION • MODIFICATION	• Création d'un cours • Retrait d'un cours du programme • Changement de professeur responsable du cours
PROFESSEURS	• AJOUT • SUPPRESSION • MODIFICATION	• Embauche d'un professeur • Départ d'un professeur • Changement de bureau d'un professeur
INSCRIPTIONS	• AJOUT • SUPPRESSION • MODIFICATION	• Inscription d'un étudiant • Fin d'un cours • Étudiant abandonne un cours • Note finale déterminée

du tiers des enregistrements est enlevé ou ajouté chaque année. Des modifications peuvent être apportées dans le cas où un étudiant change de programme, de concentration, de numéro de téléphone ou d'année d'études. Le dernier type de modification se produit chaque année pour la plupart des étudiants (80 %) alors que les premiers sont beaucoup plus rares (10 %).

COURS

Un enregistrement est ajouté lorsqu'un nouveau cours est créé; il y a suppression lorsqu'un cours ne fait plus partie d'un programme. Ceci représente à peine 3 % des enregistrements du fichier cours. Un enregistrement peut être modifié lorsqu'il y a un changement de professeur responsable du cours. À l'ÉNG, ce type de modification se produit annuellement pour environ 15 % des cours.

PROFESSEURS

Un enregistrement est ajouté lorsqu'on engage un nouveau professeur; il est enlevé lorsque le professeur quitte l'établissement. Les possibilités de changements dans ce fichier ne sont pas très élevées; approximativement 5 % des enregistrements sont touchés chaque année. L'attribut bureau-professeur sera modifié lorsqu'un professeur changera de bureau; sur une base annuelle, à peine 1 % des enregistrements sont ainsi touchés.

INSCRIPTIONS

Un enregistrement sera ajouté au fichier INSCRIPTIONS lorsqu'un étudiant s'inscrira à un cours, et il sera supprimé lorsque l'étudiant terminera le cours ou l'abandonnera, ou encore lorsqu'il abandonnera son programme d'études. Il est à noter que ce dernier événement est aussi à l'origine d'une mise à jour du fichier ÉTUDIANTS. Le seul attribut pouvant être modifié est la note de l'étudiant qui sera inscrite au fichier à la fin de chaque trimestre. Ce fichier est peu stable et la totalité des enregistrements est touchée à chaque trimestre.

Voir la figure 5.7. La figure 5.7 illustre le DFD tel qu'il a été transformé par l'ajout de ces mises à jour◊.

Quels sont les éléments de la fiche TRAITEMENT du dictionnaire de système sur lesquels l'analyste possède de l'information, dans le cas des traitements de mises à jour? (Voir le tableau 5.3 pour le contenu d'une fiche TRAITEMENT.)

QUE FAIT-ON DES ENREGISTREMENTS SUPPRIMÉS?

Les enregistrements supprimés sont-ils simplement effacés de leur support? Selon les besoins (au plan de la sécurité par exemple), on pourra décider de conserver dans un fichier de type archives les enregistrements supprimés.

Tâche 3.2.3. Détermination des validations

La présence de données erronées dans la base de données peut parfois avoir des conséquences importantes et coûteuses pour l'entreprise. L'exemple suivant en est une illustration; bien que traitée de façon humoristique par le journaliste la rapportant, cette méprise a sûrement placé l'utilisateur concerné dans une situation embarrassante.

FIGURE 5.7
DFD : Seconde ébauche

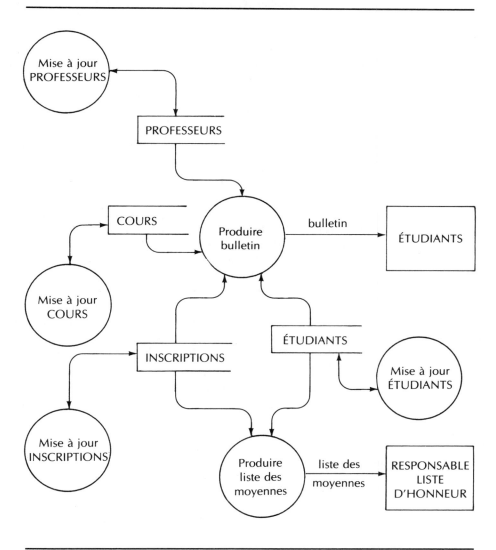

> ## UNE ANCRE OU UNE LAMPE?
>
> Un sous-officier d'une unité de génie de l'Armée américaine, stationnée à Colorado Springs (Colorado), a reçu une ancre de marine de sept tonnes coûtant 28 560 $ alors qu'il avait cru commander par ordinateur une lampe à incandescence de 6,04 $. Le militaire de la base de Fort Carson avait composé un chiffre erroné sur le clavier de son ordinateur en voulant commander la lampe à incandescence. Il a reçu quelques jours plus tard une ancre de 28 560 $, auxquels s'ajoutent 2 000 $ de frais de port. Depuis cette erreur, le cas de l'ancre est utilisé comme exemple à ne pas suivre dans l'entraînement des intendants militaires de la base. Les militaires cherchent à présent un client pour l'ancre.
>
> Source : *La Presse*, Montréal, le 13 avril 1985.

Une des caractéristiques du système d'information idéal serait d'offrir la garantie que les données conservées dans la base de données représentent fidèlement la réalité. Plus spécifiquement, ce système d'information idéal garantirait que toutes les transactions ayant eu lieu soient représentées dans la base de données, qu'aucun document n'ait été égaré, qu'aucune fraude n'ait été commise, etc. Évidemment, un tel système n'existe pas; cependant, plusieurs sortes de vérifications peuvent être effectuées, de façon à se rapprocher autant que possible de l'idéal. Toutefois, l'analyste comme l'utilisateur devront être conscients des coûts inhérents à toute validation. La décision de valider une donnée devra être prise en comparant le coût de l'erreur au coût de la validation. Il faudra valider des éléments d'information pour lesquels le premier coût est supérieur au second.

Il existe trois grandes catégories de méthodes, techniques ou processus de validation des flux entrants; ce sont d'abord ceux dont l'objectif est de vérifier que la totalité des transactions effectuées a été saisie, ensuite, ceux qui servent à vérifier l'exactitude des données saisies et finalement, ceux qui permettent d'évaluer l'authenticité de ces données. Le tableau 5.4 donne la liste de ces techniques par catégorie◊.

Voir le tableau 5.4.

La tâche de déterminer les validations à effectuer ne pourra se faire que lorsque l'analyste aura identifié les données saisies par le système, c'est-à-dire à la fin de l'activité de conception des flux entrants.

Activité 3.3. Conception des flux entrants

Voir le tableau 5.5

La conception des flux entrants (inputs) est étroitement liée aux résultats de la conception des traitements. Comme l'indique le tableau 5.5◊, la conception des flux entrants comporte quatre tâches.

TABLEAU 5.4

Techniques de validation des données

Vérification de la saisie de la totalité des transactions

- Vérification à la pièce
- Contrôle de lots
- Contrôle de séquence
- Appariement avec des fichiers de transactions déjà acceptés

Vérification de l'exactitude des données saisies

- Vérification à la pièce
- Contrôle de lots
- Contrôle de vraisemblance
- Vérification dans un fichier (look up)
- Chiffres auto-vérificateurs
- Vérification du type de données
- « Cross reference »

Vérification de l'authenticité des données saisies

- Autorisation

TABLEAU 5.5

Tâches de la conception des flux entrants

Activité 3.3.   Conception des flux entrants

TÂCHES

3.3.1. Identification des éléments d'information à saisir
3.3.2. Identification des sources des éléments à saisir
3.3.3. Composition des flux entrants
3.3.4. Détermination des validations à effectuer pour chaque élément d'information à saisir

---

Tâche 3.3.1. Identification des éléments d'information à saisir

La saisie de données est nécessaire pour la mise à jour de fichiers et dans le cas des requêtes pour lesquelles certains paramètres doivent être précisés. L'identification des éléments d'information à saisir comporte donc Voir le tableau 5.6. deux tâches élémentaires énoncées au tableau 5.6◊.

TABLEAU 5.6

Tâches élémentaires de l'identification des éléments d'information à saisir

Tâche 3.3.1.	Identification des éléments à saisir
ÉLÉMENTS	3.3.1.1. Identifier les éléments à saisir pour les mises à jour des fichiers 3.3.1.2. Identifier les éléments à saisir pour la production des requêtes

Élément 3.3.1.1. Identifier les éléments à saisir pour les mises à jour de fichiers

Pour chaque fichier et pour chaque activité de mise à jour (ajout, suppression ou modification), l'analyste devra déterminer les données nécessaires au traitement à effectuer. Le modèle de données à saisir pour chaque catégorie de mise à jour est relativement standard. Ainsi, pour un ajout d'enregistrement, on saisira généralement tous les éléments d'information qui composent l'enregistrement. C'est ainsi que lors de l'ajout d'un enregistrement au fichier ÉTUDIANTS de l'ÉNG, on saisira le matricule-étudiant, le programme, la concentration, l'année-d'études, le nom-étudiant et le téléphone. Si certains attributs obligatoires sont absents, la transaction pourra être refusée. Elle sera refusée si la présence de l'attribut est jugée obligatoire. Cette caractéristique aura été déterminée lors de la conception logique de la base de données (lorsqu'on a déterminé les caractéristiques essentielles de chaque attribut de la base de données); les modalités de vérification de la présence d'un attribut sont établies lorsqu'on détermine les validations (3.3.4. Détermination des validations à effectuer pour chaque élément d'information à saisir). Le fichier INSCRIPTIONS fait ici exception puisqu'un nouvel enregistrement est créé au moment de l'inscription d'un étudiant, moment auquel, bien sûr, on ne dispose pas de la note. Les seules données saisies seront alors le matricule-étudiant et le numéro-de-cours.

Lors de la suppression d'un enregistrement, le seul élément d'information à saisir est la clé de cet enregistrement. Aucun autre attribut n'est nécessaire puisque l'enregistrement au complet sera supprimé. La personne chargée de la conception physique externe devra cependant prévoir une vérification auprès de l'utilisateur afin de s'assurer que l'enregistrement doit effectivement être supprimé.

Dans le cas d'une modification à apporter à un enregistrement, les éléments d'information à saisir seront la clé de l'enregistrement à modifier

Voir le tableau 5.7. de même que les nouvelles valeurs des attributs à modifier. Une modification importante au fichier INSCRIPTIONS est l'insertion des notes finales des étudiants. Cette modification sera effectuée en faisant la saisie du matricule-étudiant et de la note. Le tableau 5.7 fait la liste de tous les éléments d'information à saisir pour le système de bulletin de l'ÉNG◊.

Pourquoi la clé d'un enregistrement fait-elle toujours partie des éléments d'information à saisir?

Élément 3.3.1.2. Identifier les éléments à saisir pour la production des requêtes

Dans le cas du système de gestion de notes de l'ÉNG, aucun paramètre n'est requis pour la production des flux sortants, il n'y a donc aucun élément d'information à saisir. Cependant, si la politique était de faire imprimer la liste des moyennes non pas pour tous les étudiants mais pour certains programmes et/ou certaines années d'études, lesquels varieraient lors de chaque production de la liste, les paramètres programme et/ou année d'études devraient être saisis.

Pour identifier ces données à saisir, l'analyste devra déterminer avec les utilisateurs quels sont les paramètres ou les critères selon lesquels les données doivent être sélectionnées afin de faire partie du flux sortant.

FICHE SIGNALÉTIQUE DE L'ÉTUDIANT

Supposons qu'il existe un troisième flux sortant pour le système de gestion de notes de l'ÉNG, la fiche signalétique de l'étudiant. Son contenu est simple et l'on peut la produire à partir du seul fichier étudiant.

Matricule-étudiant
Nom-étudiant
Programme
Année-d'études
Téléphone

Évidemment, les utilisateurs ne veulent pas qu'on leur fournisse la fiche signalétique de tous les étudiants chaque fois que des renseignements sont nécessaires au sujet de l'un d'entre eux.

Quel(s) élément(s) d'information doit-on saisir afin de produire cette requête?

TABLEAU 5.7

**Éléments d'information à saisir pour la mise à jour des fichiers :
système de l'ÉNG**

Fichier	Événement	Éléments d'information à saisir
ÉTUDIANTS	ADMISSION	Matricule-étudiant Programme Concentration Année-d'études Nom-étudiant Téléphone-étudiant
	ABANDON	Matricule-étudiant Matricule-étudiant
	REMISE DU DIPLÔME	Matricule-étudiant
	MODIFICATION DE STATUT	Attributs à modifier
INSCRIPTIONS	INSCRIPTION D'UN ÉTUDIANT	Matricule-étudiant Numéro-de-cours
	FIN D'UN COURS ÉTUDIANT ABANDONNE	Matricule-étudiant Numéro-de-cours
	NOTE FINALE DÉTERMINÉE	Matricule-étudiant Numéro-de-cours Note
PROFESSEURS	EMBAUCHE D'UN PROFESSEUR	Id-professeur Nom-professeur Bureau-professeur
	DÉPART D'UN PROFESSEUR	Id-professeur
	CHANGEMENT DE BUREAU D'UN PROFESSEUR	Id-professeur Attributs à modifier
COURS	CRÉATION D'UN COURS	Numéro-de-cours Titre-du-cours Id-professeur
	RETRAIT D'UN COURS	Numéro-de-cours
	CHANGEMENT DE PROFESSEUR RESPONSABLE	Numéro-de-cours Attributs à modifier

Tâche 3.3.2. Identification des sources d'éléments d'information à saisir

Après avoir identifié les éléments d'information à saisir, on devra en déterminer la provenance. Pour ce faire, on pourra se baser sur l'événement déclencheur d'un traitement. Les personnes, départements, activités ou fonctions qui sont à l'origine de cet événement seront les sources des éléments d'information. Dans le cas de l'ÉNG, l'analyse sera faite en prenant comme point de départ l'information contenue dans les tableaux 5.3 et 5.7. Comme on le verra, la source d'un flux entrant ne pourra être identifiée de façon adéquate que si l'analyste connaît bien l'environnement organisationnel du système à l'étude. Encore une fois, ceci démontre l'importance de procéder de façon minutieuse à l'étude de l'environnement du système existant lors de l'analyse détaillée; cela prouve aussi qu'il est essentiel que l'analyste travaille toujours en étroite collaboration avec les utilisateurs.

Voir le tableau 5.8. Pour le système de l'ÉNG, les résultats de cette analyse sont résumés au tableau 5.8 et expliqués dans les paragraphes suivants◊.

ÉTUDIANTS

L'admission d'un étudiant provoque l'ajout d'un enregistrement au fichier ÉTUDIANTS. À l'ÉNG, c'est le bureau des admissions qui est responsable de cette activité pour les divers programmes; il sera donc la source des données à saisir pour cette mise à jour. Lorsqu'un étudiant décide d'abandonner un programme d'études, il signale cet abandon au bureau du registraire; l'étudiant est donc ici la source. Pour sa part, la direction de chaque programme est responsable de fournir les données au sujet des étudiants qui ont obtenu leur diplôme de façon à ce qu'ils soient supprimés du fichier ÉTUDIANTS. De la même façon, la direction de chaque programme ayant la responsabilité d'approuver un changement de concentration ou un changement de programme ainsi que la promotion à une année d'études donnée, deviendra la source de données lorsque de telles modifications se produiront. Enfin, l'étudiant étant à l'origine des autres types de modification de statut (changement de nom, numéro de téléphone), il deviendra la source des éléments d'information pour cette sorte de modification.

COURS

À l'ÉNG, un cours est créé après avoir été approuvé par la direction de chaque programme. Il en va de même pour la suppression de cours. Pour leur part, les services d'enseignement sont responsables de la décision d'un changement de professeur pour un cours donné; ils sont donc une source de données pour ce type de modification.

TABLEAU 5.8

**Sources des éléments d'information à saisir :
système de l'ÉNG**

Fichier	Événement	Source des éléments d'information à saisir
ÉTUDIANTS	ADMISSION	• Bureau des admissions
	REMISE DU DIPLÔME	• Direction des programmes
	ABANDON	• Étudiant
	MODIFICATION DE STATUT :	
	• RELATIVE À L'INDIVIDU	• Étudiant
	• DE CONCENTRATION OU DE PROGRAMME	• Direction des programmes
	• ANNÉE D'ÉTUDES	• Direction des programmes
COURS	CRÉATION D'UN COURS	• Direction des programmes
	RETRAIT D'UN COURS	• Direction des programmes
	CHANGEMENT DE PROFESSEUR	• Service d'enseignement
PROFESSEURS	EMBAUCHE D'UN PROFESSEUR	• Service d'enseignement
	DÉPART D'UN PROFESSEUR	• Service d'enseignement
	CHANGEMENT DE PROFESSEUR	• Service d'enseignement
INSCRIPTIONS	INSCRIPTION D'UN ÉTUDIANT	• Étudiant
	FIN D'UN COURS	• Direction des programmes
	ÉTUDIANT ABANDONNE	• Étudiant
	NOTE FINALE DÉTERMINÉE	• Service d'enseignement

PROFESSEURS

À l'ÉNG, toutes les activités relatives à un professeur sont sous la responsabilité des services d'enseignement. Ces derniers sont donc la source des éléments d'information pour tous les types de mise à jour de ces fichiers.

INSCRIPTIONS

L'étudiant est à l'origine des événements inscription, abandon d'un cours et abandon. Le service d'enseignement est à l'origine de l'attribution de la note finale d'un cours. Enfin, la direction d'un programme statue sur la fin de chacun des cours.

Tâche 3.3.3. Composition des flux entrants

Les éléments d'information à saisir ainsi que leurs sources ont été identifiés. Il faut maintenant déterminer de quelle façon ces éléments d'information seront regroupés afin de former des flux. En d'autres termes, il s'agit d'identifier les éléments d'information qui devront « voyager » ensemble, donc constituer un flux unique. Pour ce faire, l'analyste utilisera l'information recueillie précédemment (événements à l'origine des mises à jour, tableau 5.3; éléments d'information à saisir, tableau 5.7; sources des éléments d'information, tableau 5.8). Il lui sera nécessaire aussi de travailler en étroite collaboration avec les utilisateurs puisqu'ici encore, les politiques, les normes et la procédure organisationnelles influenceront le design du système d'information.

La règle à suivre pour la composition des flux entrants est la suivante : à un événement correspond un seul flux entrant. Ainsi, à l'événement admission d'un étudiant correspond le flux admission, lequel devra contenir les éléments d'information nécessaires à l'ajout d'un étudiant au fichier ÉTUDIANTS. Le tableau 5.9 résume cette analyse pour l'ÉNG et indique les noms donnés aux flux entrants ◊.

VOIR LE TABLEAU 5.9.

TABLEAU 5.9
Flux entrants : système de l'ÉNG

Événement	Flux entrant		Fichiers affectés
	Nom	Contenu	
ADMISSION	Admission	Matricule-étudiant Programme Concentration Années-d'études Nom-étudiant Téléphone-étudiant	ÉTUDIANTS
ABANDON	Abandon-études	Matricule-étudiant (numéro-de-cours)	ÉTUDIANTS INSCRIPTIONS
REMISE DU DIPLÔME	Diplôme	Matricule-étudiant	ÉTUDIANTS
MODIFICATION DE STATUT • Relative à l'individu	Statut-individuel	Matricule-étudiant Nom-étudiant Téléphone-étudiant	ÉTUDIANTS
• De concentration, programme ou années d'études	Statut-programme	Matricule-étudiant Programme Concentration Années-d'études	ÉTUDIANTS

TABLEAU 5.9 (suite)

Flux entrants : système de l'ÉNG

Événement	Flux entrant		Fichiers affectés
	Nom	Contenu	
CRÉATION D'UN COURS	Cours-ajout	Numéro-de-cours Titre-du-cours Id-professeur	COURS
RETRAIT D'UN COURS DU PROGRAMME	Cours-retrait	Numéro-de-cours	COURS
CHANGEMENT DE PROFESSEUR RESPONSABLE DU COURS	Cours-modification	Numéro-de-cours Id-professeur	COURS
EMBAUCHE D'UN PROFESSEUR	Professeur-ajout	Id-professeur Nom-professeur Bureau-professeur	PROFESSEURS
DÉPART D'UN PROFESSEUR	Professeur-retrait	Id-professeur	PROFESSEURS
CHANGEMENT DE BUREAU D'UN PROFESSEUR	Professeur-modification	Id-professeur Bureau-professeur	PROFESSEURS
INSCRIPTION D'UN ÉTUDIANT	Inscription	Numéro-étudiant Numéro-de-cours	INSCRIPTIONS
FIN D'UN COURS	Fin-cours	Numéro-étudiant Numéro-de-cours	INSCRIPTIONS
ÉTUDIANT ABANDONNE UN COURS	Abandon-cours	Numéro-étudiant Numéro-de-cours	INSCRIPTIONS
NOTE FINALE DÉTERMINÉE	Note-finale	Numéro-étudiant Numéro-de-cours Note	INSCRIPTIONS

En analysant ce tableau, on remarquera que la plupart des flux participent à la mise à jour d'un seul fichier, à l'exception du flux abandon, provenant de l'étudiant et produit par son abandon des études. Dans un tel cas, le flux entrant est composé de tous les éléments d'information à saisir qui ont été identifiés pour chacune des mises à jour. L'encadré intitulé « Composition des flux entrants à partir des événements » donne un autre exemple de ce genre de situation.

COMPOSITION DES FLUX ENTRANTS À PARTIR DES ÉVÉNEMENTS

Voici un autre exemple où un événement est à l'origine de plusieurs mises à jour. Par conséquent, les données nécessaires à ces mises à jour « voyageront » ensemble, donc feront partie du même flux.

Le système en question est un système de traitement des commandes. Parmi d'autres fichiers, l'analyste a identifié un fichier EN-TÊTE-DE-COMMANDE et un fichier DÉTAIL-COMMANDE. Voici la composition de chacun :

EN-TÊTE-DE-COMMANDE
(Numéro-de-commande, Numéro-de-client, Date-commande, Numéro-de-commande-client)

DÉTAIL-COMMANDE
(Numéro-de-commande, Numéro-de-produit, Quantité-commandée)

En faisant l'analyse des événements à l'origine des mises à jour de chaque fichier, on a identifié l'événement commande de client comme étant à l'origine d'un ajout d'enregistrement au fichier EN-TÊTE-DE-COMMANDE. Ce même événement est à l'origine de l'ajout d'un enregistrement DÉTAIL-COMMANDE.

Les éléments d'information à saisir pour ajouter les enregistrements sont les suivants :

EN-TÊTE-DE-COMMANDE	DÉTAIL-COMMANDE
Numéro-de-commande	Numéro-de-commande
Numéro-de-client	Numéro-de-produit
Date-commande	Quantité-commandée
Numéro-commande-client	

Comment procédera-t-on à la composition des flux entrants? Y aura-t-il un ou deux flux? La présence de deux flux signifierait que d'un point de vue logique les données ne doivent pas nécessairement « voyager » ensemble. Dans le présent cas, cela n'aurait aucun sens, une en-tête de commande n'a pas de raison d'être sans éléments de détail de la commande, et vice-versa. Ainsi donc, les données, parce qu'elles émanent du même événement, voyageront ensemble, c'est-à-dire qu'elles feront partie du même flux. Ce flux aura la composition suivante :

Nom : Commande

Éléments d'information : Numéro-de-commande
Numéro-de-client
Date-commande
Numéro-commande-client
Numéro-de-produit
Quantité-commandée

Le DFD partiel qui correspond à ce système est le suivant :

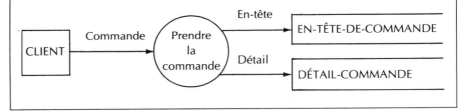

Voir les figures 5.8 à 5.10.

Lorsque la composition des flux entrants sera complétée, l'analyste devra en étayer les résultats. Pour ce faire, on remplira les fiches appropriées du dictionnaire de système. Les figures 5.8 à 5.10 représentent ces fiches pour les flux entrants du système de gestion de notes de l'ÉNG◊.

Que contiendrait la fiche du flux PROFESSEUR-AJOUT? De quel(s) tableau(x) vous êtes-vous servis pour ce faire? Pourquoi l'analyste n'a-t-il rien indiqué à DESTINATION?

Tâche 3.3.4. Détermination des validations à effectuer pour chaque élément d'information à saisir

Voir le tableau 5.10.

En se servant des modèles de validations qui peuvent être effectuées sur des données d'entrée (tableau 5.4) et des besoins de l'organisation par rapport à la validité des données, l'analyste a établi la liste des validations à effectuer. Cette liste est présentée au tableau 5.10◊.

FIGURE 5.8
Flux COURS-MODIFICATION

NOM DU FLUX : COURS-MODIFICATION

DESCRIPTION : Modification de Nom-professeur responsable
d'un cours

IDENTIFICATION DU DFD ASSOCIÉ : ÉNG GESTION NOTES

SOURCE : Service d'enseignement

DESTINATION :

ÉLÉMENTS D'INFORMATION :

      Numéro-de-cours
      Id-professeur

FIGURE 5.9
Flux ADMISSION

NOM DU FLUX : ADMISSION

DESCRIPTION : <u>Données servant à créer un enregistrement du</u>
<u>fichier ÉTUDIANTS</u>

IDENTIFICATION DU DFD ASSOCIÉ : <u>ÉNG GESTION NOTES</u>

SOURCE : <u>Bureau des admissions</u>

DESTINATION : _____

ÉLÉMENTS D'INFORMATION :

  Matricule-étudiant
  Programme
  Concentration
  Année-d'études
  Nom-étudiant
  Téléphone-étudiant

FIGURE 5.10
Flux STATUT-INDIVIDUEL

NOM DU FLUX : STATUT-INDIVIDUEL

DESCRIPTION : Données relatives à un étudiant et apportant une
modification au fichier ÉTUDIANTS

IDENTIFICATION DU DFD ASSOCIÉ : ÉNG GESTION NOTES

SOURCE : Étudiant

DESTINATION :

ÉLÉMENTS D'INFORMATION :

       Matricule-étudiant
       Nom-étudiant
       Téléphone-étudiant

TABLEAU 5.10

Validations à effectuer sur les données d'entrée

| Flux entrant | | Validation |
Nom	Contenu	
Admission	Matricule-étudiant	Chiffre auto-vérificateur
	Programme	Vérification du type de donnée
	Concentration	Vérification du type de donnée
	Année-d'études	Vérification du type de donnée
	Nom-étudiant	Vérification du type de donnée
	Téléphone-étudiant	Vérification du type de donnée
Abandon-études	Matricule-étudiant	Chiffre auto-vérificateur
		Vérification dans le fichier ÉTUDIANTS
	(Numéro-de-cours)	Vérification du type de donnée
Diplôme	Matricule-étudiant	Chiffre auto-vérificateur
		Vérification dans le fichier ÉTUDIANTS
Statut-individuel	Matricule-étudiant	Chiffre auto-vérificateur
	Nom-étudiant	Vérification dans le fichier ÉTUDIANTS
	Téléphone-étudiant	Vérification du type de donnée
Statut-programme	Matricule-étudiant	Chiffre auto-vérificateur
	Programme	Vérification dans le fichier ÉTUDIANTS
	Concentration	Vérification du type de donnée
	Année-d'études	Vérification du type de donnée
Cours-ajout	Numéro-de-cours	Vérification du type de donnée
	Titre-du-cours	Vérification du type de donnée
	Id-professeur	Vérification du type de donnée
Cours-retrait	Numéro-de-cours	Autorisation
Cours-modification	Numéro-de-cours	Vérification du type de donnée
	Id-professeur	Vérification du type de donnée
Professeur-ajout	Id-professeur	Autorisation
	Nom-professeur	Vérification du type de donnée
	Bureau-professeur	Vérification du type de donnée
Professeur-retrait	Id-professeur	Autorisation

TABLEAU 5.10 (suite)

Validations à effectuer sur les données d'entrée

Flux entrant		Validation
Nom	**Contenu**	
Professeur-modification	Id-professeur	Vérification du type de donnée
	Bureau-professeur	Vérification du type de donnée
Inscription	Numéro-étudiant	Chiffre auto-vérificateur
		Vérification dans le fichier ÉTUDIANTS
	Numéro-de-cours	Vérification du type de donnée
Fin-cours	Numéro-étudiant	Autorisation
		Chiffre auto-vérificateur
	Numéro-de-cours	Autorisation
		Chiffre auto-vérificateur
Abandon-cours	Numéro-étudiant	Chiffre auto-vérificateur
		Vérification dans le fichier ÉTUDIANTS
	Numéro-de-cours	Vérification du type de donnée
Note-finale	Numéro-étudiant	Autorisation
		Chiffre auto-vérificateur
	Numéro-de-cours	Autorisation
		Vérification du type de donnée
	Note	Autorisation
		Contrôle de vraisemblance

À la suite de la détermination de ces validations, l'analyste procédera à l'ébauche finale du DFD de niveau 1 ainsi qu'aux explosions nécessaires. Ces DFD sont présentés à la suite de ce chapitre.

Activité 3.4. Mise en forme de la documentation logique

La mise en forme de la documentation logique consiste à examiner tous les éléments de la documentation, afin de s'assurer qu'elle soit complète. Il s'agit ensuite d'en organiser diverses composantes de façon à présenter une image claire du nouveau système.

Les pages qui suivent (141 et suivantes) reproduisent la documentation complète du système de gestion de notes de l'ÉNG.

Activité 3.5. Validation du modèle logique

Comme il a été mentionné dans les pages précédentes, la conception logique est une étape du développement de systèmes au cours de laquelle l'analyste doit travailler en collaboration étroite avec les utilisateurs. Encore une fois, cette collaboration sera nécessaire pour valider le modèle logique, c'est-à-dire déterminer si le modèle proposé répond bien aux questions Quoi? et Pourquoi?

La tâche de validation du modèle logique exige un examen de la documentation afin de déterminer si le système produit les outputs désirés par l'utilisateur, et si les caractéristiques de la base de données, les traitements, les flux entrants et leurs sources correspondent à la réalité de l'organisation. Bien entendu, toutes ces vérifications ont été faites au cours de la conception logique; la validation peut en quelque sorte être considérée comme un dernier contrôle de qualité.

Les données rassemblées au cours de l'analyse détaillée seront aussi très précieuses lors de la validation du modèle logique. En effet, l'analyste pourra les utiliser afin de déterminer si le modèle élaboré tient compte des contraintes organisationnelles et aussi s'il participe à l'atteinte des objectifs établis par les utilisateurs.

Questions

1. En quoi consiste la conception logique d'un système d'information? Quels sont les objectifs qui sous-tendent cette étape?

2. Expliquez en vos propres termes en quoi consiste l'approche par les outputs.

3. Quelles sont les activités associées à l'étape de la conception logique? Donnez-en une brève description.

4. Quelles peuvent être les sources de difficultés associées à l'activité de détermination des besoins en information? Expliquez.

5. À la lumière de ce qui est mentionné dans le présent chapitre, expliquez en quoi l'activité de détermination des besoins en information est une activité à la fois critique et complexe. Quelles sont les approches qui permettent de déterminer les besoins en information? Dans quelles situations est-il préférable d'utiliser chacune de ces approches?

6. Quelles sont les tâches associées à la conception de la base de données?

7. Commentez l'énoncé suivant : « L'existence d'une dépendance fonctionnelle entre deux attributs est étroitement reliée au contexte organisationnel dans lequel le système évoluera. » Justifiez vos commentaires à l'aide d'exemples concrets.

8. En quoi consiste l'activité de l'analyse des requêtes? Quelle est son utilité dans la conception logique d'un système d'information?

9. Qu'est-ce que l'analyse des mises à jour? En quoi le concept d'événement est-il important ici? Quels sont les principaux types de mises à jour qui peuvent affecter une entité?

10. En quoi consiste la détermination des validations? Dans quels cas particuliers décide-t-on de procéder à la validation d'une donnée?

11. Quelles sont les caractéristiques d'un système d'information idéal?

12. Il existe trois catégories de méthodes, techniques ou procédures de validation des flux entrants. Quelles sont-elles?

13. Quelles sont les tâches associées à la conception des flux entrants?

14. Expliquez le concept de dépendance fonctionnelle à l'aide d'un exemple concret.

15. Qu'est-ce que la troisième forme normale? Quels sont les deux types de dépendances fonctionnelles non désirables? Démontrez à l'aide d'exemples concrets en quoi ce type de dépendances est indésirable.

16. Définissez les termes suivants : attribut, enregistrement, fichier, clé primaire, attribut sous-clé, attribut non-clé, base de données.

17. L'École nationale d'administration (ÉNA) a eu plusieurs problèmes avec la production de ses bulletins au semestre dernier :
    - ils n'ont été produits que 8 semaines après la fin du semestre;
    - au moins 50 élèves sont revenus en disant qu'il y avait des erreurs sur leurs bulletins;
    - les employés se sont plaints de l'atmosphère extrêmement tendue dans laquelle ils ont dû travailler.

À l'ÉNA, les bulletins, qui sont cumulatifs, sont produits manuellement par les employés du bureau du registraire à partir des listes de notes fournies par les professeurs à la fin du trimestre dans un fichier maître contenant les résultats des trimestres précédents. Les problèmes qu'a connus le bureau du registraire sont dus en grande partie à l'accroissement de volume. En effet, le nombre d'étudiants inscrits au programme de baccalauréat, le seul programme de l'ÉNA, est passé de 300 à plus de 1 000 en moins de deux ans.

À l'ÉNA, l'étudiant doit suivre un certain nombre de cours obligatoires et compléter son programme à partir d'une longue liste de cours au choix. Il n'y a pas de concentration. L'étudiant peut choisir ses cours à option comme bon lui semble en autant qu'il respecte la structure des cours préalables.

L'analyse préliminaire a montré qu'il serait extrêmement avantageux d'automatiser la production des bulletins et on vous charge de faire la conception du nouveau système. Prenez note que le seul output que le système produira est le bulletin cumulatif (présenté ci-après).

a) La liste des notes fournies par le professeur à la fin du trimestre est le principal input du système. Quel est le contenu de cet input?

b) À l'exception de la liste des notes, y a-t-il d'autres inputs? Si oui, donnez leur contenu.

c) Quels sont les fichiers nécessaires? Indiquez leur contenu.

d) Indiquez les principaux traitements et décrivez-les brièvement.

e) Faire le DFD de premier niveau du nouveau système.

f) Indiquez comment valider les éléments d'information qui se trouvent sur la liste de notes (voir question a).

g) La liste des notes est le principal input. Suggérez deux façons physiques d'entrer les notes dans le système.

	8374658-1		BACCALAURÉAT EN ADMINISTRATION		
LISE MARCIL					
2325 3e avenue					
Montréal, Québec					
S1V 5X4			Date émission : 84-06-04		

Code du cours	Titre du cours	Note	Moyenne	Trimestre	Crédits
048394	Administration	83	73,4	81-E	6
039482	Psychologie I	80	73,2	81-A	3
028371	Sociologie	80	71,0	82-H	3
098374	Statistiques I	62	60,1	81-A	3
089777	Statistiques II	81	63,3	82-H	3
038574	Microéconomie	72	67,7	81-A	3
038575	Macroéconomie	79	68,8	82-H	3
010223	Comptabilité I	67	62,9	81-Y	6
	Moyenne cumulative		75,4		

Grade octroyé

Total des crédits   30

Trimestre :   A = automne   H = hiver   E = été   Y = cours annuel   **Page 1/1**

18. Les Chaussures orange qui se spécialisent dans la vente de chaussures de travail pour hommes possèdent plus de 25 magasins de détail au Québec. Chaque magasin vend toute la gamme de produits, c'est-à-dire environ une centaine de modèles différents, chacun ayant une dizaine de pointures. Pour profiter des remises offertes par les fournisseurs, les achats pour tous les magasins sont centralisés au siège social de Montréal. Les commandes sont passées au fournisseur une fois par semaine, le lundi matin.

La personne responsable des achats voudrait obtenir un rapport hebdomadaire lui fournissant de l'information sur les mouvements de stocks de la semaine précédente. À partir de cette information, elle pourra déterminer plus facilement les quantités à commander. Le contenu du rapport voulu est le suivant :

Numéro du magasin
Gérant du magasin
Adresse
Numéro du produit
Description
Quantité en stock au début de la semaine
Quantité en commande au début de la semaine
Quantité reçue durant la semaine
Quantité vendue durant la semaine
Fournisseur
Téléphone — fournisseur

a) L'analyste a commencé un diagramme de dépendances fonctionnelles. Complétez-le.

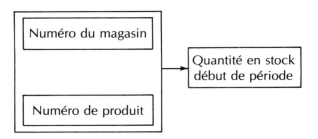

b) À partir du diagramme obtenu, déterminez les fichiers et les liens entre ceux-ci.

19. L'Association des diplômés universitaires a fait développer un système d'information pour supporter la gestion de son membership. L'un des outputs de ce système est un *avis de cotisation* dont la liste des éléments d'information est présentée ci-après et dont un spécimen est reproduit à la page 138. L'association compte 10 000 diplômés.

Numéro-de-dossier
Année-dernière-promotion-universitaire
Nom
Prénom
Date-de-naissance
Sexe
Adresse-domicile
Téléphone-domicile
Emploi
Nom-employeur
Adresse-bureau
Téléphone-bureau
Poste-téléphonique
Type-d'entreprise
Secteur-d'activité-entreprise
Diplôme-universitaire
Année-d'obtention
Institution
Numéro-corporation-professionnelle
Nom-corporation-professionnelle

a) L'analyste chargé du développement du système a décidé de produire l'avis à partir d'un seul fichier dont la clé serait le numéro-de-dossier, unique pour chaque membre et dont la liste des attributs correspondrait exactement à la liste des éléments d'information de l'output. Vous êtes en désaccord avec cette approche pour plusieurs raisons. Quelles sont-elles?

b) L'analyste vous demande alors de faire la conception de la base de données pour lui. Tracez le diagramme de structure de données résultant de cette activité. Si nécessaire, indiquez les hypothèses que vous avez faites.

c) Tracez le diagramme de flux de données de niveau 1 du futur système d'information. Si nécessaire, indiquez les hypothèses que vous avez faites.

d) La conception logique terminée, le directeur de l'Association des diplômés vous demande de lui expliquer ce qu'il reste à faire avant que ce système devienne opérationnel.

L'ASSOCIATION DES DIPLÔMÉS UNIVERSITAIRES

AVIS DE COTISATION

Nom   Prénom

doit à : L'Association des diplômés universitaires
la somme de 75 $
pour sa cotisation annuelle
du 01/09/86
au 31/08/87

LES DONNÉES SUIVANTES SONT INSCRITES À VOTRE DOSSIER. VEUILLEZ EN VÉRIFIER L'EXACTITUDE ET CORRIGER S'IL Y A LIEU :

ANNÉE DE DERNIÈRE
PROMOTION UNIVERSITAIRE :

N° DOSSIER :

NOM :

PRÉNOM :

SEXE :

DATE DE NAISSANCE :

ADRESSE À DOMICILE :

TÉLÉPHONE À DOMICILE :

EMPLOI :

NOM DE L'EMPLOYEUR :

ADRESSE AU BUREAU :

TÉLÉPHONE AU BUREAU :
POSTE TÉLÉPHONIQUE :

TYPE D'ENTREPRISE :
SECTEUR D'ACTIVITÉ DE L'ENTREPRISE :

	1er	2e	3e	4e
DIPLÔME(S) UNIVERSITAIRE(S) OBTENU(S) :				
ANNÉE D'OBTENTION DU DIPLÔME :				
INSTITUTION :				
NUMÉRO DE CORPORATION(S) PROFESSIONNELLES(S) :				
NOM DE CORPORATION(S) PROFESSIONNELLE(S) :				

L'APPARTENANCE ET LA PARTICIPATION DE CHACUN(E) D'ENTRE NOUS PERMETTRONT UN RAYONNEMENT ET UNE CROISSANCE TOUJOURS GRANDISSANTES DE LA CONFRÉRIE UNIVERSITAIRE.

20. Un de vos collègues vient de s'acheter un logiciel de base de données. Vous lui demandez s'il ne pourrait pas vous construire un système qui vous permettrait de conserver de l'information sur les articles de périodiques que vous lisez dans vos cours. De façon plus précise, vous lui expliquez que vous voulez conserver l'information suivante :

- Titre de l'article
- Date de publication
- Nom des auteurs (un article peut avoir plusieurs auteurs)
- Nom du périodique
- Frais d'abonnement au périodique

Votre ami vous revient avec le design suivant pour la base de données.

Titre de l'article	Auteur 1	Auteur 2	Auteur 3	...

Date de publication	Nom du périodique	Frais

Expliquez-lui pourquoi son design n'est pas valable. Quel serait le bon design?

Documentation du modèle logique

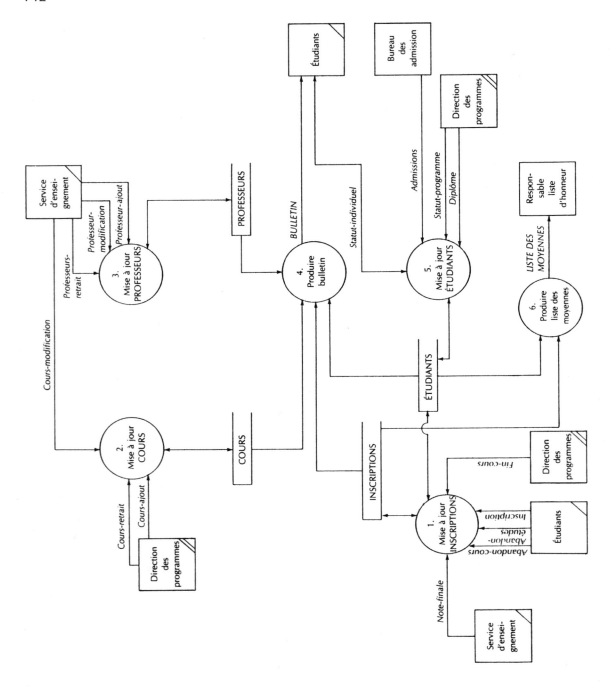

143

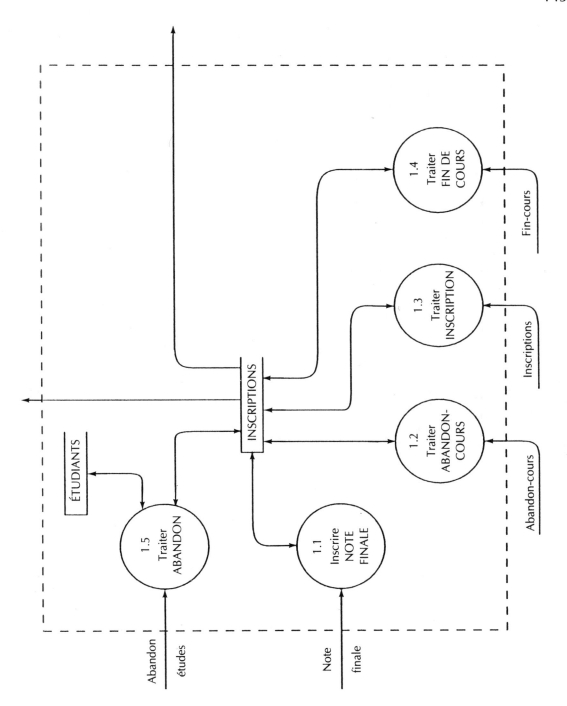

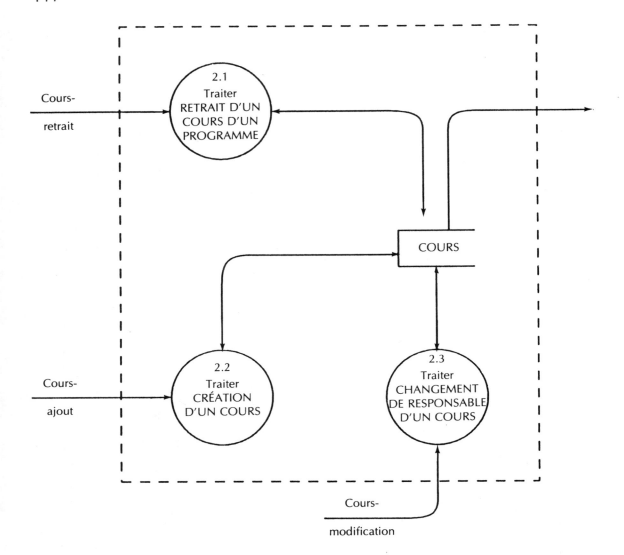

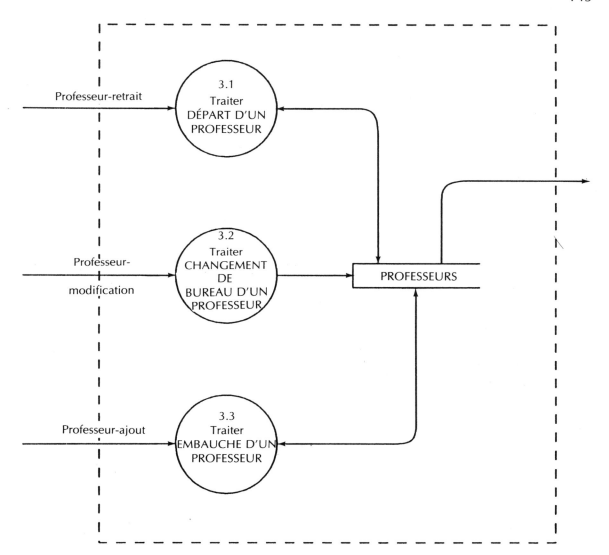

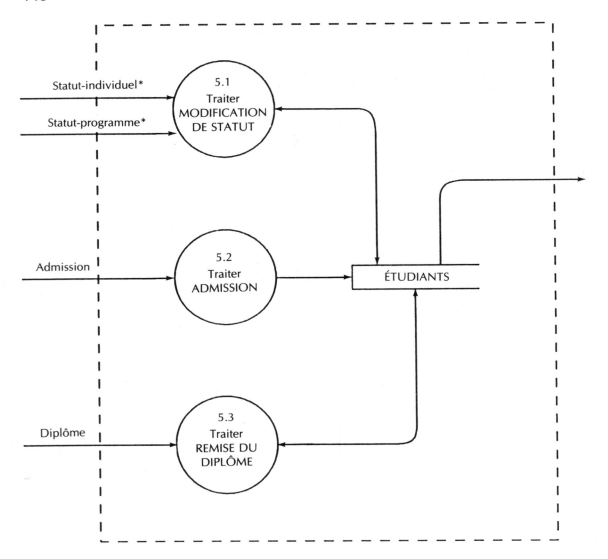

NOM DU FLUX : BULLETIN

DESCRIPTIONS : Bulletin des étudiants de l'ÉNG, produit après chaque fin de session

IDENTIFICATION DU DFD ASSOCIÉ : ÉNG GESTION NOTES

SOURCE : 4. Produire Bulletin

DESTINATION : ÉTUDIANTS

ÉLÉMENTS D'INFORMATION :

En-tête : ÉCOLE NATIONALE DE GESTION
BULLETIN
SESSION

Corps : Matricule
Nom-étudiant
Concentration
Numéro-de-cours
Titre-du-cours
Nom-professeur
Bureau-professeur
Note

NOM DU FLUX : LISTE-DES-MOYENNES

DESCRIPTION : Liste comportant la moyenne de chaque étudiant
pour une session. Sert à la préparation du tableau d'honneur

IDENTIFICATION DU DFD ASSOCIÉ : ÉNG GESTION NOTES

SOURCE : 6. Produire liste des moyennes

DESTINATION : RESPONSABLE DE LA PRÉPARATION DE LA LISTE
D'HONNEUR

ÉLÉMENTS D'INFORMATION :

En-tête : ÉCOLE NATIONALE DE GESTION
LISTE DES MOYENNES
SESSION

Corps : Programme
Année-d'études
Matricule-étudiant
Nom-étudiant
Téléphone-étudiant
Moyenne-pour-la-session

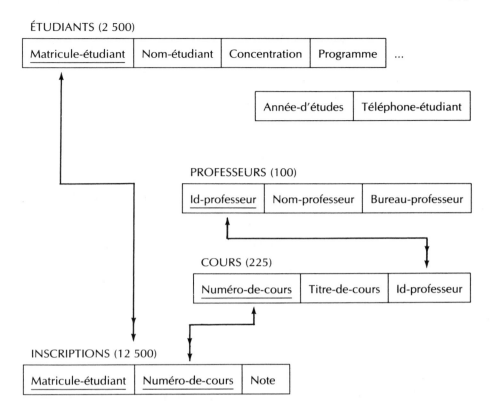

NOM DU DÉPÔT : DOSSIER-ÉTUDIANTS

DESCRIPTION : Base de données réunissant la plupart des données de type « pédagogique » : données sur les étudiants, les cours, les professeurs, les inscriptions, etc.

IDENTIFICATION DU DFD ASSOCIÉ : ÉNG GESTION NOTES

TRAITEMENTS ASSOCIÉS : PRODUIRE BULLETIN; PRODUIRE LISTE DES MOYENNES

IDENTIFICATION DU DFD ASSOCIÉ : SYSTÈME GESTION DE NOTES ÉNG

NOM DU FICHIER : ÉTUDIANTS

DESCRIPTION : Données de base sur les étudiants

IDENTIFICATION DU DFD ASSOCIÉ : ÉNG GESTION NOTES

ÉLÉMENTS D'INFORMATION : (Matricule-étudiant, Nom-étudiant, Concentration, Programme, Année-d'études, Téléphone-étudiant)

VOLUME (enregistrements, caractères) : 2 500 enregistrements; 240 000 caractères

CROISSANCE : 5 %/année

NOM DU FICHIER : INSCRIPTIONS

DESCRIPTION : Fichier comportant les notes des étudiants pour chaque cours suivi.

IDENTIFICATION DU DFD ASSOCIÉ : ÉNG GESTION NOTES

ÉLÉMENTS D'INFORMATION : (Matricule-étudiant, Numéro-de-cours, Note)

VOLUME (enregistrements, caractères) : 12 500 enregistrements, 262 500 caractères

CROISSANCE : 5 %/année

NOM DU FICHIER : PROFESSEURS

DESCRIPTION : Données de base sur professeurs

IDENTIFICATION DU DFD ASSOCIÉ : ÉNG GESTION NOTES

ÉLÉMENTS D'INFORMATION : (Id-professeur, Nom-professeur, Bureau-professeur)

VOLUME (enregistrements, caractères) : 100 enregistrements; 4 800 caractères

CROISSANCE : 1 %/année

NOM DU FICHIER : COURS

DESCRIPTION : Description des cours de tous les programmes

IDENTIFICATION DU DFD ASSOCIÉ : ÉNG GESTION NOTES

ÉLÉMENTS D'INFORMATION : (Numéro-de-cours, Titre-de-cours, Id-professeur)

VOLUME (enregistrements, caractères) : 225 enregistrements; 15 300 caractères

CROISSANCE : 2%/année

NOM DE L'ÉLÉMENT : MATRICULE-ÉTUDIANT

TYPE : Chaîne numérique (000000-0)

LONGUEUR : 7 caractères formatés

IDENTIFICATION DU DFD ASSOCIÉ : ÉNG GESTION NOTES

VALEURS PERMISES : Dernier chiffre est un chiffre de contrôle (Modulo 11). Aucun matricule avec deux premiers chiffres < 70; aucun avec valeur $>$ que année en cours.

NOM DE L'ÉLÉMENT : NOM-ÉTUDIANT

TYPE : Alphanumérique

LONGUEUR : 35 caractères

IDENTIFICATION DU DFD ASSOCIÉ : ÉNG GESTION NOTES

VALEURS PERMISES : ---

NOM DE L'ÉLÉMENT :   CONCENTRATION

TYPE :   Alphanumérique

LONGUEUR :   20

IDENTIFICATION DU DFD ASSOCIÉ :   ÉNG GESTION NOTES

VALEURS PERMISES :   CHOIX PARMI :

Administration générale — Comptabilité — Personnel — Finance —

Marketing — Méthodes quantitatives — Systèmes d'information —

Production — Relations de travail — Stratégie

NOM DE L'ÉLÉMENT :   PROGRAMME

TYPE :   Alphanumérique

LONGUEUR :   20

IDENTIFICATION DU DFD ASSOCIÉ :   ÉNG GESTION NOTES

VALEURS PERMISES :   CHOIX PARMI :

Baccalauréat — Maîtrise — Doctorat — Certificat — Diplôme

NOM DE L'ÉLÉMENT : ANNÉE-D'ÉTUDES

TYPE : Numérique

LONGUEUR :

IDENTIFICATION DU DFD ASSOCIÉ : ÉNG GESTION NOTES

VALEURS PERMISES : De 1 à 4

NOM DE L'ÉLÉMENT : TÉLÉPHONE-ÉTUDIANT

TYPE : Chaîne numérique

LONGUEUR : 10 caractères numériques formatés : (000)000-0000

IDENTIFICATION DU DFD ASSOCIÉ : ÉNG GESTION NOTES

VALEURS PERMISES : ---

NOM DE L'ÉLÉMENT : NUMÉRO-DE-COURS

TYPE : Chaîne numérique

LONGUEUR : 4 caractères numériques formatés (0-000)

IDENTIFICATION DU DFD ASSOCIÉ : ÉNG GESTION NOTES

VALEURS PERMISES : Premier caractère 8 valeurs entre 1 et 8
inclusivement

NOM DE L'ÉLÉMENT : NOTE

TYPE : Numérique

LONGUEUR :

IDENTIFICATION DU DFD ASSOCIÉ : ÉNG GESTION NOTES

VALEURS PERMISES : Entre 0 et 100

NOM DE L'ÉLÉMENT : TITRE-DU-COURS

TYPE : Alphabétique

LONGUEUR : 55 caractères

IDENTIFICATION DU DFD ASSOCIÉ : ÉNG GESTION NOTES

VALEURS PERMISES : ---

NOM DE L'ÉLÉMENT : ID-PROFESSEUR

TYPE : Chaîne numérique

LONGUEUR : 8 caractères numériques

IDENTIFICATION DU DFD ASSOCIÉ : ÉNG GESTION NOTES

VALEURS PERMISES : ---

NOM DE L'ÉLÉMENT : NOM-PROFESSEUR

TYPE : Alphabétique

LONGUEUR : 35 caractères

IDENTIFICATION DU DFD ASSOCIÉ : ÉNG GESTION NOTES

VALEURS PERMISES : ---

NOM DE L'ÉLÉMENT : BUREAU-PROFESSEUR

TYPE : Chaîne numérique

LONGUEUR : 5 caractères

IDENTIFICATION DU DFD ASSOCIÉ : ÉNG GESTION NOTES

VALEURS PERMISES : ---

DIAGRAMME D'ANALYSE DE REQUÊTE

REQUÊTE : Bulletin

VOLUME : 2 500

PÉRIODICITÉ : 3 fois l'an, à la fin d'une session

TRAITEMENT CORRESPONDANT : 4.0 Produire les bulletins

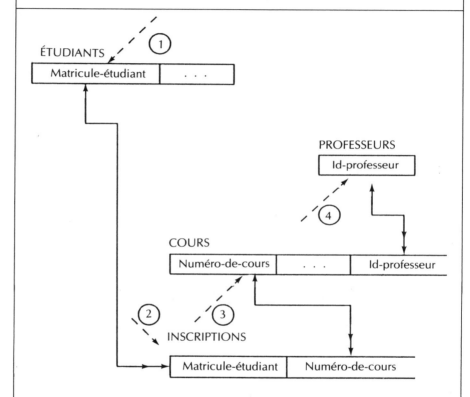

LECTURE	NOMBRE PAR REQUÊTE	NOMBRE PAR PÉRIODE
1	1	2 500
2	5	12 500
3	5	12 500
4	5	12 500
TOTAL	16	40 000

NOM DU TRAITEMENT : 4. PRODUIRE BULLETIN — **Page 1 de 2**

DESCRIPTION : Traitement qui prépare le bulletin à partir des fichiers PROFESSEURS, COURS, ÉTUDIANTS, INSCRIPTIONS

IDENTIFICATION DU DFD ASSOCIÉ : ÉNG GESTION NOTES

FLUX DE DONNÉES ENTRANTS : Fichiers identifiés ci-dessous

FLUX DE DONNÉES SORTANTS : BULLETIN

DÉPÔT(S) DE DONNÉES UTILISÉ(S) : PROFESSEURS; COURS; ÉTUDIANTS; INSCRIPTIONS

NOM DU TRAITEMENT :   4. PRODUIRE BULLETIN   **Page 2 de 2**

LOGIQUE DU TRAITEMENT :

• LIRE un enregistrement du fichier ÉTUDIANTS

   • LIRE les Numéros-de-cours auxquels l'étudiant est inscrit

   (fichier INSCRIPTIONS)

      • LIRE la description de chaque cours dans le

      fichier COURS

         • LIRE le nom et le bureau du professeur dans le

         fichier PROFESSEURS

• IMPRIMER le bulletin

DIAGRAMME D'ANALYSE DE REQUÊTE

REQUÊTE :   Liste des moyennes

VOLUME :   1

PÉRIODICITÉ :   3 fois l'an, à la fin d'une session

TRAITEMENT CORRESPONDANT :   6.0 Produire la liste des moyennes

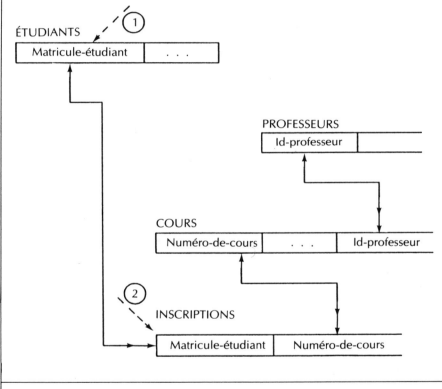

LECTURE	NOMBRE PAR REQUÊTE	NOMBRE PAR PÉRIODE
1	2 500	2 500
2	12 500	12 500
TOTAL	15 000	15 000

NOM DU TRAITEMENT :   6. PRODUIRE LISTE   **Page 1 de 2**
                                   DES MOYENNES

DESCRIPTION :   Traitement préparant la liste des moyennes pour

le responsable de la liste d'honneur

IDENTIFICATION DU DFD ASSOCIÉ :   ÉNG GESTION NOTES

FLUX DE DONNÉES ENTRANTS :   Fichiers identifiés ci-dessous

FLUX DE DONNÉES SORTANTS :   LISTE DES MOYENNES

DÉPÔT(S) DE DONNÉES UTILISÉ(S) :   ÉTUDIANTS; INSCRIPTIONS

NOM DU TRAITEMENT : 6. PRODUIRE LISTE
DES MOYENNES

LOGIQUE DU TRAITEMENT :

- LIRE les enregistrements du fichier ÉTUDIANTS

    – Pour chaque étudiant :

        – Identifier dans le fichier INSCRIPTIONS les cours

        suivis par l'étudiant, ainsi que la note pour chaque cours

        – Additionner les notes, en faire la moyenne

- IMPRIMER la liste

NOM DU TRAITEMENT : 1.1 INSCRIRE NOTE FINALE	Page 1 de 2

DESCRIPTION : Inscription de la note de l'étudiant lorsque
le cours est terminé

IDENTIFICATION DU DFD ASSOCIÉ : ÉNG GESTION NOTES

FLUX DE DONNÉES ENTRANTS : Note-finale

FLUX DE DONNÉES SORTANTS : Vers fichier INSCRIPTIONS
(Voir DFD niveau 2)

DÉPÔT(S) DE DONNÉES UTILISÉ(S) : Fichier INSCRIPTIONS

NOM DU TRAITEMENT : 1.1 INSCRIRE NOTE FINALE   **Page 2 de 2**

LOGIQUE DU TRAITEMENT :

• VALIDER Note-finale selon la Table des validations

• POUR Numéro-étudiant, Numéro-de-cours au fichier

      INSCRIPTIONS, inscrire NOTE

NOM DU TRAITEMENT : 1.2 TRAITER ABANDON-COURS   **Page 1 de 2**

DESCRIPTION : Annuler une inscription lors d'un abandon de cours

IDENTIFICATION DU DFD ASSOCIÉ : ÉNG GESTION NOTES

FLUX DE DONNÉES ENTRANTS : Abandon-cours

FLUX DE DONNÉES SORTANTS : Vers fichier INSCRIPTIONS

DÉPÔT(S) DE DONNÉES UTILISÉ(S) : Fichier INSCRIPTIONS

NOM DU TRAITEMENT : 1.2 TRAITER ABANDON-COURS **Page 2 de 2**

LOGIQUE DU TRAITEMENT :

• VALIDER flux Abandon-cours selon la Table des validations

• POUR Numéro-étudiant, Numéro-de-cours, retirer

      l'enregistrement

NOM DU TRAITEMENT : 1.3 TRAITER INSCRIPTION   **Page 1 de 2**

DESCRIPTION : Inscrire un nouvel étudiant

IDENTIFICATION DU DFD ASSOCIÉ : ÉNG GESTION NOTES

FLUX DE DONNÉES ENTRANTS : Inscriptions

FLUX DE DONNÉES SORTANTS : Vers fichier INSCRIPTIONS

DÉPÔT(S) DE DONNÉES UTILISÉ(S) : Fichier INSCRIPTIONS

NOM DU TRAITEMENT : 1.3 TRAITER INSCRIPTION   **Page 2 de 2**

LOGIQUE DU TRAITEMENT :

• VALIDER Inscriptions selon Table des validations

_____

• ÉCRIRE un nouvel enregistrement, contenu du flux Inscriptions

NOM DU TRAITEMENT : 1.4 TRAITER FIN DE COURS   **Page 1 de 2**

DESCRIPTION : Enlever les inscriptions pour un cours lorsque le
cours est terminé

IDENTIFICATION DU DFD ASSOCIÉ : ÉNG GESTION NOTES

FLUX DE DONNÉES ENTRANTS : Fin-cours

FLUX DE DONNÉES SORTANTS : Vers fichier INSCRIPTIONS

DÉPÔT(S) DE DONNÉES UTILISÉ(S) : Fichier INSCRIPTIONS

NOM DU TRAITEMENT :   1.4 TRAITER FIN DE COURS   **Page 2 de 2**

LOGIQUE DU TRAITEMENT :

• VALIDER Fin-cours selon la Table des validations

• LIRE tous les enregistrements avec Numéro-cours, les retrancher

NOM DU TRAITEMENT : 1.5 TRAITER ABANDON   **Page 1 de 2**

DESCRIPTION : Mise à jour fichier ÉTUDIANTS et INSCRIPTIONS lors d'un abandon d'études

IDENTIFICATION DU DFD ASSOCIÉ : ÉNG GESTION NOTES

FLUX DE DONNÉES ENTRANTS : Abandon-études

Flux de ÉTUDIANTS et

INSCRIPTIONS

FLUX DE DONNÉES SORTANTS : Flux vers ÉTUDIANTS et

INSCRIPTIONS

DÉPÔT(S) DE DONNÉES UTILISÉ(S) : ÉTUDIANTS — INSCRIPTIONS

NOM DU TRAITEMENT : 1.5 TRAITER ABANDON   **Page 2 de 2**

LOGIQUE DU TRAITEMENT :

• VALIDER Abandon-études selon la Table des validations

• POUR Matricule-étudiant enlever l'enregistrement de ÉTUDIANTS

• POUR Matricule-étudiant, Numéro-de-cours, enlever les

   enregistrements correspondants au fichier INSCRIPTIONS

NOM DU TRAITEMENT :   2.1 TRAITER RETRAIT D'UN   **Page 1 de 2**
                           COURS DU PROGRAMME

DESCRIPTION :   Enlever l'enregistrement d'un cours qui n'est plus
offert

IDENTIFICATION DU DFD ASSOCIÉ :   ÉNG GESTION NOTES

FLUX DE DONNÉES ENTRANTS :   Cours-retrait
                                 + Flux venant de COURS

FLUX DE DONNÉES SORTANTS :   Flux vers COURS

DÉPÔT(S) DE DONNÉES UTILISÉ(S) :   COURS

NOM DU TRAITEMENT : 2.1 TRAITER RETRAIT D'UN   **Page 2 de 2**
COURS DU PROGRAMME

LOGIQUE DU TRAITEMENT :

• VALIDER Cours-retrait selon Table des validations

• POUR Numéro-de-cours enlever l'enregistrement correspondant

     au fichier COURS

NOM DU TRAITEMENT : 2.2 TRAITER CRÉATION D'UN COURS	**Page 1 de 2**

DESCRIPTION : Créer un enregistrement pour un nouveau cours

IDENTIFICATION DU DFD ASSOCIÉ : ÉNG GESTION NOTES

FLUX DE DONNÉES ENTRANTS : Cours-ajout
+ Flux venant de COURS

FLUX DE DONNÉES SORTANTS : Flux vers COURS

DÉPÔT(S) DE DONNÉES UTILISÉ(S) : Fichier COURS

NOM DU TRAITEMENT : 2.2 TRAITER CRÉATION
D'UN COURS

LOGIQUE DU TRAITEMENT :

• VALIDER Cours-ajout selon Table des validations

• ÉCRIRE le contenu de Cours-ajout au fichier

| NOM DU TRAITEMENT : | 2.3 TRAITER CHANGEMENT DE RESPONSABLE DU COURS | Page 1 de 2 |

DESCRIPTION : Changer le nom de la personne (professeur) donnant un cours

IDENTIFICATION DU DFD ASSOCIÉ : ÉNG GESTION NOTES

FLUX DE DONNÉES ENTRANTS : Cours-modification
+ Flux venant de COURS

FLUX DE DONNÉES SORTANTS : Flux vers COURS

DÉPÔT(S) DE DONNÉES UTILISÉ(S) : Fichier COURS

NOM DU TRAITEMENT :   2.3 TRAITER CHANGEMENT DE   **Page 2 de 2**
RESPONSABLE DU COURS

LOGIQUE DU TRAITEMENT :

• VALIDER Cours-modification selon Table des validations

• POUR Numéro-de-cours, écrire nouveau Id-professeur

NOM DU TRAITEMENT : 3.1 TRAITER DÉPART
D'UN PROFESSEUR   **Page 1 de 2**

DESCRIPTION : Retirer enregistrement relatif à un professeur
ayant quitté l'ÉNG

IDENTIFICATION DU DFD ASSOCIÉ : ÉNG GESTION NOTES

FLUX DE DONNÉES ENTRANTS : Professeur-retrait

De fichier PROFESSEURS

FLUX DE DONNÉES SORTANTS : Vers fichier PROFESSEURS

DÉPÔT(S) DE DONNÉES UTILISÉ(S) : PROFESSEURS

NOM DU TRAITEMENT :   3.1 TRAITER DÉPART   **Page 2 de 2**

D'UN PROFESSEUR

LOGIQUE DU TRAITEMENT :

- VALIDER Professeur-retrait selon la Table des validations

- POUR Id-professeur enlever l'enregistrement correspondant

      au fichier PROFESSEURS

NOM DU TRAITEMENT : 3.2 TRAITER CHANGEMENT   **Page 1 de 2**
BUREAU D'UN PROFESSEUR

DESCRIPTION : Changer numéro de bureau

IDENTIFICATION DU DFD ASSOCIÉ : ÉNG GESTION NOTES

FLUX DE DONNÉES ENTRANTS : Professeur-modification
+ du fichier PROFESSEURS

FLUX DE DONNÉES SORTANTS : Vers fichier PROFESSEURS

DÉPÔT(S) DE DONNÉES UTILISÉ(S) : Fichier PROFESSEURS

NOM DU TRAITEMENT : 3.2 TRAITER CHANGEMENT **Page 2 de 2**
BUREAU D'UN PROFESSEUR

LOGIQUE DU TRAITEMENT :

• VALIDER Professeur-modification selon Table des validations

• POUR Id-professeur changer valeurs de Bureau-professeur

NOM DU TRAITEMENT : 3.3 TRAITER EMBAUCHE
D'UN PROFESSEUR   **Page 1 de 2**

DESCRIPTION : <u>Créer un enregistrement pour un nouveau professeur</u>

IDENTIFICATION DU DFD ASSOCIÉ : <u>ÉNG GESTION NOTES</u>

FLUX DE DONNÉES ENTRANTS : <u>Professeur-ajout</u>
<u>+ Flux de PROFESSEURS</u>

FLUX DE DONNÉES SORTANTS : <u>Vers fichier PROFESSEURS</u>

DÉPOT(S) DE DONNÉES UTILISÉ(S) : <u>Fichier PROFESSEURS</u>

NOM DU TRAITEMENT :   3.3 TRAITER EMBAUCHE
D'UN PROFESSEUR   **Page 2 de 2**

LOGIQUE DU TRAITEMENT :

• VALIDER Professeur-ajout selon Table des validations

• ÉCRIRE le contenu de Professeur-ajout au fichier

NOM DU TRAITEMENT : 5.1 TRAITER
MODIFICATION STATUT
Page 1 de 2

DESCRIPTION : _____

_____

_____

_____

_____

IDENTIFICATION DU DFD ASSOCIÉ : ÉNG GESTION NOTES

FLUX DE DONNÉES ENTRANTS : Statut-individuel ou Statut-programme;
FLUX de ÉTUDIANTS

_____

FLUX DE DONNÉES SORTANTS : Flux vers ÉTUDIANTS

_____

_____

DÉPOT(S) DE DONNÉES UTILISÉ(S) : ÉTUDIANTS

_____

_____

NOM DU TRAITEMENT : 5.1 TRAITER
MODIFICATION STATUT

LOGIQUE DU TRAITEMENT :

• VALIDER Statut-individuel ou Statut-programme selon Table

des validations

• POUR Matricule-étudiant faire modification contenue dans le

fichier ÉTUDIANTS

NOM DU TRAITEMENT : 5.2 TRAITER ADMISSION   **Page 1 de 2**

DESCRIPTION : Créer un nouvel enregistrement d'un étudiant

IDENTIFICATION DU DFD ASSOCIÉ : ÉNG GESTION NOTES

FLUX DE DONNÉES ENTRANTS : Admission

+ Flux de ÉTUDIANTS

FLUX DE DONNÉES SORTANTS : Vers ÉTUDIANTS

DÉPOT(S) DE DONNÉES UTILISÉ(S) : ÉTUDIANTS

NOM DU TRAITEMENT : 5.2 TRAITER ADMISSION   **Page 2 de 2**

LOGIQUE DU TRAITEMENT :

• VALIDER Admission selon Table des validations

• ÉCRIRE le contenu Admission au fichier ÉTUDIANTS

NOM DU TRAITEMENT :   5.3 TRAITER REMISE
DU DIPLÔME   **Page 1 de 2**

DESCRIPTION :   Enlever enregistrement correspondant à un étudiant
diplômé

IDENTIFICATION DU DFD ASSOCIÉ :   ÉNG GESTION NOTES

FLUX DE DONNÉES ENTRANTS :   Diplôme + Flux de ÉTUDIANTS

FLUX DE DONNÉES SORTANTS :   Flux vers ÉTUDIANTS

DÉPOT(S) DE DONNÉES UTILISÉ(S) :   ÉTUDIANTS

NOM DU TRAITEMENT : 5.3 TRAITER REMISE
DU DIPLÔME   **Page 2 de 2**

LOGIQUE DU TRAITEMENT :

• VALIDER Diplôme selon Table des validations

• POUR Matricule-étudiant enlever l'enregistrement

NOM DU FLUX : COURS-MODIFICATION

DESCRIPTION : Modification de Nom-professeur responsable d'un cours

IDENTIFICATION DU DFD ASSOCIÉ : ÉNG GESTION NOTES

SOURCE : Service d'enseignement

DESTINATION :

ÉLÉMENTS D'INFORMATION :

    Numéro-de-cours
    Id-professeur

NOM DU FLUX : ADMISSION

DESCRIPTION : Données servant à créer un enregistrement du
fichier ÉTUDIANTS

IDENTIFICATION DU DFD ASSOCIÉ : ÉNG GESTION NOTES

SOURCE : Bureau des admissions

DESTINATION :

ÉLÉMENTS D'INFORMATION :

Matricule-étudiant
Programme
Concentration
Année-d'études
Nom-étudiant
Téléphone-étudiant

NOM DU FLUX : STATUT-INDIVIDUEL

DESCRIPTION : Données relatives à un étudiant et apportant une modification au fichier ÉTUDIANTS

IDENTIFICATION DU DFD ASSOCIÉ : ÉNG GESTION NOTES

SOURCE : Étudiant

DESTINATION :

ÉLÉMENTS D'INFORMATION :

Matricule-étudiant
| Nom-étudiant |
| Téléphone-étudiant |

NOM DU FLUX : NOTE-FINALE

DESCRIPTION : Données permettant d'inscrire la note obtenue à un cours par un étudiant

IDENTIFICATION DU DFD ASSOCIÉ : ÉNG GESTION NOTES

SOURCE : Service d'enseignement

DESTINATION : 1.1 INSCRIRE NOTE FINALE

ÉLÉMENTS D'INFORMATION :

Numéro-étudiant
Numéro-de-cours
Note

NOM DU FLUX : ABANDON-COURS

DESCRIPTION : Abandon d'un cours par un étudiant

IDENTIFICATION DU DFD ASSOCIÉ : ÉNG GESTION NOTES

SOURCE : Étudiant

DESTINATION : 1.2 TRAITER ABANDON COURS

ÉLÉMENTS D'INFORMATION :

Numéro-étudiant
Numéro-de-cours

NOM DU FLUX : ABANDON-ÉTUDES

DESCRIPTION : Étudiant quittant l'ÉNG

IDENTIFICATION DU DFD ASSOCIÉ : ÉNG GESTION NOTES

SOURCE : Étudiant

DESTINATION :

ÉLÉMENTS D'INFORMATION :

Matricule-étudiant
{Numéro-de-cours}

NOM DU FLUX : COURS-AJOUT

DESCRIPTION : Création d'un nouveau cours

IDENTIFICATION DU DFD ASSOCIÉ : ÉNG GESTION NOTES

SOURCE : Direction des programmes

DESTINATION : 2.2 TRAITER CRÉATION D'UN COURS

ÉLÉMENTS D'INFORMATION :

Numéro-de-cours
Titre-du-cours
Id-professeur

NOM DU FLUX : COURS-RETRAIT

DESCRIPTION : Retrait d'un cours d'un programme

IDENTIFICATION DU DFD ASSOCIÉ : ÉNG GESTION NOTES

SOURCE : Direction des programmes

DESTINATION : 2.1 TRAITER RETRAIT D'UN COURS D'UN
PROGRAMME

ÉLÉMENTS D'INFORMATION :

Numéro-de-cours

NOM DU FLUX : DIPLÔME

DESCRIPTION : _____

_____

IDENTIFICATION DU DFD ASSOCIÉ : ÉNG GESTION NOTES

SOURCE : Direction des programmes _____

_____

DESTINATION : _____

_____

ÉLÉMENTS D'INFORMATION :

Matricule-étudiant

NOM DU FLUX : FIN COURS

DESCRIPTION : Fin d'un cours

IDENTIFICATION DU DFD ASSOCIÉ : ÉNG GESTION NOTES

SOURCE : Direction des programmes

DESTINATION : 1.4 TRAITER FIN DE COURS

ÉLÉMENTS D'INFORMATION :

    Numéro-étudiant
    Numéro-de-cours

NOM DU FLUX : INSCRIPTION

DESCRIPTION : Inscription à un cours

IDENTIFICATION DU DFD ASSOCIÉ : ÉNG GESTION NOTES

SOURCE : Étudiant

DESTINATION : 1.3 TRAITER INSCRIPTION

ÉLÉMENTS D'INFORMATION :

Numéro-étudiant
{Numéro-de-cours }

NOM DU FLUX : NOTE FINALE

DESCRIPTION : _____

_____

IDENTIFICATION DU DFD ASSOCIÉ : ÉNG GESTION NOTES

SOURCE : Service d'enseignement

DESTINATION : 1.1 INSCRIRE NOTE FINALE

ÉLÉMENTS D'INFORMATION :

Numéro-étudiant
Numéro-de-cours
Note

NOM DU FLUX : PROFESSEUR-AJOUT

DESCRIPTION : Enregistrement relatif à un nouveau professeur

IDENTIFICATION DU DFD ASSOCIÉ : ÉNG GESTION NOTES

SOURCE : Service d'enseignement

DESTINATION : 3.3 TRAITER EMBAUCHE D'UN PROFESSEUR

ÉLÉMENTS D'INFORMATION :

    Id-professeur
    Nom-professeur
    Bureau-professeur

NOM DU FLUX : PROFESSEUR-MODIFICATION

DESCRIPTION : _____

_____

IDENTIFICATION DU DFD ASSOCIÉ : ÉNG GESTION NOTES

SOURCE : Service d'enseignement

DESTINATION : 3.2 TRAITER CHANGEMENT DE BUREAU D'UN
PROFESSEUR

ÉLÉMENTS D'INFORMATION :

    Id-professeur
    Bureau-professeur

NOM DU FLUX : PROFESSEUR-RETRAIT

DESCRIPTION : Départ d'un professeur

IDENTIFICATION DU DFD ASSOCIÉ : ÉNG GESTION NOTES

SOURCE : Service d'enseignement

DESTINATION : 3.1 TRAITER DÉPART D'UN PROFESSEUR

ÉLÉMENTS D'INFORMATION :

Id-professeur

NOM DU FLUX : STATUT PROGRAMME

DESCRIPTION : Modification au programme d'un étudiant

IDENTIFICATION DU DFD ASSOCIÉ : ÉNG GESTION NOTES

SOURCE : Direction des programmes

DESTINATION :

ÉLÉMENTS D'INFORMATION :

Matricule-étudiant
{ Programme
  Concentration
  Année-d'études }

Flux entrant		Validation
Nom	**Contenu**	
Admission	Matricule-étudiant	Chiffre auto-vérificateur
	Programme	Vérification du type de donnée
	Concentration	Vérification du type de donnée
	Année-d'études	Vérification du type de donnée
	Nom-étudiant	Vérification du type de donnée
	Téléphone-étudiant	Vérification du type de donnée
Abandon-études	Matricule-étudiant	Chiffre auto-vérificateur
		Vérification dans le fichier ÉTUDIANTS
	[Numéro-de-cours]	Vérification du type de donnée
Diplôme	Matricule-étudiant	Chiffre auto-vérificateur
		Vérification dans le fichier ÉTUDIANTS
Statut-individuel	Matricule-étudiant	Chiffre auto-vérificateur
	Nom-étudiant	Vérification dans le fichier ÉTUDIANTS
	Téléphone-étudiant	Vérification du type de donnée
Statut-programme	Matricule-étudiant	Chiffre auto-vérificateur
	Programme	Vérification dans le fichier ÉTUDIANTS
	Concentration	Vérification du type de donnée
	Année-d'études	Vérification du type de donnée
Cours-ajout	Numéro-de-cours	Vérification du type de donnée
	Titre-du-cours	Vérification du type de donnée
	Id-professeur	Vérification du type de donnée
Cours-retrait	Numéro-de-cours	Autorisation
Cours-modification	Numéro-de-cours	Vérification du type de donnée
	Id-professeur	Vérification du type de donnée
Professeur-ajout	Id-professeur	Autorisation
	Nom-professeur	Vérification du type de donnée
	Bureau-professeur	Vérification du type de donnée
Professeur-retrait	Id-professeur	Autorisation
Professeur-modification	Id-professeur	Vérification du type de donnée
	Bureau-professeur	Vérification du type de donnée
Inscription	Numéro-étudiant	Chiffre auto-vérificateur
		Vérification dans le fichier ÉTUDIANTS
	Numéro-de-cours	Vérification du type de donnée

Flux entrant		Validation
Nom	**Contenu**	
Fin-cours	Numéro-étudiant	Autorisation Vérification du type de donnée
	Numéro-de-cours	Autorisation Vérification du type de donnée
Abandon-cours	Numéro-étudiant	Chiffre auto-vérificateur Vérification dans le fichier ÉTUDIANTS
	Numéro-de-cours	Vérification du type de donnée
Note-finale	Numéro-étudiant	Autorisation Chiffre auto-vérificateur
	Numéro-de-cours	Autorisation Vérification du type de donnée
	Note	Autorisation Contrôle de vraisemblance

## CHAPITRE 6

Proposition
de scénarios de solutions

S·O·M·M·A·I·R·E

- Objectifs de la proposition de scénarios de solutions
- Activités de la proposition de scénarios de solutions

Objectifs de la proposition de scénarios de solutions

Lors de la conception logique, l'équipe d'analyse a déterminé, au plan logique, quels seraient les outputs, les fichiers, les traitements et les inputs qui permettraient d'apporter des corrections aux problèmes du système actuel et d'atteindre les objectifs posés par les utilisateurs. Le bien livrable de la conception logique était le nouveau système, mais sous sa forme de modèle logique tel que représenté par des DFD, des DSD et les composantes logiques du dictionnaire de système. On connaît donc ce que devra accomplir le nouveau système, et pourquoi il devra en être ainsi. Nulle part cependant il n'a été fait mention du ou des services qui seraient responsables de la saisie des données, du mode — temps réel ou lot — qui serait privilégié pour chacun des traitements, des moyens et des supports qui seraient utilisés pour la saisie des données et la diffusion des résultats. Ces options sont pourtant nombreuses et extrêmement variées. Un but important de la présente étape est d'élaborer des ébauches du modèle physique, d'en évaluer les coûts et bénéfices, de déterminer leur participation à l'atteinte des objectifs du système ainsi que leur impact sur l'organisation et sur ceux qui y travaillent, et de faire une recommandation aux utilisateurs au sujet du scénario le plus prometteur.

Activités de la proposition de scénarios de solutions

Voir la figure 6.1.

Pour atteindre cet objectif, l'équipe d'analyse et l'analyste devront accomplir un certain nombre de tâches, lesquelles sont énumérées à la figure 6.1◊. Le rapport préparé à la fin de cette étape devra en quelque sorte proposer un menu à l'utilisateur. De la même façon que le fait un menu conçu pour des clients exigeants, le rapport décrira brièvement, mais de façon claire et précise, les diverses options de réalisation et en donnera le prix (sous forme d'analyse coûts/bénéfices). À partir de ce menu, et en tenant compte de la recommandation faite par l'équipe d'analyse, les utilisateurs seront en mesure de choisir un scénario.

Activité 4.1. Identification des contraintes informatiques et organisationnelles

Un système d'information n'évolue pas en vase clos. Aucun système ne saurait être mis en place avec succès s'il ne tient pas compte des contraintes de l'environnement dans lequel il évolue. Par exemple, le modèle logique du système de gestion de notes de l'ÉNG peut être considéré par un autre établissement d'enseignement comme inadéquat. En effet, si cet autre établissement a un contenu différent pour son bulletin et n'a que faire d'une

FIGURE 6.1
Proposition de scénarios de solutions

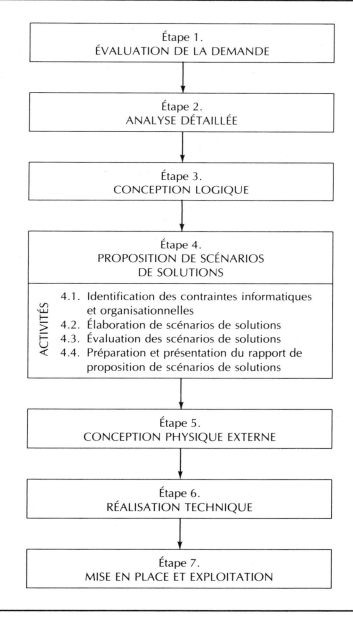

liste des moyennes des étudiants, si ses professeurs partagent à plusieurs le même local et si un même titre peut être donné à plusieurs cours différents, le système de l'ÉNG répondrait de façon très médiocre aux besoins en information de cet établissement. Tout au long du développement d'un système, l'analyste doit donc être très attentif aux besoins particuliers de l'organisation où le système sera implanté. Si, au cours de l'analyse, l'expérience passée acquise lors d'études similaires est extrêmement précieuse pour l'analyste, elle ne devra cependant pas l'empêcher d'identifier les particularités du système présentement à l'étude.

Si ceci est vrai au plan du modèle logique du système, ce l'est encore plus au niveau du modèle physique externe. En effet, un même modèle logique peut être acceptable par plusieurs environnements différents, mais chacun requerra un mode de concrétisation différent. Ceci peut être occasionné par des contraintes organisationnelles telles que la répartition des responsabilités entre les individus et les services, la situation financière de l'entreprise, sa taille, son volume d'affaires ou de transactions, son degré de dispersion géographique, la disponibilité du matériel, etc. Ces diverses contraintes sont de première importance lors de la proposition de scénarios de solutions et l'équipe d'analyse devra y apporter une attention toute spéciale.

Parmi ces contraintes, certaines auront déjà été identifiées au cours de l'analyse détaillée; il s'agira donc de consulter la documentation de cette étape. Cependant, il sera sans doute nécessaire, à la lumière de certaines particularités du modèle logique élaboré précédemment, de compléter ces renseignements.

Les tableaux 6.1 et 6.2 proposent une liste de contraintes potentielles◊; cette liste n'est pas exhaustive, mais elle inclut les contraintes les plus critiques pour le succès d'un nouveau système d'information[1].

VOIR LES TABLEAUX
6.1 ET 6.2.

Activité 4.2. Élaboration de scénarios de solutions

Bien que, dans la plupart des cas, une solution informatique soit identifiée comme étant la plus appropriée aux problèmes du système à l'étude, il ne faut pas oublier qu'il existe des circonstances où un réaménagement des responsabilités, de meilleures méthodes de travail ou un contrôle plus serré

---

1. B. C. GLASSON, *EDP Systems Development Guidelines*, Wellesley, Mass., Information Sciences, 1984.

TABLEAU 6.1

Contraintes organisationnelles

- Contraintes budgétaires : budget disponible pour le développement du nouveau système. Budget disponible pour l'exploitation du nouveau système (incluant matériel et ressources humaines).

- Dispersion des utilisateurs : dans un même édifice, dispersion géographique.

- Dispersion des équipements déjà en place.

- Contraintes de temps : lois régissant le moment où certains rapports doivent être produits (par exemple, loi de l'impôt); politiques internes régissant la périodicité des mises à jour des fichiers, la saisie des données, la production des rapports, etc.; exigences du service à la clientèle ayant une incidence sur le temps de réponse lors d'une interrogation de fichier.

- Préférences de la direction pour un type de solution physique (mode de traitement, support d'output, etc.).

- Préférences de la direction pour un manufacturier d'équipement, un fournisseur de logiciel, etc.

- Ressources humaines : formation préalable des employés, familiarité avec l'utilisation de l'information, climat des relations patrons/employés, etc.

TABLEAU 6.2

Contraintes informatiques

- Matériel : type de matériel (informatique ou autre) en place : disponibilité du matériel pour le développement et l'exploitation d'un nouveau système; capacité du matériel en place (mémoire centrale, mémoires auxiliaires, etc.).

- Logiciel : logiciel d'exploitation installé; présence de systèmes de gestion de bases de données (de quel type?); langages de programmation disponibles; logiciels de support au développement disponibles.

- Ressources humaines : disponibilité de personnel pour la suite du développement; compétence du personnel en place; possibilité de faire appel à l'extérieur (par exemple, consultants).

sont suffisants pour rétablir la situation. L'analyste devra donc toujours avoir présent à l'esprit une telle éventualité. L'élaboration de scénarios de solutions comporte deux activités : l'identification des options de frontière d'informatisation et l'identification des options de fonctionnement.

Tâche 4.2.1. Identification des options de frontière d'informatisation

La frontière d'informatisation d'un système délimite la portion manuelle du système de sa portion informatisée. Le DFD de premier niveau du système élaboré lors de la conception logique sera un outil privilégié pour accomplir cette tâche. Le positionnement de cette frontière aura, bien sûr, un effet direct sur les coûts du nouveau système d'information, mais aussi sur ses bénéfices ainsi que sur sa capacité d'atteindre les objectifs fixés. L'exemple suivant en est une illustration.

Belleville est une municipalité de 800 000 habitants et elle dispose d'un parc important de véhicules motorisés : camions d'incendie, voitures et ambulances du service de la police et du service des incendies, camions citernes pour l'arrosage des rues et des patinoires, camions à bennes et camionnettes pour l'entretien des rues et des parcs, etc. À plusieurs reprises, le gérant de Belleville avait eu des discussions avec les directeurs des différents services de la ville au sujet de la consommation de carburant des véhicules. En effet, certains directeurs s'inquiétaient de la consommation élevée de plusieurs véhicules de leur parc. Divers facteurs pouvaient expliquer cette forte consommation : le kilométrage effectué par le véhicule au cours d'une période, le modèle du véhicule, son âge. À ces facteurs dits normaux, on ajoutait la possibilité de vol de carburant.

En accord avec ses directeurs, le gérant de Belleville décida donc de faire effectuer une étude du système de contrôle de la consommation de carburant. L'analyste chargée du projet procéda à une analyse détaillée du système, rencontra les directeurs de services, de nombreux contremaîtres, ainsi que plusieurs employés conduisant des véhicules motorisés. Elle examina aussi les méthodes de contrôle lors des pleins d'essence faits aux trois garages municipaux et les rapports de consommation de carburant produits mensuellement. Selon cette analyse, il existait un manque flagrant de contrôle dans tout ce qui avait rapport à la consommation de carburant. On lui avait même mentionné, sous le couvert de la confidentialité, que certains chauffeurs de véhicules faisaient parfois le plein de leur véhicule personnel, et ce, sans payer, bien sûr. On avait aussi été témoin de circonstances où le réservoir d'un véhicule avait été siphonné. Les rapports produits aux directeurs contenaient de nombreuses erreurs, étaient de piètre qualité, et ne permettaient aucune analyse des causes de la forte consommation de carburant; par exemple, ces rapports ne mentionnaient pas le nombre de kilomètres parcourus par un véhicule au cours d'un mois. L'analyste évalua à 200 000 $ les pertes annuelles occasionnées par les nombreuses failles du système. À la suite de la présentation du rapport d'analyse détaillée, il fut décidé d'aller de l'avant dans le développement d'un nouveau système.

TABLEAU 6.3

Rapport de consommation de carburant

BELLEVILLE								
Rapport de consommation de carburant des véhicules motorisés								
						Pour la période du 91/11/01 au 91/12/31		
Service 07 Voirie								
MATRICULE DE VÉHICULE	**ANNÉE**	**TYPE DE VÉHICULE**		**KILOMÉTRAGE**			**CONSOMMATION**		
		N°	**Description**	**Début période**	**Fin période**	**Écart**	**Taux de consommation (l/100 km)**	**Norme (l/100 km)**	**Écart**
74758	1983	150	auto 4 cyl.	54706	55201	495	10,2	9,5	+ 0,71
74761	1983	151	auto 6 cyl.	65235	65528	293	10,8	10,0	+ 0,81
108174	1983	210	camionnette	48235	49697	1462	11,8	11,0	+ 0,81
112007	1984	150	auto 4 cyl.	21289	22078	789	10,9	9,5	+ 1,41
115089	1984	150	auto 4 cyl.	24678	25639	961	10,5	9,5	+ 1,01
121270	1984	255	fourgonnette	28790	30014	1224	12,2	11,5	+ 0,71
134179	1984	210	camionnette	23978	25356	1378	11,9	11,0	+ 0,91
141089	1985	150	auto 4 cyl.	12089	13246	1157	10,1	9,5	+ 0,61
148113	1985	150	auto 4 cyl.	14356	15786	1430	10,7	9,5	+ 1,21
154127	1985	151	auto 6 cyl.	10256	12432	2176	11,6	10,0	+ 1,61
162078	1985	210	camionnette	14073	15256	1183	12,8	11,0	+ 1,81
172129	1985	210	camionnette	11432	12965	1533	12,6	11,0	+ 1,61

VOIR LE TABLEAU 6.3.

VOIR LES FIGURES 6.2 ET 6.3.

Le principal output du système serait le Rapport de consommation de carburant reproduit au tableau 6.3◊.[2] Le DFD et le DSD résultant du travail de conception logique de l'analyste sont présentés aux figures 6.2 et 6.3◊. On notera que pour les fins de l'exemple, le DFD est très simplifié et il n'inclut pas les traitements de mise à jour des fichiers VÉHICULE-TYPE, SERVICE et VÉHICULE.

---

2. Ce rapport étant relativement complexe il est illustré au tableau 6.3, bien qu'en principe on ne dispose pas du format des flux à cette étape de l'analyse, mais seulement à l'étape de la conception physique externe.

222

FIGURE 6.2
DFD suivi de consommation de carburant

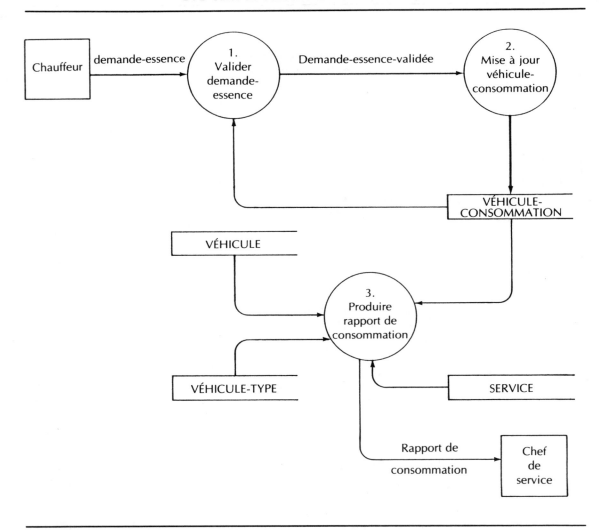

FIGURE 6.3
DSD suivi de consommation de carburant

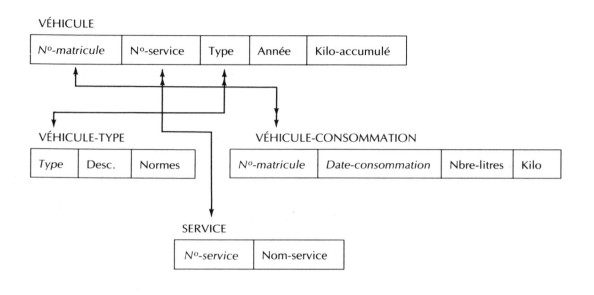

Voir la figure 6.4. Après avoir validé le modèle logique du système auprès des utilisateurs et procédé à l'identification des contraintes organisationnelles et informatiques de Belleville, l'analyste s'engagea dans le processus d'identification d'options de frontière d'informatisation. Le DFD étant des plus simples, trois options pouvaient être envisagées: informatiser tous les traitements (frontière A); informatiser la mise à jour du dépôt VÉHICULE-CONSOMMATION et la production du rapport (frontière B); ne rien informatiser du tout (frontière C)◊. Bien que l'option C eût été beaucoup moins coûteuse que les deux autres puisqu'elle n'exigeait que des frais de réévaluation des méthodes, de réorganisation de formulaires, de mise en place de meilleurs contrôles, etc., elle ne fut pas retenue par l'analyste. Le volume élevé des transactions à traiter non seulement demeurait une cause importante d'erreurs dans un traitement manuel, mais, encore il rendait presque impossible la production d'un rapport aussi complexe que celui que désiraient les directeurs de services de Belleville. Les deux autres frontières semblaient à l'analyste tout à fait acceptables.

224

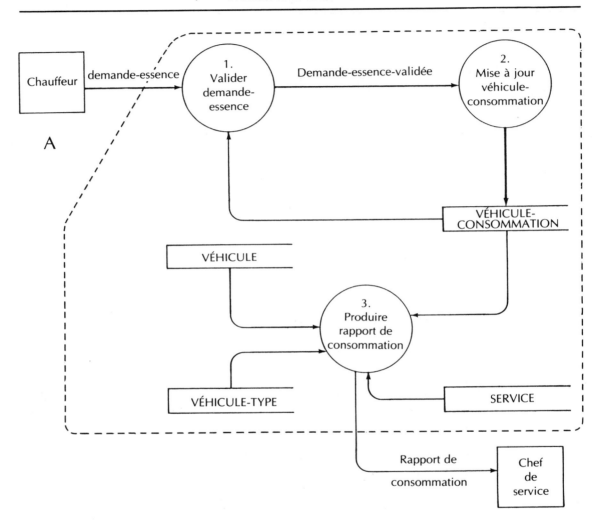

FIGURE 6.4
Frontières d'information

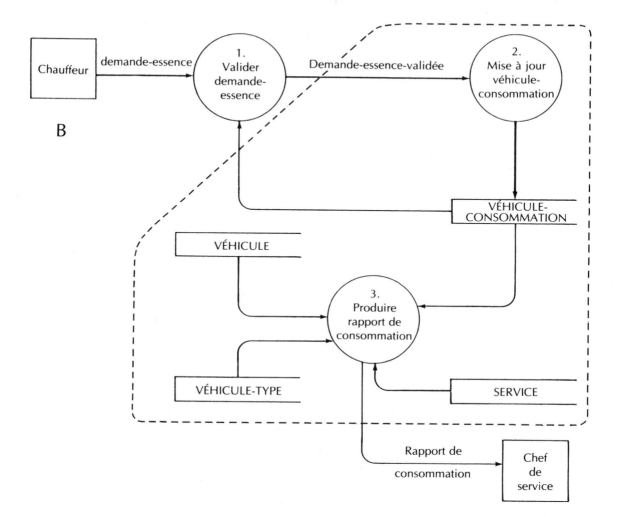

B

226

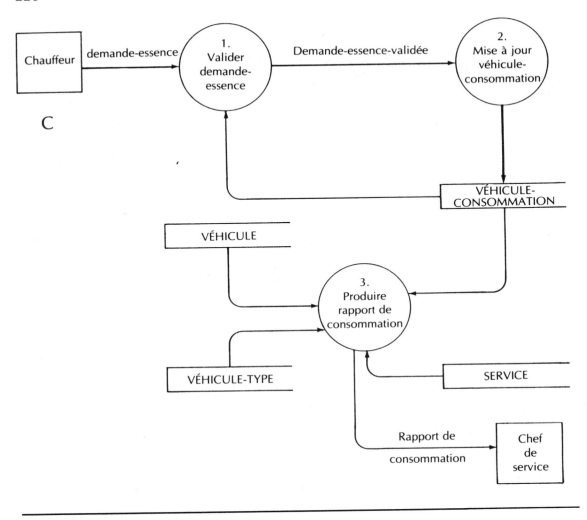

C

Selon l'information dont on dispose au sujet du système de suivi de la consommation de carburant des véhicules automobiles de Belleville, quels sont les éléments qui font en sorte que le rapport serait extrêmement difficile à produire manuellement?

Quelles seraient les frontières d'informatisation possibles pour le système de gestion de notes de l'ÉNG? Quels seraient les effets sur les coûts, les bénéfices et la capacité d'atteindre les objectifs?

Tâche 4.2.2. Identification des options de fonctionnement

Lorsque l'analyste ou l'équipe d'analyse aura identifié des options acceptables de frontière d'informatisation, il faudra identifier pour chacune de ces frontières des options de fonctionnement réalisables. Par option de fonctionnement, on entend le mode de traitement des données (tel que le traitement par lots ou le traitement en temps réel), les périphériques utilisés pour l'entrée des données et la sortie des résultats, le degré de centralisation du traitement des données, etc. À différentes options correspondront évidemment des coûts différents; l'équipe d'analyse aura la responsabilité d'évaluer ces coûts en regard des bénéfices escomptés ainsi que des contraintes posées par l'environnement du système.

Voir le tableau 6.4. Le nombre d'options qui peuvent être ébauchées par l'analyste peut augmenter très rapidement◊. Dans l'exemple de Belleville, on a identifié sur le DFD deux options acceptables de frontière d'informatisation. Pour chaque frontière, l'analyste a élaboré des options de fonctionnement pour la portion informatisée. D'une façon générale, trois modes de fonctionnement sont possibles : traitement entièrement en lot, traitement entièrement en temps réel et traitement mixte, c'est-à-dire où les validations sont en temps réel mais les mises à jour faites en lot à la fin de chaque journée.

TABLEAU 6.4
Options de fonctionnement

Options de frontière d'informatisation	Modes de fonctionnement
Option A	Temps réel Traitement en lot Traitement mixte
Option B	Traitement en lot

Pourquoi l'option B ne comporte-t-elle qu'une possibilité de mode de fonction, c'est-à-dire le traitement en lot?

Bien que le nombre d'options de solutions pouvant être imaginées soit très élevé, l'analyste ne pourra et ne devra pas toutes les inclure dans le menu à partir duquel les utilisateurs feront un choix. D'abord et avant tout, certaines options, bien qu'elles puissent être imaginées, ne sont pas réalisables, soit à cause des exigences logiques du système, soit à cause des contraintes organisationnelles et informatiques. Par exemple, bien qu'on puisse « imaginer » un système de mise à jour de comptes de banque fonctionnant en temps différé (en lot), peu de banques accepteraient d'implanter un tel système à notre époque. De la même façon, bien qu'on puisse imaginer un système faisant la suppression des enregistrements relatifs à un étudiant abandonnant ses études à l'ÉNG, il est fort probable que le coût d'un tel système devient prohibitif si on le compare aux bénéfices que l'établissement et ses étudiants pourraient en retirer. De plus, comme l'équipe d'analyse devra non seulement imaginer ces options mais aussi *ébaucher* les modèles physiques externe et interne et faire l'analyse coûts/bénéfices de chacun, on aura tout intérêt à en limiter le nombre si l'on veut présenter le menu à l'utilisateur dans des délais raisonnables. Dans le cas de Belleville, il fut entendu que l'on ne retenait que trois des quatre scénarios présentés au tableau 6.4 excluant ainsi le traitement mixte associé à l'option A.

On se posera sans doute la question à savoir jusqu'où doit aller l'ébauche de chaque scénario de solution. La réponse est la suivante : cette ébauche doit être suffisamment détaillée pour permettre à l'utilisateur de bien « visualiser » chaque scénario, pour permettre aux analystes de faire une analyse des coûts/bénéfices assez précise et pour évaluer la capacité de chaque option à atteindre les objectifs posés précédemment. Il n'existe pas de recette toute faite pour mener à bien une telle tâche. L'expérience, la familiarité avec des systèmes semblables, la prise en considération du contexte du système et les nombreuses réitérations sont les meilleurs atouts pour ce faire.

Activité 4.3. Évaluation des scénarios de solutions

Pour l'organisation, le développement et la mise en place d'un système d'information constituent souvent un investissement important. Il est donc normal que les gestionnaires concernés soient préoccupés par le rendement d'un tel investissement. C'est pourquoi l'évaluation des scénarios de solutions élaborés par l'équipe d'analyse devrait toujours comporter un volet consacré à l'analyse des coûts et des bénéfices de chaque scénario. Si l'on ne devait tenir compte que de ces aspects, le scénario dont la rentabilité est le plus élevée serait retenu. Il existe cependant d'autres critères, aussi importants quoique moins directement mesurables, qui devront être pris en considération; ces critères sont reliés aux aspects de qualité de l'information et d'impacts organisationnels. Leur prise en considération pourra faire opter pour un scénario qui, moins rentable, offre une information de meilleure qualité ou a des impacts plus positifs sur l'organisation.

Les paragraphes qui suivent examinent ces trois critères tour à tour. Ils présentent ensuite l'analyse multicritères, méthode qui permet de les évaluer de façon concomitante.

Analyse coûts/bénéfices. Selon l'analyse coûts/bénéfices traditionnelle, un coût (ou un bénéfice) sera direct ou indirect, récurrent ou non récurrent, tangible ou intangible.

Les coûts ou bénéfices directs sont ceux qui sont immédiatement imputables au système ou à son développement. Ainsi, le coût des fournitures informatiques utilisées lors de l'opération d'un système (papier d'imprimante, ruban, disquettes) est un coût direct; pour leur part, les coûts relatifs au chauffage, à l'éclairage ou à la climatisation du centre informatique, de même que le salaire du directeur du service des systèmes d'information sont des coûts indirects, puisqu'ils ne sont pas reliés à un système en particulier. De la même façon, la diminution des pertes monétaires amenée par une amélioration du système de facturation est un bénéfice direct du système. Certains bénéfices ne sont cependant pas des retombées directes d'un système mais en sont plutôt un sous-produit. Ainsi, une parfumerie a fait installer une caisse enregistreuse qui augmente la rapidité de la saisie des données au moment où une vente est effectuée, enregistre les caractéristiques des produits vendus et permet d'obtenir des rapports détaillés sur les ventes. Ce système effectue une partie du travail que devait précédemment effectuer la gérante de la parfumerie. Cette dernière peut maintenant accorder plus de temps à ses clientes, leur offrir un meilleur service. Ce bénéfice, quoique découlant du système, ne lui est pas immédiatement attribuable; c'est donc un bénéfice indirect.

Les coûts et bénéfices récurrents sont ceux qui se répéteront pendant toute la durée de vie du système, alors que les coûts et bénéfices non récurrents ne se reproduiront pas. Les coûts relatifs à l'acquisition et à l'installation de nouveau matériel sont des coûts non récurrents; en effet, on ne déboursera qu'une fois le montant d'acquisition du matériel et on ne préparera les lieux (climatisation, systèmes de sécurité, câblage) qu'une fois. Le salaire du personnel préposé à la saisie des données du système est cependant un coût récurrent, puisqu'il devra être entretenu aussi long-temps que le système sera en utilisation. De la même façon, la réduction des frais en personnel (à cause d'une diminution du nombre de personnes nécessaires pour effectuer le traitement de données) est un bénéfice récur-rent. Il existe aussi des bénéfices non récurrents comme l'économie réalisée par le directeur du service de comptabilité d'une petite entreprise qui envi-sageait l'acquisition d'équipement de bureau (classeurs rotatifs permettant de conserver les dossiers des clients et de les consulter rapidement) ainsi que le réaménagement du local où travaillaient les préposés aux comptes clients afin d'y installer les classeurs et les mettre à la portée de tous. La mise en place d'un système informatisé pouvait permettre d'éviter cette dépense qui ne devait être engagée qu'une fois. C'est donc un bénéfice non récurrent du système.

Les coûts et les bénéfices tangibles sont ceux qui peuvent être quan-tifiés et traduits en termes monétaires; à l'opposé, les coûts et bénéfices intangibles ne peuvent être immédiatement évalués en termes d'argent. Les coûts de personnel, d'acquisition et d'entretien de matériel, d'acqui-sition de logiciel, de fournitures, les dépenses de préparation des lieux et les assurances sont des coûts tangibles. La réduction de personnel, la dimi-nution des frais d'inventaire ou de fabrication, la diminution des mauvaises créances, l'augmentation des intérêts perçus à la banque grâce à une fac-turation plus rapide des clients, la diminution des erreurs dans la factu-ration sont pour leur part des bénéfices tangibles. Cependant, la diminution de la qualité du travail effectué, en raison d'une mauvaise acceptation d'un système par des employés, la baisse de motivation du personnel ayant perdu une partie de son expérience à cause d'un nouveau système, sont des coûts intangibles. Une meilleure image de l'organisation donnée par un système plus moderne et un meilleur service à la clientèle, une amé-lioration de l'atmosphère de travail et des utilisateurs plus satisfaits, font partie des bénéfices intangibles qui peuvent découler de l'implantation d'un système d'information.

Notre discussion des coûts et des bénéfices reliés à un scénario de système d'information traitera uniquement des coûts et des bénéfices tan-gibles, qu'ils soient récurrents ou non, directs ou indirects. Nous tiendrons compte des coûts et des bénéfices intangibles lors de l'analyse des impacts organisationnels d'un scénario de solution.

Les coûts relatifs à un scénario incluent à la fois les coûts qui seront encourus lors du développement de la solution et ceux relatifs à l'opération du système lorsqu'il sera en place. On considérera les catégories suivantes : personnel, matériel et logiciel, fournitures, préparation des lieux, frais généraux et frais de consultation. Le tableau 6.5 propose une liste détaillée des coûts de chaque catégorie◊.

VOIR LE TABLEAU 6.5.

TABLEAU 6.5
Coûts tangibles du développement et de l'exploitation d'un système

Personnel

Chef de projet
Analystes
Programmeurs
Spécialistes en télécommunications
Administrateur de bases de données
Opérateurs
Préposés à la saisie
Préposés à la diffusion des outputs
Secrétaire du projet
Graphistes
Documentalistes
Chargés de formation

Matériel et logiciel

Acquisition de matériel
Acquisition de logiciel
Installation — matériel et logiciel
Test — matériel et logiciel
Utilisation du matériel en place :
- CPU (lors de programmation, tests, exploitation)
- périphériques (lors de programmation, test, exploitation)
- utilisation des mémoires auxiliaires (espace disque)
- matériel de télécommunications

Entretien du matériel
Entretien (mise à jour) de logiciel

Fournitures

Papier d'imprimante
Formulaires pour documents
  de saisie ou outputs
Disquettes
Rubans d'imprimante
Rubans magnétiques
Documentation du système
Manuel d'utilisation

Préparation du site

Aménagement des lieux
Câblage
Climatisation
Gicleurs
Systèmes de sécurité

Frais généraux

Support managérial
Secrétariat
Électricité, assurances, espace
  occupé

Frais divers

Consultants (pour analyse,
  formation, communication)
Formation du personnel de
  développement
Déplacements

Sources : W. S. DAVIS, *Systems Analysis and Design*. Reading, Mass., Addison Wesley, 1983.
A. L. ELIASON, *Systems Development*, Boston, Mass., Little Brown Co., 1987.
J. FITZGERALD et A. FITZGERALD, *Fundamentals of Systems Analysis*, New York, N.Y., Wiley, 1987.
J. A. SENN, *Analysis and Design of Information Systems*, New York, N.Y., McGraw Hill, 1984.

Il est courant d'identifier les bénéfices tangibles comme étant soit des augmentations de revenus, soit des réductions ou des évitements de coûts. Ainsi, une augmentation des ventes en raison d'un meilleur système de suivi de la clientèle appartient à la catégorie augmentation des revenus. Dans le cas où il y a diminution du nombre de personnes affectées au traitement des données, le bénéfice est du type réduction des coûts. Si le système rend inutile l'embauche de nouveaux employés ou l'acquisition de nouveau matériel, ou s'il permet d'éviter un engorgement des activités du traitement des données qui se serait produit sans sa mise en place, alors les bénéfices sont de type évitement de coûts. Évidemment, toutes ces catégories de bénéfices peuvent être reliées à un même scénario. Nous proposons une liste détaillée de bénéfices tangibles qui peuvent découler de la mise en place d'un nouveau système d'information◊.

VOIR LE TABLEAU 6.6.

La conduite de l'analyse coûts/bénéfices requiert, pour chaque scénario envisagé, qu'on prépare une liste de tous les coûts pouvant être engagés et de tous les bénéfices tangibles pouvant en résulter. La personne ou l'équipe responsable de cette tâche devra avoir une vision claire et précise de chaque scénario et de ce que son développement et sa mise en place exigent. Cependant, il ne suffit pas d'identifier les coûts et les bénéfices à venir d'un scénario, encore faut-il les évaluer de façon précise. L'expérience de l'analyste est donc fort importante. De plus, si l'analyste joue le rôle principal lors de l'évaluation des coûts, l'évaluation des béné-

TABLEAU 6.6
Bénéfices tangibles découlant de l'implantation d'un système

Augmentation de revenus

- Augmentation du volume d'affaires
- Augmentation des revenus d'intérêts en raison d'une réduction du délai de facturation, ou en général, du traitement plus rapide des données
- Meilleure utilisation des remises de quantité
- Escomptes obtenus pour paiement rapide des factures

Évitement de coûts

- Non-embauche de personnel supplémentaire

Diminution de coûts

- Diminution du nombre d'employés requis pour accomplir une tâche
- Diminution des autres coûts de traitement (fournitures, utilisation de matériel, frais de téléphone, de messagerie, etc.)
- Diminution des pertes occasionnées par les erreurs de traitement
- Diminution des frais d'inventaire

fices, pour sa part, demandera une participation importante des utilisateurs. En effet, bien que par son expérience, l'analyste soit en mesure d'identifier et d'évaluer les bénéfices d'un système, les utilisateurs détiennent quand même une information privilégiée à ce sujet.

De la même façon qu'on analyse les revenus et les dépenses reliés à des projets d'investissement, on analysera les bénéfices et les coûts reliés à chaque scénario de solution. Les techniques telles que l'analyse du point mort, la détermination de la période de recouvrement, de la valeur actuelle nette ou du taux de rendement interne pourront être utilisées afin de comparer les scénarios entre eux.

Voir le tableau 6.7.

Le tableau 6.7 présente le détail des coûts et bénéfices pour chacun des trois scénarios de solutions qui avaient été retenus par l'équipe d'analyse à la municipalité de Belleville◊. Le premier scénario, élaboré à partir de l'option A du tableau 6.4, consiste à informatiser tous les traitements du système et à effectuer la mise à jour du dépôt VÉHICULE-CONSOMMATION en temps réel. Le second scénario prévoit aussi l'informatisation de tous les traitements; la mise à jour serait cependant effectuée en temps différé. Ce scénario a été lui aussi élaboré à partir de l'option A. Le troisième scénario, pour sa part, s'appuie sur l'option B. La validation serait un traitement manuel, les autres traitements, informatisés; la mise à jour serait effectuée en temps différé.

Pour chaque scénario, l'équipe d'analyse a procédé à une évaluation des coûts et des bénéfices. On remarquera que des différences relativement importantes existent entre les trois scénarios. Ainsi, les coûts de développement sont plus élevés dans le cas du premier scénario. Ceci s'explique par la complexité accrue en raison de la validation et de la mise à jour en temps réel. Par contre, toujours à cause de la mise à jour en temps réel, les coûts en personnel de traitement sont plus faibles pour ce scénario que pour les autres.

Voir le tableau 6.8.

Afin de comparer les trois scénarios, les analystes ont procédé ensuite au calcul de la valeur actuelle nette et de la période de recouvrement de chacun◊. Le scénario 1 est celui qui est le plus avantageux, du point de vue coûts/bénéfices. Cependant, comme il a été dit précédemment, d'autres aspects doivent être considérés avant de prendre une décision. Ces aspects concernent la qualité de l'information produite par le système décrit par chaque scénario et les impacts organisationnels de chacun.

Évaluation de la qualité de l'information. L'analyse coûts/bénéfices dont il est question dans la section précédente est une activité essentielle de l'évaluation des divers scénarios de solutions. En effet, alors que la description de certains scénarios peut faire paraître leur implantation désirable,

TABLEAU 6.7
Coûts/bénéfices des trois scénarios retenus

Scénario 1 : Tous traitements informatisés, mise à jour en temps réel

COÛTS	AN 1 $	AN 2 $	AN 3 $	AN 4 $
Développement				
• Personnel	70 000			
• Acquisition de matériel	35 000			
• Câblage	5 000			
• Utilisation de matériel	10 000			
• Fournitures	3 000			
• Formation des utilisateurs	4 000			
Opérations				
• Personnel		30 000	32 000	35 000
• Utilisation de matériel		15 000	18 000	21 000
• Fournitures		10 000	12 000	12 000
• Participation aux frais généraux		5 000	6 000	8 000
• Entretien		5 000	10 000	15 000
Coûts totaux	127 000	65 000	78 000	91 000
BÉNÉFICES				
• Diminution de la consommation d'essence en raison d'un meilleur suivi de l'état des véhicules	0	100 000	120 000	132 000
• Diminution des erreurs de saisie		6 000	7 000	8 000
• Diminution des vols d'essence grâce à un meilleur contrôle		15 000	15 000	15 000
• Diminution du gaspillage d'essence		20 000	25 000	30 000
• Non-embauche de commis supplémentaires			20 000	20 000
	0	141 000	187 000	205 000

TABLEAU 6.7 (suite)
Coûts/bénéfices des trois scénarios retenus

Scénario 2 : Validation temps réel, mise à jour en lot

COÛTS	AN 1 $	AN 2 $	AN 3 $	AN 4 $
Développement				
• Personnel	55 000			
• Acquisition de matériel	22 000			
• Câblage				
• Utilisation de matériel	7 000			
• Fournitures	1 500			
• Formation des utilisateurs	3 000			
Opérations				
• Personnel		48 000	50 000	52 000
• Utilisation de matériel		10 000	12 000	14 000
• Fournitures		8 000	9 000	11 000
• Participation aux frais généraux		3 000	4 000	5 000
• Entretien		3 000	4 500	8 000
Coûts totaux	88 500	72 000	79 500	90 000
BÉNÉFICES				
• Diminution de la consommation d'essence en raison d'un meilleur suivi de l'état des véhicules	0	95 000	100 000	125 000
• Diminution des erreurs de saisie		5 000	6 000	7 000
• Diminution des vols d'essence grâce à un meilleur contrôle		15 000	15 000	15 000
• Diminution du gaspillage d'essence		20 000	25 000	30 000
• Non-embauche de commis supplémentaires			0	0
	0	135 000	146 000	177 000

TABLEAU 6.7 (suite)
Coûts/bénéfices des trois scénarios retenus

Scénario 3 : Validation manuelle, mise à jour en lot

COÛTS	AN 1 $	AN 2 $	AN 3 $	AN 4 $
Développement				
• Personnel	50 000			
• Acquisition de matériel	18 500			
• Câblage	0			
• Utilisation de matériel	6 000			
• Fournitures	1 500			
• Formation des utilisateurs	2 000			
Opérations				
• Personnel		52 000	53 000	54 000
• Utilisation de matériel		8 000	9 000	10 000
• Fournitures		6 000	8 000	9 000
• Participation aux frais généraux		3 000	4 000	5 000
• Entretien		2 000	3 000	10 000
Coûts totaux	78 000	71 000	77 000	88 000
BÉNÉFICES				
• Diminution de la consommation d'essence en raison d'un meilleur suivi de l'état des véhicules	0	95 000	100 000	125 000
• Diminution des erreurs de saisie		1 000	1 000	1 000
• Diminution des vols d'essence grâce à un meilleur contrôle		15 000	15 000	15 000
• Diminution du gaspillage d'essence		18 000	22 000	25 000
• Non-embauche de commis supplémentaires				
	0	129 000	138 000	166 000

TABLEAU 6.8
Analyse coûts/bénéfices des scénarios retenus

Critères	Scénario 1	Scénario 2	Scénario 3
Valeur actuelle nette	79 273 $	73 860,50 $	69 612 $
Période de recouvrement (années)	3,16	3,276	3,283

Période : 4 ans
Taux de rendement interne : 12 %

Calculs relatifs à la valeur actuelle nette

Scénario 1
Bénéfices

	An 1	0	*	0,893	=	0 $
	An 2	141 000	*	0,797	=	112 377 $
	An 3	187 000	*	0,712	=	133 144 $
	An 4	205 000	*	0,636	=	130 380 $
						375 901 $

Coûts

	An 1	127 000	*	0,893	=	131 411 $
	An 2	65 000	*	0,797	=	51 805 $
	An 3	78 000	*	0,712	=	55 536 $
	An 4	91 000	*	0,636	=	57 876 $
						296 628 $

Valeur actuelle nette **79 273 $**

Scénario 2
Bénéfices

	An 1	0	*	0,893	=	0 $
	An 2	135 000	*	0,797	=	107 595 $
	An 3	146 000	*	0,712	=	103 952 $
	An 4	177 000	*	0,636	=	112 572 $
						324 119 $

Coûts

	An 1	88 500	*	0,893	=	79 030 $
	An 2	72 000	*	0,797	=	57 384 $
	An 3	79 500	*	0,712	=	56 604 $
	An 4	90 000	*	0,636	=	57 240 $
						250 258 $

Valeur actuelle nette **73 860 $**

TABLEAU 6.8 (suite)

Analyse coûts/bénéfices des scénarios retenus

Scénario 3

Bénéfices

An 1	0	*	0,893	=	0 $
An 2	129 000	*	0,797	=	102 813 $
An 3	138 000	*	0,712	=	98 256 $
An 4	166 000	*	0,636	=	105 576 $
					306 645 $

Coûts

An 1	78 000	*	0,893	=	69 654 $
An 2	71 000	*	0,797	=	56 587 $
An 3	77 000	*	0,712	=	54 824 $
An 4	88 000	*	0,636	=	55 968 $
					237 033 $

Valeur actuelle nette	**69 612 $**

Calculs relatifs à la période de recouvrement

Scénario 1

Coût total   =   361 000 $

Revenus cumulés

An 1	=	0 $
An 2	=	141 000 $
An 3	=	328 000 $
An 4	=	533 000 $

$$\text{Période} = 3 \text{ ans} + \frac{(361\,000 - 328\,000)}{205\,000} = 3,16 \text{ ans}$$

Scénario 2

Coût total   =   330 000 $

Revenus cumulés

An 1	=	0 $
An 2	=	135 000 $
An 3	=	281 000 $
An 4	=	458 000 $

$$\text{Période} = 3 \text{ ans} + \frac{(330\,000 - 281\,000)}{177\,000} = 3,276 \text{ ans}$$

TABLEAU 6.8 (suite)

Analyse coûts/bénéfices des scénarios retenus

Scénario 3

Coût total	=	314 000 $	

Revenus cumulés	An 1	=	0 $
	An 2	=	129 000 $
	An 3	=	267 000 $
	An 4	=	433 000 $

$$\text{Période} = 3 \text{ ans} + \frac{(314\,000 - 267\,000)}{166\,000} = 3,283 \text{ ans}$$

Source : O. CROTEAU, L. P. VERNET et H. BOISVERT, *Prix de revient*, Ottawa, Éditions du Renouveau pédagogique, 1981.

---

une analyse approfondie des coûts et des bénéfices tangibles peut avoir l'effet opposé. Certaines solutions très sophistiquées peuvent parfois être aussi très coûteuses, et les bénéfices retirés par l'entreprise ne pas être à l'avenant. L'analyse coûts/bénéfices permet donc de comparer les scénarios sous ces aspects tangibles. Il demeure cependant que d'autres aspects tout aussi importants doivent être considérés. L'un d'entre eux est la qualité de l'information produite par un système. Comme nous en avons discuté au premier chapitre, une information de piètre qualité entraîne des problèmes de gestion qui ont parfois des conséquences graves pour l'organisation.

Certains aspects de la qualité de l'information sont, bien sûr, pris en considération lors de l'analyse coûts/bénéfices. Ainsi, la détermination de la valeur d'un bénéfice tel que la réduction du nombre d'erreurs (ou, plus exactement, la réduction des coûts reliés aux erreurs) correspond à un effort d'évaluation de la fiabilité de l'information. Il est cependant difficile d'assigner une valeur monétaire à des caractéristiques telles que la pertinence, le degré de protection et la clarté de l'information. On suggère donc d'évaluer ces aspects non pas de façon quantitative, en leur attribuant une valeur monétaire, mais de façon qualitative, en notant en quelque sorte chacun des scénarios sur chacun des critères de qualité de l'information qu'il produira. Un tel exercice demande une collaboration importante de la part des futurs utilisateurs du système; il demande aussi aux analystes d'être en mesure de visualiser et de décrire chaque scénario avec suffisamment de justesse pour qu'une cote soit assignée à chacun, et ce pour chaque critère.

L'évaluation faite par les responsables de la municipalité de Belleville au sujet des trois scénarios de solutions proposés par l'analyste est présentée à la fin de ce chapitre au tableau 6.9. On remarquera que chaque scénario a été évalué sur une échelle allant de 1 à 5, et ce, pour chacun des critères de qualité retenus.

Évaluation des impacts organisationnels.   Une fois en place, tout système d'information provoque des impacts sur l'organisation dans laquelle il a été implanté. Les impacts quantifiables ont été traités dans la section étudiant les coûts et les bénéfices tangibles. Les autres font partie des impacts organisationnels. On doit donc tenir compte de ces derniers lors de l'évaluation de chaque scénario de solution.

Les bénéfices intangibles sont fort variés; nous n'en citerons ici que quelques-uns, comme par exemple, l'amélioration de la qualité du travail effectué, l'amélioration de l'atmosphère de travail, une meilleure image de l'organisation, des opérations s'effectuant avec moins de heurts ou de difficultés, une meilleure utilisation des espaces de travail ou une plus grande capacité d'expansion ou de diversification de l'entreprise. Dans le même ordre d'idées, les coûts intangibles peuvent être engagés à cause de la résistance au changement de la part de certains utilisateurs, pouvant aller jusqu'au boycott du système, ou à cause des changements dans les responsabilités qui peuvent avoir des effets négatifs sur la qualité de la gestion de l'organisation.

L'évaluation de ces impacts pourra se faire de la même façon que celle des aspects de qualité de l'information. L'équipe d'analyse procédera d'abord à l'identification des impacts potentiels de chaque scénario. On attribuera ensuite à chaque scénario une cote, et ce, pour chacun des impacts. Les impacts négatifs (coûts intangibles) se verront attribuer des cotes négatives. Le résultat de cette analyse pour le système de suivi de consommation de carburant de la municipalité de Belleville se retrouve au tableau 6.9$^\Diamond$.

Voir le tableau 6.9.

Analyse multicritères.   L'acheteur d'une maison ou d'une voiture, ou encore le locataire d'un appartement, appuient leur décision d'achat ou de location sur de nombreux critères. En effet, le choix d'une voiture n'est pas basé sur sa seule performance, ou sa couleur, ou même son prix. L'acheteur prend sa décision après avoir analysé tous ces critères. De la même façon, les gestionnaires responsables d'un futur système d'information baseront leur décision, au sujet du scénario à retenir, sur plusieurs critères. Une méthode existe, qui leur permet de le faire; on nomme cette méthode analyse multicritères[3].

---

3. L'utilisation de l'analyse multicritères est recommandée par de nombreux auteurs en système d'information. On pourra, par exemple, consulter A. L. ELIASON, *Systems Development*, Boston, Mass., Little Brown and Company, 1987.

TABLEAU 6.9

Évaluation de la qualité de l'information

SCÉNARIOS CRITÈRES	Poids	SCÉNARIO 1 Temps réel		SCÉNARIO 2 Validation temps réel, mise à jour en lot		SCÉNARIO 3 Validation manuelle mise à jour en lot	
		Cote	Score	Cote	Score	Cote	Score
Coûts-bénéfices	**35**						
• Développement	15	1	15	.2	30	3	45
• Période recouvrement	10	3	30	2	20	2	20
• Valeur actuelle nette	10	3	30	2	20	1	10
			75		70		75
Qualité information	**35**						
• Fiable	10	5	50	4	40	3	30
• Complète	5	5	25	5	25	4	20
• Pertinente	5	4	20	4	20	4	20
• Compréhensible	5	4	20	4	20	4	20
• Protégée	5	4	20	4	20	3	15
• Disponible au moment opportun	5	4	20	2	10	2	10
			155		135		115
Impacts organisationnels	**30**						
• Acceptation pour chauffeurs	15	3	45	3	45	1	15
• Facilité du travail des préposés à la distribution d'essence	12	5	60	2	24	−1	−12
• Meilleure image de la municipalité auprès de la population	3	3	9	2	6	1	6
			114		75		9
Score total			**344**		**280**		**199**

Pour utiliser cette méthode on doit d'abord identifier tous les critères dont on veut tenir compte, puis donner un poids à chacun. Dans le cas de la municipalité de Belleville, par exemple (tableau 6.9), on a retenu les trois grandes catégories discutées précédemment, c'est-à-dire les aspects coûts/bénéfices, les aspects reliés à la qualité de l'information et ceux en rapport avec les impacts organisationnels. Lors de discussions entre les analystes et les gestionnaires responsables, il a été retenu que, sur un total de 100 points, on accorderait 35 points aux aspects coûts/bénéfices, 35 aux aspects qualité de l'information et 30 à ceux qui se rapportaient aux impacts organisationnels. À l'intérieur de chacune de ces catégories, chaque critère reçoit à son tour un poids. On remarquera que les poids ne sont pas nécessairement égaux. L'étape suivante consiste à évaluer chacun des scénarios selon chacun des critères, y compris les critères reliés aux aspects coûts/bénéfices. Cette évaluation se fait telle qu'on l'a décrite dans les sections précédentes (c'est-à-dire en donnant une cote, allant de 1 à 5, par exemple). Comme, en général, il y a plus d'une personne qui prend des décisions, on s'efforcera, soit d'arriver à un consensus pour chaque cote, soit de calculer la moyenne des cotes allouées par chaque personne impliquée. On se rend bien compte qu'un consensus est préférable.

Un score est ensuite calculé pour chaque critère et chaque scénario; le score est obtenu en multipliant la cote attribuée à un critère au poids de ce critère. On fait ensuite la somme des scores pour chaque option et on obtient en quelque sorte une note totale. Le scénario ayant obtenu la note la plus élevée est le scénario qui devrait être favorisé.

Activité 4.4. Préparation et présentation du rapport d'évaluation de scénarios de solutions

Le rapport de la présente étape devra présenter de façon succincte chacun des scénarios de solutions retenus à des fins d'analyse. La description devra être telle que l'utilisateur puisse visualiser sans peine chacun des scénarios. Le rapport devra aussi présenter les résultats de l'analyse coûts/bénéfices de chaque scénario de même que les tableaux qui résument l'analyse multicritères. Enfin, une recommandation devra être faite au sujet du scénario à réaliser.

Questions

1. Quel est l'objectif qui sous-tend l'étape de proposition de scénarios de solutions? Quelles sont les activités associées à cette étape? Décrivez-les en vos propres mots.

2. Expliquez, à l'aide d'exemples concrets, pourquoi l'on doit tenir compte des contraintes organisationnelles et informatiques lors de l'élaboration de scénarios de solutions.

3. Commentez l'énoncé suivant : « La solution informatique est toujours la meilleure. »

4. Qu'entend-on par frontière d'informatisation? Quel effet direct entraîne le positionnement de cette frontière au niveau de la proposition de scénarios de solutions?

5. Qu'est-ce que le mode de traitement des données? Expliquez le fonctionnement de chacun de ces modes à l'aide de situations concrètes.

6. Pourquoi l'analyste doit-il limiter le nombre de solutions présentées aux usagers?

7. Il existe plusieurs types de coûts et de bénéfices de systèmes d'information. Donnez des exemples pour chacun d'eux.

8. On entend souvent dire qu'il est plus difficile d'identifier les avantages que les coûts d'un système d'information. Commentez.

8. Pourquoi le rôle de l'analyste est-il si important lors de la conduite de l'analyse coûts/bénéfices?

9. Quels sont les outils financiers qui permettent de comparer les solutions entre elles sur le plan économique? Expliquez la finalité de chacun de ces outils.

10. À quel moment la participation des utilisateurs est-elle particulièrement importante lors de l'évaluation des options de solutions? Pourquoi?

11. Comment s'effectue l'évaluation des impacts organisationnels ainsi que celle des critères associés à la qualité de l'information?

12. Qu'est-ce que l'analyse multicritères? Quelles sont les étapes qui devraient être suivies afin de mener à bien une telle analyse?

13. La liste ci-dessous propose certains coûts et bénéfices tangibles reliés au développement et à l'opération de systèmes d'information. Pour chacun, indiquez s'il est récurrent ou non récurrent, direct ou indirect. Justifiez brièvement vos réponses.

  — Salaire des programmeurs assignés au système
  — Éclairage
  — Acquisition d'un logiciel de gestion de bases de données
  — Honoraires de consultants
  — Salaire du chef de projet
  — Augmentation des ventes
  — Diminution des erreurs de facturation
  — Diminution des inventaires
  — Utilisation du CPU lors du développement

- Installation d'un réseau de micro-ordinateurs
- Câblage
- Acquisition de modems
- Acquisition d'un logiciel de télécommunications
- Salaire des analystes assignés au système
- Salaire du personnel de saisie des données
- Salaire du personnel assigné aux tests du système
- Utilisation du CPU pour opérer le système
- Salaire du personnel assigné à la conversion des fichiers
- Frais de lignes téléphoniques
- Diminution du nombre d'employés requis pour traiter les données
- Non-embauche de personnel supplémentaire pour traiter les données
- Personnel supplémentaire lors de la mise en place

14. Examinez avec soin les coûts et bénéfices du tableau 6.7. Expliquez, en vous basant sur les différences entre les trois scénarios, les différences de coûts et de bénéfices.

Conception physique externe

Objectifs de la conception physique externe

Arrivée à l'étape de proposition de scénarios de solution, l'équipe d'analystes a commencé à se demander comment le nouveau système serait réalisé physiquement. En effet, lors de cette étape, la frontière d'informatisation a été déterminée, des options de fonctionnement acceptables ont été présentées et après une analyse coûts-bénéfices, le scénario de solution le plus prometteur a été proposé à la direction. L'objectif de l'étape de conception physique externe, décrite dans ce chapitre, est de donner une description détaillée du scénario de solution choisi à l'étape précédente. L'analyste doit donc présenter tous les aspects physiques du système perceptibles aux utilisateurs et qui n'ont pas été définis lors des étapes précédentes. Ces aspects comprennent la façon dont le système présentera l'information aux utilisateurs (le format des outputs et des inputs), la façon dont les utilisateurs interagiront avec le système et les procédures manuelles associées à l'utilisation du système. À la fin de cette étape, l'utilisateur devrait avoir une idée précise du fonctionnement de son nouveau système.

La conception physique externe est une étape très importante, car les décisions prises ici auront un impact considérable sur la vie quotidienne des individus qui utiliseront le système. Il suffit de penser aux agents de réservation des compagnies aériennes ou aux préposés aux caisses dans les banques qui sont en interaction constante avec des systèmes informatisés. Une mauvaise conception physique de ces systèmes (format difficile à lire, dialogue peu convivial, procédures mal adaptées), peut être cause d'ennui, d'irritation ou de frustration.

Les concepts utiles lors de la conception physique externe proviennent d'un domaine d'étude très vaste appelé l'ergonomie cognitive qui s'intéresse plus particulièrement à l'interaction entre les humains et les machines. Plusieurs excellents livres sont consacrés uniquement aux aspects physiques de la conception de systèmes d'information (voir les ouvrages cités à la page 286).

Activités de la conception physique externe

VOIR LA FIGURE 7.1.

Les principales tâches de la conception physique externe sont indiquées plus loin◊. Cette étape, comme toutes les autres, commence par une activité de planification et se termine par la présentation d'un rapport à la direction. La conception détaillée des interfaces consiste à déterminer comment le système présentera l'information aux utilisateurs lors de l'entrée

FIGURE 7.1
Étapes de la conception physique externe

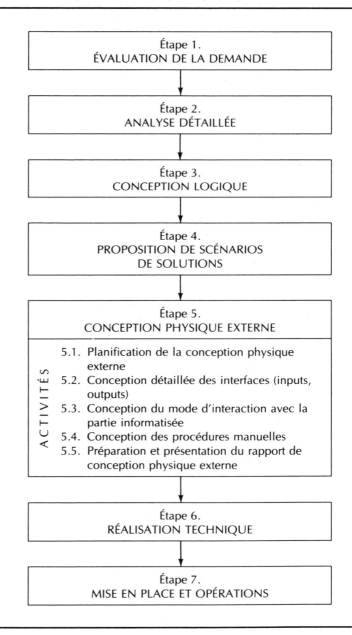

et la sortie des données; la conception du mode d'interaction avec la partie informatisée comprend la définition de la façon dont les utilisateurs dialogueront avec le système, et la conception des procédures manuelles nécessite la caractérisation de toutes les étapes manuelles entourant l'utilisation d'un système informatisé.

Selon Joseph Dumas, la conception physique externe d'un système d'information doit s'appuyer sur les sept principes généraux suivants :

- s'assurer que l'utilisateur soit en contrôle du système, c'est-à-dire qu'il soit toujours capable d'indiquer au système les actions à accomplir;
- concevoir le système en fonction de l'habileté et de l'expérience des utilisateurs;
- être cohérent dans les termes, les formats et les procédures utilisés;
- dissimuler aux utilisateurs les rouages internes des logiciels et matériels qui ont été utilisés pour créer le système;
- fournir de la documentation à l'écran;
- réduire au minimum la quantité d'information que l'utilisateur doit mémoriser durant l'utilisation du système;
- se baser sur les principes reconnus du graphisme lorsque l'on dispose l'information à l'écran et sur papier.

La conception physique externe exige tout d'abord que l'analyste soit capable de se mettre à la place des utilisateurs. Il ne faut jamais oublier qu'un système d'information sera utilisé par des individus ayant des connaissances plus ou moins poussées en informatique qui accompliront un certain travail dans un environnement particulier.

L'analyste doit aussi continuellement se préoccuper des aspects coûts-bénéfices. Comme nous l'avons fait remarquer au chapitre 1, il existe plusieurs solutions physiques pour réaliser un même modèle logique. Cependant, ces différentes solutions varient en coûts et en bénéfices. L'analyste doit toujours être capable de montrer que la solution qu'il a retenue est la meilleure. Pour chaque solution considérée, il doit évaluer les bénéfices tangibles et intangibles et les comparer aux coûts, *a fortiori* lorsque les coûts de la solution sont élevés. Par exemple, supposons une situation où l'on doive produire un output de gestion pour la direction de l'entreprise. L'analyste est confronté à l'alternative suivante: utiliser les imprimantes noir et blanc que possède déjà l'entreprise ou acheter de nouvelles imprimantes, couleur cette fois-ci. S'il opte pour la deuxième solution, il doit être capable de montrer que les bénéfices supplémentaires apportés par l'utilisation de la couleur surpassent les coûts occasionnés par l'achat des nouvelles imprimantes. Nous suggérons donc, pour chaque aspect logique à implanter, de considérer un éventail de solutions physiques, de les évaluer et de choisir celle qui est la plus rentable.

Finalement, l'analyste doit toujours avoir en tête les contraintes organisationnelles, technologiques et financières relevées lors des étapes d'analyse détaillée et de proposition de scénarios de solution. Comme nous l'avons mentionné au chapitre précédent, un système ne se conçoit pas en vase clos. Dans l'exemple du paragraphe précédent, il serait tout à fait inutile pour l'analyste de considérer une solution basée sur des imprimantes couleur si la haute direction, pour des raisons de liquidité financière, a suspendu l'achat de tout nouvel équipement informatique.

Pour illustrer le processus de conception physique externe, nous utiliserons l'exemple suivant. La compagnie DENTU-C est un manufacturier de produits d'hygiène dentaire (brosses à dents, soie dentaire, pâte dentifrice, etc.). Ses produits sont vendus dans les cliniques dentaires par sa propre force de ventes. DENTU-C a tout récemment équipé ses représentants de micro-ordinateurs portatifs très légers dans le but d'augmenter leur productivité. Présentement, ils se servent principalement de ces ordinateurs pour saisir les commandes faites par les cliniques. La compagnie a développé un système qui permet aux représentants de saisir directement sur place la commande du client. Ils entrent en communication avec l'ordinateur central de la compagnie DENTU-C par un modem et voient alors apparaître un écran de prise de commande. Comme le sytème est en temps réel, le représentant peut indiquer immédiatement au client si la marchandise est en stock. Les représentants et les clients sont très satisfaits de ce système.

Quels sont les principaux avantages de ce système pour les représentants de DENTU-C et pour leurs clients?

Comme les représentants aiment utiliser l'ordinateur, ils ont fait parvenir au siège social plusieurs demandes pour de nouveaux systèmes d'information qui pourraient leur être utiles. Un des systèmes souvent demandé concerne le suivi des clients et des visites qui leur permettrait de mieux planifier leurs visites des cliniques. Le client, bien qu'il puisse appeler lui-même la compagnie, attend le plus souvent la visite du représentant pour adresser sa commande. Il est donc très important que le représentant fasse régulièrement le tour de ses clients pour ne pas perdre de ventes. Les représentants doivent aussi fournir un rapport hebdomadaire sur les visites qu'ils ont faites durant la semaine. Ce rapport est considéré comme une corvée par la plupart des représentants; donc toute aide sur ce plan est appréciée.

Afin de retirer les bénéfices de l'informatisation le plus rapidement posssible, la direction de DENTU-C a décidé de développer un système d'information simple qui pourra éventuellement être amélioré lors de versions subséquentes. L'analyste, chargé du projet, après plusieurs rencontres avec les représentants a déterminé que la première version du système devrait produire les quatre outputs suivants:

Information sur les cliniques.   Cet output présentera l'information de base sur les cliniques ainsi que sur les personnes qui y travaillent. Les éléments d'information sont:

Numéro de la clinique
Nom de la clinique
Adresse de la clinique (numéro, nom de la voie de circulation, ville, code postal)
Numéro de téléphone

$\left\{\begin{array}{l}\text{Nom}\\\text{Prénom}\\\text{Titre}\end{array}\right.$

Rapport hebdomadaire.   Le représentant doit faire parvenir au siège social de la compagnie ce rapport qui contient tout simplement une liste des visites qu'il a faites durant une certaine période. Les représentants de DENTU-C doivent visiter un certain nombre de cliniques dentaires par jour. Ce rapport est utilisé par la direction de DENTU-C comme moyen de contrôle. Les éléments d'information sont:

Date

$\left\{\begin{array}{l}\text{Numéro de la clinique}\\\text{Nom de la clinique}\\\text{Commentaires sur la visite}\end{array}\right.$

Liste des cliniques non visitées   Cet output contiendra le nom des cliniques qui n'ont pas été visitées depuis une certaine période et permettra aux représentants de déterminer quelles cliniques ils devront visiter prochainement. Les éléments d'information sont:

$\left\{\begin{array}{l}\text{Numéro de la clinique}\\\text{Nom de la clinique}\\\text{Adresse de la clinique}\\\text{Date de la dernière visite}\\\text{Temps écoulé (en semaines) depuis la dernière visite}\end{array}\right.$

FIGURE 7.2

Diagramme de structure de données du système de gestion des visites

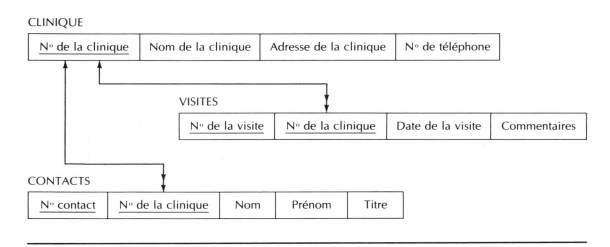

Historique des visites pour une clinique. Cet output permettra aux représentants de voir toutes les visites qui ont été faites dans une clinique donnée. Les éléments d'information sont :

Numéro de la clinique
Nom de la clinique
Temps écoulé depuis la dernière visite
⎧ Numéro de la visite ⎫
⎨ Date de la visite ⎬
⎩ Commentaires sur la visite ⎭

VOIR LA FIGURE 7.2.

VOIR LA FIGURE 7.3.

À partir de ces outputs, l'analyste a conçu la base de données (le diagramme de structure de données de celle-ci est présenté ci-dessus ◊), puis les inputs et les traitements pour finalement en arriver au diagramme de flux de données du nouveau système qui est présenté plus loin ◊.

> *Essayez par vous-mêmes de reproduire la conception logique de l'analyste. Faites le diagramme de flux de données de niveau 2.*

Comme mode de fonctionnement, l'analyste a décidé que le représentant conserverait sur son micro-ordinateur la base de données de ses propres clients. Il a donc opté pour une architecture de base de données très décentralisée. En fait, chaque représentant aura sa propre base de données.

FIGURE 7.3

Diagramme de flux de données du système de gestion des visites

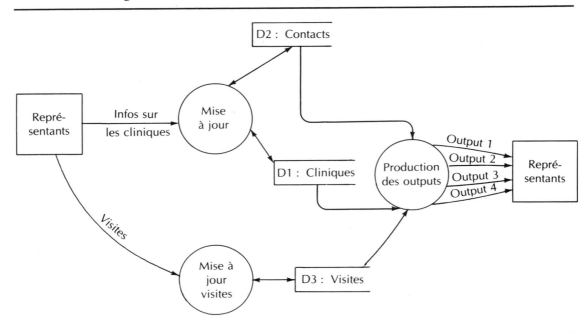

Activité 5.1. Planification de la conception physique externe

L'analyste doit maintenant faire la conception physique externe de son système. En d'autres mots, il doit choisir le médium et le format des flux d'entrée(inputs) et de sortie (outputs), déterminer comment les représentants dialogueront avec la partie informatisée du système et fixer les procédures manuelles nécessaires afin que le système fonctionne convenablement. Comme toutes les étapes, la conception physique externe commence par une activité de planification.

Activité 5.2. Conception détaillée des interfaces (inputs, outputs)

La conception physique externe proprement dite commence par la conception des interfaces entre le système et les utilisateurs, c'est-à-dire la conception de la façon dont le système présente l'information aux utilisateurs (outputs ou flux sortants) et de la façon dont le système accepte l'information provenant des utilisateurs (inputs ou flux entrants). Cette activité est très importante: en effet, c'est très souvent à partir des inputs et outputs qu'un utilisateur forme son opinion sur un système. Si l'opinion est défavorable, il peut très bien cesser de l'utiliser même si le système est excellent à d'autres points de vue. Les formats des outputs et inputs doivent aller au-delà de l'esthétique; ils doivent aider l'utilisateur à accomplir sa tâche.

Tâche 5.2.1. Conception des outputs

Lors de la conception logique, l'analyste a déterminé les éléments d'information qui composent les outputs, leur destination, leur fréquence de production et leur volume. Il s'agit pour lui maintenant de déterminer comment ceux-ci seront implantés physiquement. La conception physique des outputs est composée de deux éléments :

– choix du support de l'information
– conception de la disposition des informations sur le support.

Élément 5.2.1.1. Choix du support de l'information

Pour être véhiculée et comprise, l'information a besoin d'un support. Par exemple, le support du livre que vous êtes en train de lire est le papier. Le support de l'output doit être choisi en premier, car il détermine le format éventuel de l'output. En effet, l'information ne sera pas présentée de la même façon sur un écran graphique couleur haute résolution que sur une feuille de papier. Il existe quatre catégories principales de supports qui peuvent être utilisés pour présenter de l'information à des utilisateurs : le papier, l'écran, la voix et les supports électroniques. Le choix du type de support est déterminé par l'utilisation prévue de l'output.

Le papier demeure le support privilégié pour présenter de l'information aux utilisateurs. Tous les utilisateurs sont familiers avec ce support et ils n'ont pas besoin de formation pour se servir d'un output sur papier.

Le papier est particulièrement bien adapté lorsque :

– l'output doit être envoyé à des personnes à l'extérieur de l'organisation, par exemple, une facture à un client, un bulletin à un étudiant;
– l'output doit être conservé pour utilisation ultérieure;
– l'output doit être commenté par plusieurs personnes;

– l'output est long et difficile à découper en parties plus petites indépendantes les unes des autres; par exemple, un livre où la compréhension de ce qui est écrit à une page dépend du contenu des pages précédentes.

Cependant, le papier est encombrant et se détériore à l'usage et avec le temps. Il est important de remarquer que l'on ne devrait produire sur papier que les outputs qui sont absolument nécessaires. L'utilisation de l'ordinateur devrait servir à réduire le nombre de documents qui circulent dans l'organisation. On devrait toujours profiter de l'occasion du développement d'un nouveau système pour éliminer les outputs sur papier qui ne sont plus absolument nécessaires.

Si l'analyste décide d'utiliser le papier comme support d'un ou plusieurs outputs du nouveau système, il devra ensuite se pencher sur les aspects suivants :

– *La qualité du papier* : les papiers ne sont pas tous de même qualité et par conséquent de même coût; l'analyste devra choisir une qualité qui est en accord avec l'utilisation qui en sera faite; ainsi, un output destiné à la haute direction ou qui doit être conservé très longtemps devra être imprimé sur du papier de meilleure qualité.

– *La grandeur de la page* : les principaux formats standard sont en Amérique du Nord : lettre (8½″ × 11″), légal (8½″ × 14″) et tabloïd (11″ × 17″); en Europe : A4 (210 mm × 297 mm), A3 (297 mm × 420 mm), A5 (148 mm × 210 mm) et B5 (176 mm × 250 mm). Cependant, il n'est pas toujours possible d'utiliser une grandeur standard; l'analyste doit dans ce cas déterminer lui-même la grandeur du papier.

VOIR LA FIGURE 7.4.

– *L'utilisation de formulaires préimprimés* : un formulaire préimprimé est un formulaire spécialement conçu où les logos, instructions, dessins et graphiques ont été imprimés en couleur au préalable par un imprimeur ◊. Les formulaires préimprimés sont très souvent utilisés pour des outputs qui sont destinés à des personnes à l'extérieur de l'organisation; la plupart des factures ou états de compte que les grandes compagnies envoient à leurs clients sont imprimés sur des formulaires préimprimés. Parfois des exigences légales imposent des formulaires préimprimés bien précis aux analystes. Ainsi le gouvernement du Québec exige que le relevé de fin d'année résumant les gains et les déductions d'un employé soit imprimé sur le formulaire intitulé « Relevé 1, Revenus d'emploi et revenus divers ». L'utilisation de formulaires préimprimés augmente généralement la qualité d'un output, mais hausse considérablement son coût d'impression également.

FIGURE 7.4
Formulaire pré-imprimé

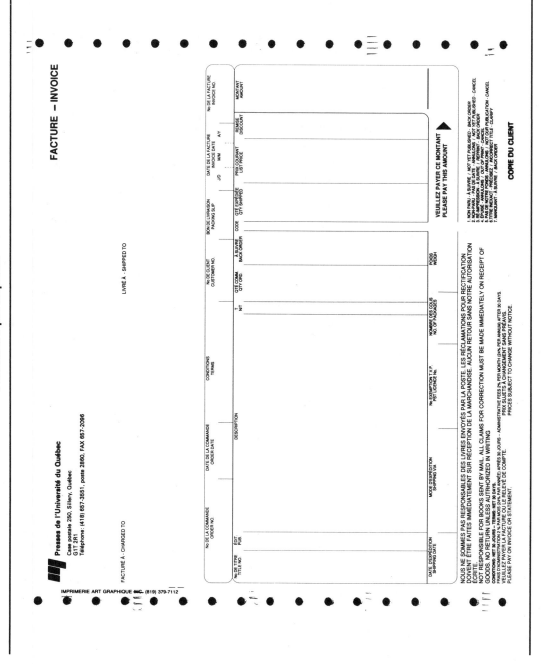

Voir la figure 7.5.

– *L'utilisation du document aller-retour* : Le document aller-retour est composé de deux parties détachables◊. Ce type de document est principalement utilisé pour des factures ou états de compte. Le client conserve la première partie et retourne la deuxième à l'entreprise avec son paiement. L'avantage est que certaines informations telles que le numéro du client, le nom et le montant dû qui ont été imprimées par l'entreprise sur la partie détachable peuvent être lues par un lecteur optique lorsqu'elle revient épargnant ainsi une saisie manuelle des données.

– *Le choix d'une imprimante* : le choix d'une imprimante se fait en considérant les critères suivants: les coûts d'achat et d'opération, la vitesse d'impression, la qualité d'impression, les options possibles telles que le nombre de formats différents de papier que l'imprimante peut accepter.

L'écran cathodique est un moyen de présentation de l'information qui est, par rapport au papier, à la fois, plus limitatif et plus prometteur. En effet, la taille restreinte des écrans limite considérablement le nombre d'éléments d'information qui peuvent être affichés en même temps. Cependant, l'écran est un moyen de présentation interactif qui permet un certain dialogue avec l'utilisateur. De plus, l'écran permet beaucoup plus facilement l'utilisation de la couleur et de techniques telles que l'animation. L'écran cathodique est particulièrement approprié dans les situations suivantes où :

– l'output est court et ne doit pas être conservé. L'action à entreprendre à la suite de la production de l'output doit donc se faire immédiatement. L'écran est idéal pour vérifier de l'information : par exemple, « à quel cours est inscrit l'étudiant Therrien? »

– l'output est très long, mais il peut facilement se découper en parties plus petites indépendantes les unes des autres, comme dans le cas d'une liste de clients. En effet, les données sur un client sont indépendantes des données sur les autres clients. Dans ce cas, l'analyste peut concevoir un dialogue avec l'utilisateur où celui-ci pourra, par exemple, spécifier des caractéristiques qui permettront de retrouver facilement le client recherché. Il est beaucoup plus facile de faire cette recherche à l'écran que de feuilleter un output de 300 pages.

– l'output est très complexe. Dans un système d'information pour dirigeant, l'ordre de présentation des données dépend de ce que l'utilisateur vient de visualiser. Par exemple, si le vice-président marketing voit que les ventes ont baissé dans une succursale donnée, il peut alors vouloir examiner le détail des ventes pour cette région. Sur papier ce type de navigation est impossible à concevoir.

257

FIGURE 7.5
Document aller-retour

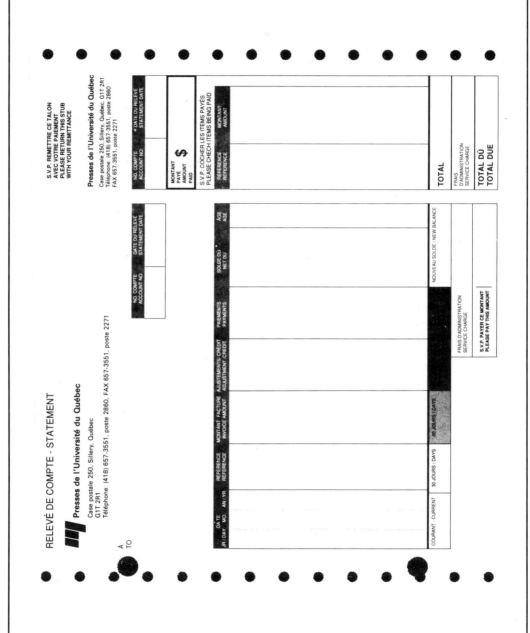

Les principales caractéristiques qui différencient les types d'écrans cathodiques sont : la grandeur de l'écran, la résolution et la couleur (monochrome, à teintes de gris ou couleur) et évidemment, le coût.

La voix, comme support d'information, est surtout utilisée lorsque l'output est court et simple. Ainsi, un représentant pourrait utiliser le téléphone pour interroger une base de données sur la disponibilité des stocks. Il utiliserait le clavier du téléphone pour fournir à l'ordinateur son numéro d'utilisateur, son numéro d'identité et le numéro du produit pour lequel il veut vérifier la quantité disponible. L'ordinateur lui répondrait ensuite de façon verbale.

Les supports magnétiques sont surtout utilisés pour archiver des données ou pour les transporter d'un endroit à l'autre. L'avantage principal du disque comme moyen de sortie est que les données peuvent être lues directement par l'ordinateur sans que l'on ait à les saisir de nouveau.

Dans le cas du système de suivi des visites de la compagnie DENTU-C, l'analyste a décidé de fournir par défaut à l'écran les outputs suivants : Information sur les cliniques, Liste des cliniques non visitées et Historique des visites. L'utilisateur pourra cependant les faire imprimer sur demande. L'output Rapport hebdomadaire quant à lui sera produit sur papier, car il doit être envoyé au siège social de la compagnie.

Élément 5.2.1.2. Conception de la disposition de l'information sur le support

Après avoir déterminé le support, l'analyste doit choisir la disposition de l'information qui permettra de mieux faire ressortir le message que l'output doit véhiculer. Comme le format de l'output varie en fonction du support, nous traiterons séparément du format des outputs sur papier et des outputs à l'écran. Produire des outputs agéables pour l'œil et qui aident l'utilisateur à accomplir son travail efficacement relève souvent beaucoup plus du domaine de l'art que de la science. Cependant, nous tenterons dans cette section de voir en quoi consiste la disposition de l'information et de faire ressortir quelques règles utiles.

Conception des imprimés

Il s'agit pour l'analyste de trouver la meilleure façon de disposer l'information sur la page de papier. Tout imprimé est composé d'éléments d'information qui demeurent constants sur toutes les copies d'un output (titre du document, en-têtes, logos de compagnie, adresses, instructions sur la façon d'utiliser l'output, notes et commentaires) et d'éléments d'informa-

FIGURE 7.6
Modèle d'un imprimé

DATE : 99/99/99   PAGE : 999

LISTE DES SOLDES DUS PAR CLIENT

N° client	Adresse	Solde
XX	XX	999 999,99
XX	XX	999 999,99
XX	XX	999 999,99
XX	XX	999 999,99
XX	XX	999 999,99
XX	XX	999 999,99
XX	XX	999 999,99
XX	XX	999 999,99
XX	XX	999 999,99
XX	XX	999 999,99
XX	XX	999 999,99
XX	XX	999 999,99
XX	XX	999 999,99
XX	XX	999 999,99
XX	XX	999 999,99
XX	XX	999 999,99

---

tion qui varient d'une copie à l'autre. Les éléments d'information variables incluent les éléments qui proviennent de la base de données (nom du client, prix du produit), les éléments calculés (taxe), les totaux (montant de la facture) et les sommaires (montant moyen d'une facture).

Lorsqu'il fait la conception de son imprimé, l'analyste indique les éléments d'information constants tels qu'ils apparaîtront sur le document une fois complété et les informations variables par des symboles spéciaux (9 pour les valeurs numériques, X pour les valeurs alphanumériques). Il crée alors un modèle de l'imprimé ◊.

VOIR LA FIGURE 7.6.

FIGURE 7.7
Les différentes zones d'un document

L'analyste doit disposer les éléments d'information constants et varia-bles dans les zones suivantes d'un document : en-tête de document, en-tête de page, en-tête de groupe, corps, cartouche de groupe, cartouche de page, cartouche de document. L'en-tête est en haut et la cartouche en bas de sa zone respective. La figure 7.7. montre un output où sont illustrées chacune de ces zones◊. Dans l'en-tête et la cartouche d'un document, on place les éléments qui n'apparaissent qu'une seule fois par document; par exemple, le titre du document. Les en-têtes et les cartouches de page servent à placer les éléments qui n'apparaissent qu'une seule fois par page,

Voir la figure 7.7.

FIGURE 7.8

Output disposé en colonnes

DATE : 91/11/01

LISTE DES COMMANDES PAR CLIENT

N° client	Nom	N° commande	Date	Montant
CO12	Abbi Textiles	A12730	91/09/25	1400,00 $
CO15	Nouvelle Mode	A12913	91/09/30	2112,00 $
CO46	Centrale Fournitures	A11911	91/09/20	50,40 $
CO46	Centrale Fournitures	A11913	91/09/30	1512,00 $
CO46	Centrale Fournitures	A11993	91/10/05	2520,00 $
CO46	Centrale Fournitures	A19994	91/10/10	504,00 $
CO46	Centrale Fournitures	A12505	91/10/15	4158,00 $
CO67	Vêtements Icare	A12526	91/09/30	1890,00 $
CO67	Vêtements Icare	A12598	91/10/07	8424,00 $
CO67	Vêtements Icare	A12599	91/10/08	4158,00 $

Page : 1

mais sur toutes les pages de l'output; par exemple, les numéros de page, les logos, les titres. Parfois l'information sur un output est regroupée selon un certain critère, soit le nom du client ou la région. On place les éléments qui décrivent le groupe dans les en-têtes et les cartouches de groupe; le corps sert à placer le détail de chacun des enregistrements qui proviennent de la base de données. Il s'agit donc pour l'analyste de placer les éléments d'information constants et variables dans chacune de ces zones.

En général, l'information sera placée dans les zones selon l'un des trois formats suivants :

Voir la figure 7.8.

— *En colonne* : la figure 7.8 présente un exemple d'un output disposé en colonne. Ce type de présentation n'est possible que si le nombre de colonnes est relativement restreint◊.

FIGURE 7.9

Output disposé en colonne avec des groupes

DATE : 91/11/01

LISTE DES COMMANDES PAR CLIENT

N° client	Nom	N° commande	Date	Montant
CO12	Abbi Textiles	A12730	91/09/25	1 400,00 $
				1 400,00 $
CO15	Nouvelle Mode	A12913	91/09/30	2 112,00 $
				2 112,00 $
CO46	Centrale Fournitures	A11911	91/09/20	50,40 $
		A11913	91/09/30	1 512,00 $
		A11993	91/10/05	2 520,00 $
		A11994	91/10/10	504,00 $
		A12505	91/10/15	4 158,00 $
				8 744,40 $
CO67	Vêtements Icare	A12526	91/09/30	1 890,00 $
		A12598	91/10/07	8 424,00 $
		A12599	91/10/08	4 158,00 $
				14 472,00 $

Page : 1

Voir la figure 7.9.

– *En colonne avec des groupes* : la figure 7.9 présente le même output qu'à la figure 7.8, mais cette fois-ci l'information est regroupée selon le nom du client. Ceci permet d'éviter de répéter trop souvent la même information et d'inclure des sous-totaux. Remarquez aussi que l'output est beaucoup plus facile à lire. L'utilisation de groupes est une façon simple d'améliorer la présentation d'un document ◊.

Voir la figure 7.10.

– *En ligne* : lorsque le nombre d'éléments d'information est trop grand pour utiliser un format en colonne, les éléments d'information peuvent être disposés ligne par ligne ◊.

FIGURE 7.10
Output disposé en ligne

DATE : 91/11/01

CLIENT

N° client :	CO12
Nom :	Abbi Textiles
N° commande :	A12730
Date :	91/09/25
Montant :	1400,00 $

N° client :	CO67
Nom :	Vêtements Icare
N° commande :	A12526
Date :	91/09/30
Montant :	1890,00 $

N° client :	CO67
Nom :	Vêtements Icare
N° commande :	A12598
Date :	91/10/07
Montant :	8424,00 $

Page : 1

Ces formats constituent les principales façons de disposer l'information sur une page. Cependant, ils peuvent être combinés si nécessaire. Ainsi, la figure 7.7 présente un output où l'information est regroupée par client. L'en-tête de groupe est présenté en ligne tandis que le détail est présenté en colonne.

Voir les figures 7.11 à 7.14. Les figures 7.11 à 7.14 montrent les outputs que l'analyste a conçus pour la compagnie DENTU-C◊.

264

FIGURE 7.11
DENTU-C : Information sur les cliniques

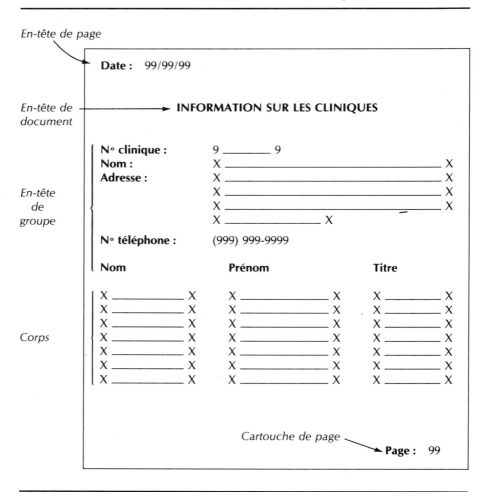

En-tête de page

Date : 99/99/99

En-tête de
document

INFORMATION SUR LES CLINIQUES

En-tête
de
groupe

N° clinique : 9 _____ 9
Nom : X _____ X
Adresse : X _____ X
  X _____ X
  X _____ X
  X _____ X

N° téléphone : (999) 999-9999

Nom Prénom Titre

Corps

X _____ X X _____ X X _____ X
X _____ X X _____ X X _____ X
X _____ X X _____ X X _____ X
X _____ X X _____ X X _____ X
X _____ X X _____ X X _____ X
X _____ X X _____ X X _____ X
X _____ X X _____ X X _____ X

Cartouche de page

Page : 99

FIGURE 7.12
DENTU-C : Rapport hebdomadaire

DATE : 99/99/99

RAPPORT POUR LA PÉRIODE DU 99/99/99 **AU** 99/99/99

Date	N° clinique	Nom	Commentaires
99/99/99	999999	X X X X X X X	X X X X X X X X X X
			X _____ X
			X _____ X
	999999	X X X X X X X	X _____ X
			X _____ X
			X _____ X
99/99/99			

Page : 99

FIGURE 7.13

DENTU-C : Liste des cliniques à visiter

Date :   99/99/99

LISTE DES CLINIQUES À VISITER

N° clinique	Nom	Adresse	Date de la dernière visite	Temps écoulé depuis la dernière visite
9 _____ 9	X _____ X	X _____ X	99/99/99	9 _____ 9
9 _____ 9	X _____ X	X _____ X	99/99/99	9 _____ 9
9 _____ 9	X _____ X	X _____ X	99/99/99	9 _____ 9
9 _____ 9	X _____ X	X _____ X	99/99/99	9 _____ 9
9 _____ 9	X _____ X	X _____ X	99/99/99	9 _____ 9
9 _____ 9	X _____ X	X _____ X	99/99/99	9 _____ 9
9 _____ 9	X _____ X	X _____ X	99/99/99	9 _____ 9
9 _____ 9	X _____ X	X _____ X	99/99/99	9 _____ 9

Page :   99

FIGURE 7.14
DENTU-C : Historique des visites

Date :   99/99/99

HISTORIQUE DES VISITES

N° clinique :   9 _____ 9
Nom :   X _____ X
Temps écoulé depuis la dernière visite :   9 _____

N° visite	**Date**	**Commentaires**
9 _____ 9	99/99/99	X _____ X
9 _____ 9	99/99/99	X _____ X
9 _____ 9	99/99/99	X _____ X
9 _____ 9	99/99/99	X _____ X
9 _____ 9	99/99/99	X _____ X
9 _____ 9	99/99/99	X _____ X

N° clinique :

Nom :

N° visite   **Date**   **Commentaires**

Page :   99

Conception des sorties à l'écran

L'utilisation de l'écran comme support de l'information offre des possibilités intéressantes que n'offre pas le papier. Bien que la surface disponible pour disposer l'information soit plus restreinte, l'écran comme médium interactif permet beaucoup plus de flexibilité lors de la conception des sorties.

Voici quelques recommandations pour obtenir des sorties efficaces à l'écran.

L'utilisateur doit être capable de contrôler le défilement de l'information à l'écran. Comme l'espace pour présenter l'information est relativement restreint, l'information disparaît très rapidement de l'écran si l'output a plus d'une vingtaine de lignes. Si ce qui intéresse l'utilisateur est situé au début de l'output, alors il ne peut le visualiser. Il doit donc pouvoir contrôler le défilement de l'information à l'écran. Une première façon d'y arriver consiste à arrêter le défilement de l'information lorsque l'écran est plein et demander à l'utilisateur s'il est prêt à continuer. Lorsqu'il répond oui, un deuxième écran se remplit. L'inconvénient majeur de ce design est que l'utilisateur ne peut revenir en arrière; s'il veut consulter de nouveau de l'information qui était dans les premières pages de l'output, il doit alors recommencer au début. Pour améliorer ce design, l'analyste peut permettre à l'utilisateur de continuer ou de revenir en arrière à volonté, ce qui peut être fait soit en utilisant des touches spéciales◊ soit en utilisant une barre de défilement◊.

VOIR LA FIGURE 7.15.
VOIR LA FIGURE 7.16.

Permettre à l'utilisateur de restreindre la quantité d'information qui apparaît à l'écran. Par exemple, si l'on veut la liste des clients et qu'il y a 10 000 clients et que l'on place 25 clients par écran, il faudra alors 400 écrans pour trouver les clients dont le nom commence par Z. Il faut dans ce cas permettre à l'utilisateur de fournir des conditions qui permettent de restreindre le nombre de clients qui seront affichés à l'écran. La figure 7.17 montre le design d'un écran qui permet à l'utilisateur d'indiquer le nom du client voulu◊. Par défaut, cet écran afficherait tous les clients. Si l'on ne désire que les clients dont le nom commence par M, alors l'utilisateur peut écrire M* dans l'espace réservé à cet effet et le système ne présentera que les clients dont le nom débute par M.

VOIR LA FIGURE 7.17.

Utiliser l'approche liste-détail : encore une fois, prenons notre exemple de liste des clients. Supposons maintenant que nous voulions une liste détaillée des clients (nom, numéro, adresse de livraison, adresse

FIGURE 7.15

**Utilisation de touches spéciales pour contrôler
le défilement de l'information**

91/11/01

LISTE DES CLIENT

N° client	Nom
CO12	Abbi Textiles
CO15	Nouvelle Mode
CO46	Centrale Fournitures
CO67	Vêtements Icare
CO77	Transat Inc.
CI16	Manteaux Avant-Garde
CI18	Manufacture A.B.S.
CI28	Distributeur Holland
CI41	Footer Entreprise

↕ **(Page Up) : écran suivant**   ↕ **(Page Down) : écran précédent**

FIGURE 7.16

**Utilisation de la barre de défilement pour contrôler
le défilement de l'information**

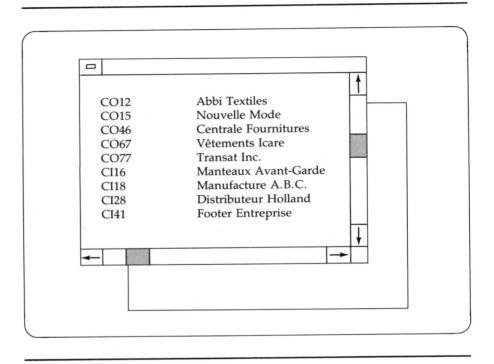

FIGURE 7.17
Écran de requête

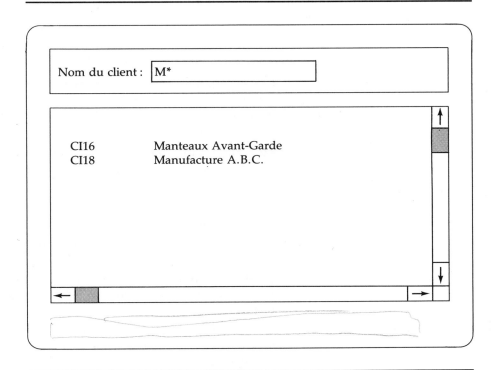

de facturation et autres informations). Évidemment, il y a trop d'information pour la présenter en colonne. Il faut donc un écran complet pour présenter l'information pour un seul client. Le désavantage majeur de cette approche est que l'utilisateur n'a accès qu'à un seul client à la fois. Pour pallier cet inconvénient, on peut présenter une liste sous forme de colonne puis permettre à l'utilisateur d'obtenir le détail une fois qu'il a indiqué le nom du client voulu◊.

VOIR LA FIGURE 7.18.

Il existe un certain nombre de règles généralement bien acceptées en ce qui a trait à la présentation de l'information à l'écran. Les principales sont résumées ci-dessous. Pour plus de détails, voir Dumas (1988) et Galitz (1985).

- Mettre toute l'information reliée à une tâche sur le même écran. L'utilisateur ne doit pas être obligé de se souvenir de l'information d'un écran à l'autre;

- Mettre un titre sur chaque écran;

- Indiquer clairement comment sortir de chaque écran;

- Centrer les titres et placer l'information de chaque côté de l'axe central;

- Quand un output comprend plusieurs écrans, chaque écran doit être numéroté de façon à ce que l'utilisateur sache où il est rendu;

- Écrire le texte de façon conventionnelle en utilisant les lettres majuscules et minuscules, les lettres accentuées et la bonne ponctuation;

- Mettre un titre au-dessus de chaque colonne;

- Organiser les éléments d'une liste dans un ordre reconnu afin d'en faciliter le balayage;

- Cadrer à gauche les colonnes de texte; cadrer à droite les colonnes de chiffres ou les aligner sur la virgule décimale;

- Mettre en valeur l'information importante seulement.

L'analyste de la compagnie DENTU-C a proposé les approches suivantes pour les outputs du système de suivi des clients et des visites:

Information sur les cliniques: approche liste-détail.
Historique des visites: écran qui permet à l'utilisateur de faire apparaître l'historique que pour la clinique voulue.
Liste des cliniques à visiter: écran où les données sont présentées en colonne mais avec une barre de défilement pour permettre de visualisation de tous les enregistrements.

FIGURE 7.18
Approche liste-détail

a) Liste des clients

91/11/01

LISTE DES CLIENT

N° client	Nom
CO12	Abbi Textiles
CO15	Nouvelle Mode
CO46	Centrale Fournitures
CO67	Vêtements Icare
CO77	Transat Inc.
CI16	Manteaux Avant-Garde
CI18	Manufacture A.B.C.
CI28	Distributeur Holland
CI41	Footer Entreprise

Appuyer sur ◄┘ pour obtenir le détail

(Page Up) : écran suivant   (Page Down) : écran précédent

b) Détail sur un client

```
 _____
|                                                  |
|   91/11/01                                       |
|                                                  |
|                                                  |
|                    CLIENT (DÉTAIL)               |
|                                                  |
|                                                  |
|   N° client          CO67                        |
|   Nom :              Vêtements Icare             |
|   Adresse :          899, rue Bord du lac        |
|                      Beaconsfield, QC            |
|                      H9W 8Z8                      |
|   N° téléphone :     (514) 694-1111              |
|   N° fax :           (514) 694-2222              |
|                                                  |
|                                                  |
|                                                  |
|   Appuyer sur une touche pour revenir à l'écran  |
|                      principal                   |
|_____|
```

Tâche 5.2.2. Conception des entrées

L'objectif de cette étape est de concevoir des procédures de saisie des données qui soient efficaces et qui réduisent le plus possible le nombre d'erreurs. La conception des entrées comporte deux éléments principaux :

- choix du moyen de saisie;
- conception du format des informations à saisir.

Élément 5.2.2.1. Choix du moyen de saisie

Il existe trois principaux moyens pour saisir des données dans un système d'information. Le choix se fera en fonction des coûts d'achat de l'équipement et des coûts d'opération.

1. *Saisie d'un document source à l'aide d'un terminal.* Dans cette approche, un préposé à la saisie des données introduit manuel-

lement les données du document source dans l'ordinateur par l'intermédiaire d'un terminal. Les données ainsi entrées peuvent être validées et traitées directement ou conservées sur un support magnétique qui sera subséquemment lu et traité. La saisie manuelle des données est lente, sujette à erreurs et coûteuse.

2. *Lecture d'un document source à l'aide d'un lecteur optique.* Le lecteur optique permet de lire des données qui sont inscrites sur un document. Les données prennent habituellement la forme de caractères d'imprimerie, de marques ou de codes à barres. L'utilisation du lecteur optique est beaucoup plus rapide que la saisie manuelle des données et réduit très sensiblement le nombre d'erreurs.

3. *Saisie directe à l'écran.* Dans cette approche, il n'y a pas de document source et les données sont saisies directement à l'aide d'un terminal immédiatement lorsque la transaction se produit.

Élément 5.2.2.2. Conception du format des informations à saisir

Lorsque la saisie des données se fait à l'aide d'un terminal, l'analyste devra concevoir le format des données à l'écran. Un écran de saisie de données est composé de libellés qui demeurent constants pour toutes les transactions et de zones de saisie appelées champs qui permettent d'entrer les informations qui varient selon les transactions. Les champs de saisie doivent être clairement indiqués sur l'écran. La figure 7.19 présente un écran où les champs de saisie de données sont soulignés pour les distinguer des libellés.

VOIR LA FIGURE 7.19.

Dans un système d'information, les données qui ne sont pas saisies sont aussi importantes que celles qui le sont. Dans l'exemple de la figure 7.19, l'écran sert à inscrire des étudiants à leurs cours. Dans cet écran de saisie, on remarque plusieurs types de champs. Premièrement, les champs qui doivent être complétés par l'opérateur (n° de l'étudiant, n° du cours). Deuxièmement, les champs qui contiennent une information semblable pour plusieurs transactions (date de l'inscription). Troisièmement, les champs qui contiennent de l'information qui peut être récupérée dans des fichiers déjà existants. Par exemple, comme les étudiants doivent être admis avant de s'inscrire à des cours, leur nom existe déjà dans un fichier, alors le système peut le récupérer automatiquement et le faire apparaître à l'écran. Ceci évite à l'opérateur d'avoir à le saisir à chaque fois qu'un étudiant s'inscrit à des cours. Et finalement, les champs qui contiennent de l'information que le système peut calculer à partir d'information saisie par l'opérateur ou que le système possède déjà. Par exemple, si les étudiants sont facturés selon le nombre de crédits auxquels ils se sont inscrits,

FIGURE 7.19

Un écran de saisie

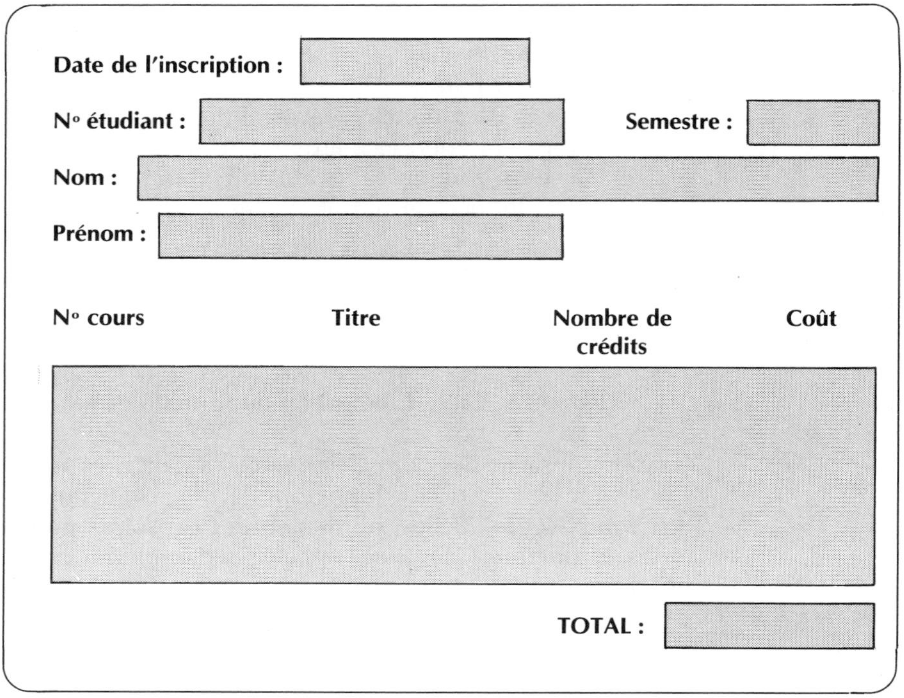

alors le système peut calculer automatiquement ce montant et le faire apparaître à l'écran.

Voici quelques règles utiles pour la conception des écrans de saisie des données (Dumas, 1985; Galitz, 1982) :

- Quand la saisie des données se fait à partir d'un document source, le format de l'écran devrait être identique à celui du document source.

- Regrouper les champs sur l'écran dans un ordre significatif. Les champs peuvent être regroupés selon un ordre naturel (les composantes d'une adresse – numéro de porte, nom de rue, ville, code postal – sont placées les unes à la suite des autres); selon la fréquence d'utilisation; selon la fonction (les champs concernant les

FIGURE 7.20
DENTU-C : Écran de saisie pour les cliniques

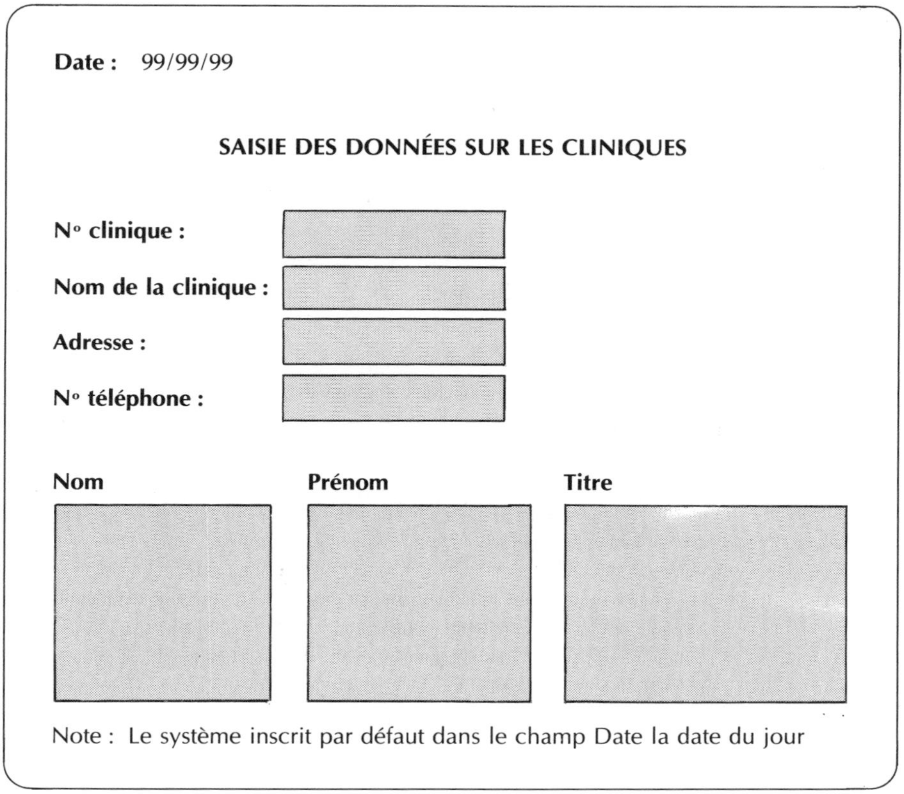

Date :   99/99/99

SAISIE DES DONNÉES SUR LES CLINIQUES

N° clinique :

Nom de la clinique :

Adresse :

N° téléphone :

Nom	Prénom	Titre

Note : Le système inscrit par défaut dans le champ Date la date du jour

---

étudiants à un endroit et ceux concernant les cours à un autre endroit); selon l'importance.

– Ne pas faire saisir des données que le système peut aller chercher dans la base de données ou qu'il peut calculer.

– Mettre un libellé en avant ou en haut de chaque champ d'entrée.

– Mettre des valeurs par défaut lorsque approprié.

– Utiliser la clé TAB pour passer d'un champ à l'autre.

Voir les figures 7.20 et 7.21. Les figures 7.20 et 7.21 illustrent les deux écrans de saisie pour le système de suivi des visites de DENTU-C◊.

FIGURE 7.21

DENTU-C : Écran de saisie pour les visites

Date : 99/99/99

SAISIE DES DONNÉES SUR LES VISITES

Nº clinique :

Nom de la clinique : X ———————————————— X

Commentaires :

Note : — Le système inscrit par défaut dans le champ Date la date du jour
— Lorsque l'utilisateur entre le Nº clinique, le système cherche la base de données et inscrit le nom de la clinique dans le champ désigné.

Activité 5.3. Conception du mode d'interaction avec la partie informatisée

Un système d'information accomplit un certain nombre d'actions; par exemple, il met à jour des fichiers, imprime des rapports, interroge une base de donnnées, fait une copie de sécurité, etc. L'opérateur (ou l'utilisateur, le cas échéant) doit donc être capable d'indiquer au système les actions à accomplir. C'est par le dialogue humain-machine qu'il peut indiquer au système quoi faire et contrôler l'ordre d'apparition des écrans et de production des outputs. Il est donc important que le dialogue soit bien conçu afin de faciliter son travail. Ainsi, un agent de voyage qui veut établir un itinéraire pour un client doit savoir quelles commandes donner pour obtenir l'information nécessaire et faire les réservations. De la même façon, un opérateur de système qui a la responsabilité de faire exécuter le programme de paie des 5000 employés d'une usine doit bien comprendre les étapes à suivre pour ce faire. Un dialogue mal conçu peut nuire considérablement à l'utilisation du système. L'objectif de cette section est de voir comment concevoir des dialogues avec l'ordinateur.

Le dialogue humain-machine sert donc à donner des commandes au système. Il existe quatre principaux modes d'interaction avec un système informatique. Il est à noter qu'il n'est pas nécessaire de se limiter à un seul mode. C'est en combinant ces quatre modes que les analystes réussissent à créer des dialogues intéressants.

Dialogue à base de commandes. Dans un dialogue à base de commandes, on indique au système les actions à entreprendre en tapant un mot (p. ex. : AJOUTER) ou une abréviation d'un mot (p. ex. : AJOU) qui représente l'action à accomplir. Ainsi, dans le système d'exploitation DOS, lorsque l'on veut copier tous les fichiers avec l'extension TXT qui sont dans le répertoire DONNÉES d'un disque rigide sur une disquette dans le lecteur A, on doit taper la commande suivante : COPY C :\DONNEES*.TXT A :. Si l'analyste décide d'utiliser ce type de dialogue, il doit alors concevoir le nom et la syntaxe de chacune des commandes du nouveau système. Par exemple, dans le système de gestion des visites de la compagnie DENTU-C, l'impression des outputs pourrait se faire à l'aide de la commande IMPR « nom du rapport » ou l'ajout d'un enregistrement dans un fichier à l'aide de la commande AJOU « Nom du fichier » « attribut n° 1 » « attribut n° 2 » ... « attribut n° N ». Donc si le représentant veut imprimer le rapport intitulé LISTE_CLIENTS, il devra alors entrer IMPR « LISTE_CLIENTS ».

Les dialogues à base de commandes présentent deux désavantages majeurs. Tout d'abord, ils sont difficiles à concevoir. Ils exigent en fait que l'analyste invente un tout nouveau langage qui soit clair, précis, complet, facile à apprendre et cohérent. Ensuite, les utilisateurs doivent se souvenir des différentes commandes pour utiliser le système de façon efficace. Cependant, une fois que les utilisateurs ont maîtrisé les différentes commandes, ce type de dialogue permet une interaction extrêmement rapide avec le système. Donc, les dialogues à base de commandes sont surtout appropriés pour les utilisateurs qui connaissent bien l'informatique et qui utiliseront le système très souvent. Ce sont des dialogues de ce type que l'on retrouve le plus souvent lorsque le système est utilisé par un opérateur professionnel.

Pour dépanner les utilisateurs qui auraient oublié la commande à donner pour accomplir une action, la plupart des systèmes à dialogue à base de commandes offre une fonction d'aide qui est accessible en tapant la commande HELP ou AIDE.

Dialogue utilisant les touches du clavier. Ce type de dialogue est une variation sur les dialogues à base de commandes. En effet, pour donner un ordre au système, l'utilisateur au lieu de taper une commande, appuie sur une touche ou une combinaison de touches du clavier (p. ex., F1 pour la fonction d'aide, F7 pour imprimer, ALT-F pour souligner). L'utilisation des touches du clavier pour donner des ordres au système permet d'accélérer de façon non négligeable le dialogue. Ainsi, il est beaucoup plus facile d'appuyer sur F6 pour indiquer de souligner un texte que de déplacer la souris jusqu'au menu qui nous intéresse puis de trouver la commande et enfin de la choisir. Encore une fois, comme ce type de dialogue exige que l'utilisateur se souvienne de ce que les différentes touches ou combinaisons de touches commandent, il est surtout approprié pour ceux qui utilisent souvent le système. Dans le système de la compagnie DENTU-C, l'analyste pourrait utiliser la touche F1 pour activer l'impression de l'output n°.1, F2 pour l'output n°.2 et ainsi de suite.

Dialogue à l'aide de menus. Ce type de dialogue est le mode d'interaction humain-machine le plus populaire. Il convient aussi bien aux utilisateurs novices qu'aux experts. Un menu est tout simplement une liste des actions que le système peut accomplir à un moment donné. Cette liste est affichée à l'écran et l'utilisateur choisit une des options en déplaçant le curseur sur l'option voulue et en appuyant sur la touche Retour, en tapant la première lettre de l'option ou en tapant le chiffre associé à l'option voulue.

Il existe deux façons de disposer les menus à l'écran. La première approche consiste à utiliser tout l'écran pour présenter les options. Ce type

VOIR LA FIGURE 7.22.

de menu est appelé menu pleine page◊. La deuxième approche est utilisée lorsque l'on veut continuer à montrer l'application à l'écran tout en offrant le menu d'options à l'utilisateur; le menu est continuellement présent à l'écran. Le menu peut alors être disposé sur une seule ligne, appelée barre

VOIR LA FIGURE 7.23.

des menus, située habituellement en haut de l'écran◊. Parfois les choix du menu sont représentés par des images (icones) situées dans une bande. On peut aussi créer des menus détachables; les choix apparaissent alors dans une fenêtre que l'utilisateur peut déplacer à son gré sur l'écran.

Il n'est pas rare qu'un seul niveau de menus ne suffise pas pour présenter toutes les actions disponibles à un moment donné dans un système. Il faut alors imbriquer les menus. Le choix d'un menu amène l'utilisateur à un autre menu qui peut à son tour conduire soit à une action, soit à un autre menu. Si les menus sont disposés pleine page, alors l'appel à un autre menu fera apparaître une nouvelle page. Si le menu principal est

FIGURE 7.22
Menu pleine page

SYSTÈME BIBLIOGRAPHIQUE

1. Saisie de documents
2. Modification des documents
3. Recherche bibliographique
4. Gestion des usagers
5. Rapports administratifs
6. Sortie

---

disposé sur une ligne de l'écran, dans ce cas, il existe deux techniques pour faire apparaître le deuxième niveau de menu : on peut faire apparaître le deuxième menu par-dessus le premier ou utiliser la technique des menus déroulants. Un menu déroulant est un menu qui est présenté verticalement par-dessus l'application et qui disparaît une fois le choix fait ◊.

VOIR LA FIGURE 7.24.

Voici quelques règles pour le design de menus. Ces règles sont tirées du livre de Dumas :

- Regrouper les éléments d'un menu selon un ordre logique. Par exemple, regrouper toutes les fonctions d'impression dans le même menu. S'il n'existe pas d'ordre logique particulier, disposer les éléments par ordre alphabétique ou par fréquence d'utilisation.

- Permettre d'accéder rapidement aux fonctions les plus utilisées.

- Permettre à l'utilisateur de quitter le menu sans faire de choix.

- Décrire les choix de façon claire, concise et épeler au long les choix.

FIGURE 7.23
Barre de Menus

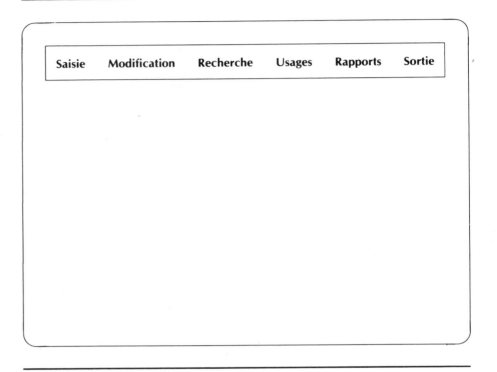

| Saisie | Modification | Recherche | Usages | Rapports | Sortie |

- Positionner les choix au centre de l'écran dans les menus pleine page.
- Pour les menus pleine page, toujours avoir un titre.

Les dialogues à base de menus sont très efficaces pour les utilisateurs novices, car ceux-ci ne sont plus tenus de se souvenir des différentes commandes du système, celles-ci étant toujours disponibles à l'écran. Cependant, l'utilisation de menus peut facilement devenir fastidieuse pour les utilisateurs experts. En effet, avoir continuellement à naviguer à travers une série de menus pour trouver une commande que l'on connaît déjà devient vite lassant.

Dialogue basé sur des questions/réponses. Dans ce type de dialogue, le système pose des questions auxquelles l'utilisateur fournit une réponse.

FIGURE 7.24
Menu Déroulant

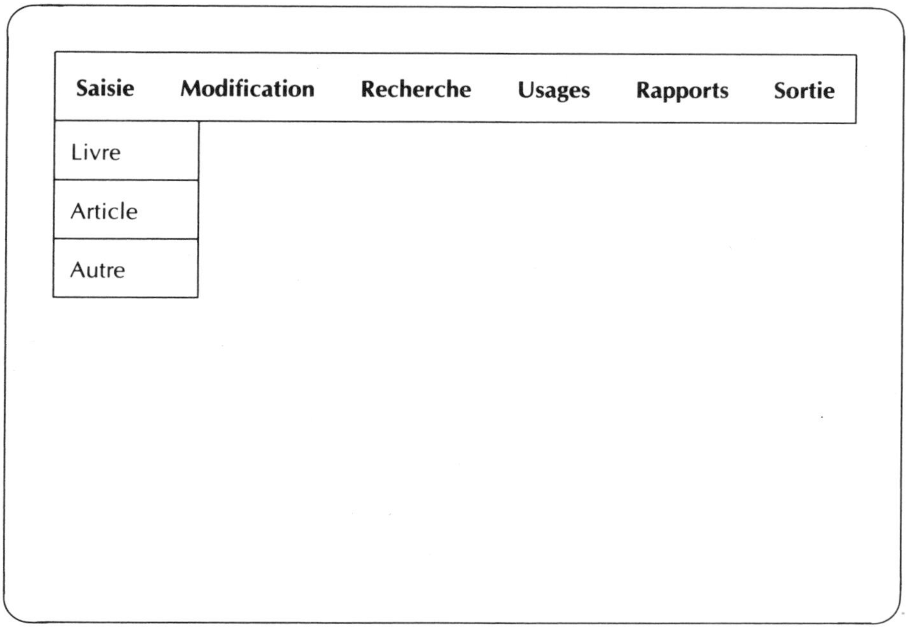

Saisie	Modification	Recherche	Usages	Rapports	Sortie
Livre					
Article					
Autre					

Le système continue le traitement en fonction des informations fournies par l'utilisateur.

Voici quelques règles sur la construction de dialogue questions/réponses :

- N'afficher qu'une petite quantité d'information à la fois.

- N'exiger que des réponses courtes.

- Si une réponse est basée sur des informations qui sont apparues plus tôt lors du dialogue, il faut veiller à ce que ces informations soient encore visibles à l'écran.

- Pour faciliter la lecture, le dialogue doit se situer dans la partie centre-gauche de l'écran.

- Différencier les questions du système des réponses des utilisateurs (questions en caractères gras, réponses en caractères normaux;

FIGURE 7.25
DENTU-C : Structure de menus

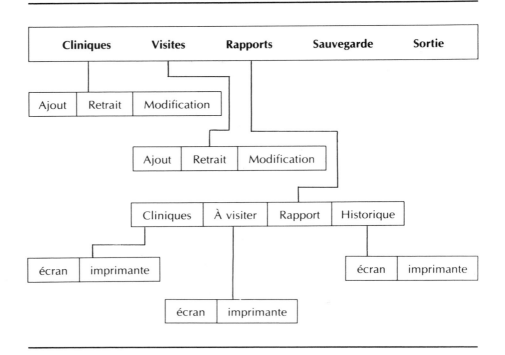

questions en lettres minuscules, réponses en majuscules; réponses mises en retrait ou précédées d'un caractère spécial).

Comme le dialogue questions/réponses est très long et fastidieux, il convient surtout pour des systèmes où les utilisateurs ont très peu d'expérience avec l'utilisation de systèmes informatisés. Cependant, c'est parfois le seul mode de dialogue possible. Par exemple, avec les systèmes de guichets automatiques, étant donné la grandeur de l'écran, on est obligé d'utiliser ce type de dialogue.

Un système d'information est rarement composé d'un seul type de dialogue. C'est en combinant les types de dialogue qu'un analyste peut développer un système intéressant pour les utilisateurs.

Pour le système de suivi des clients et des visites de la compagnie DENTU-C, l'analyste a décidé d'opter pour un système à base de menus. Voir la figure 7.25. La séquence des menus est présentée ci-dessus ◊.

Activité 5.4. Conception des procédures manuelles

La dernière étape de la conception physique externe est la conception des procédures manuelles. Tout système d'information a une composante manuelle. Dans certains systèmes, cette composante est très élaborée; par exemple, dans un système de prise de commande où les commandes sont complétées manuellement par le représentant puis envoyées par la poste au siège social où elles sont entrées dans l'ordinateur. Tandis que dans d'autres, il y a très peu d'étapes manuelles; c'est le cas d'un système où la prise de commande se fait directement à l'écran. Mais dans tous les cas, l'analyste devra évaluer quelle est la meilleure façon d'exécuter ces procédures manuelles.

Questions

1. À l'ÉNA (École nationale d'administration), lorsque le semestre est terminé, les notes des différents groupes-cours sont affichées sur un grand tableau afin que les étudiants puissent venir les consulter. Une analyste du service de l'informatique suggère que l'on devrait plutôt utiliser des écrans cathodiques. L'étudiant pourrait alors se brancher sur l'ordinateur central de l'ÉNA et demander ses notes pour les cours suivis depuis son entrée à l'ÉNA. Quels sont les avantages et inconvénients d'utiliser des écrans au lieu du papier?

2. Quels sont les avantages et les inconvénients de chacun des supports de l'information suivants : le papier, l'écran, les supports électroniques et la voix?

3. Nommez les sept zones d'un output. Quelle information place-t-on dans chacune d'elle?

4. Quels sont les trois principaux formats pour disposer l'information?

5. Indiquez les principales règles à respecter lors de la conception des sorties à l'écran.

6. Indiquez les principales règles à respecter lors de la conception des écrans de saisie.

7. Expliquez les quatre principaux modes d'interaction avec un système informatique.

8. Concevez un dialogue humain-machine permettant à des étudiants de vérifier les résultats qu'ils ont obtenus dans leurs cours.

Ouvrages traitant des aspects physiques de la conception de systèmes d'information

APPLE, *Human Interface Guidelines : The Apple Desktop Interface*, Addison-Wesley, 1988.

DUMAS, Joseph S., *Designing User Interfaces for Software*, Prentice Hall, 1988.

LAUREL, Brenda (éd.), *The Art of Human-Computer Interaction*, Addison-Wesley, 1990.

NORMAN, Don, *The Design of Everyday Things*, Doubleday, 1988.

RUBIN, Tony, *User Inteface Design for Computer Systems*, John Wiley and Sons, 1988.

GALLITZ, Wilbert O., *Handbook of Screen Format Design*, QED Information Sciences, 1985.

SHNEIDERMAN, Ben, *Designing the User Interface*, Addison-Wesley, 1987.

Réalisation technique

Objectifs et activités de la réalisation technique

Toutes les décisions relatives au type d'outil de développement à adopter, à l'organisation physique de la base de données et à l'accès aux enregistrements des fichiers, de même qu'au nombre de programmes différents qui composeront le système d'information, sont prises lors de l'étape de la réalisation technique. De la même façon, les activités de programmation, de test de programmes, de modules et de système font partie de cette étape. Le plus important bien livrable de la réalisation technique est la portion informatisée du système d'information, c'est-à-dire le logiciel. Les responsables de cette phase devront aussi fournir des documents, tels que des manuels d'utilisation et d'opération, de même qu'une documentation au sujet du système. Les principales activités de la réalisation technique sont présentées à la figure 8.1$^\diamond$.

VOIR LA FIGURE 8.1.

Activité 6.1. Planification de la réalisation technique

La tâche la plus importante de l'activité de planification est sans doute le choix de l'outil de réalisation. Ce choix aura une incidence sur les activités de conception physique interne (conception physique de la base de données, conception des programmes) de même que sur l'activité de programmation.

Il existe une grande variété de langages de programmation, chacun ayant ses avantages et ses inconvénients, chacun étant conçu pour répondre à certains types de besoins particuliers, que ce soit la performance, la facilité d'utilisation, la rapidité d'exécution des calculs ou la rapidité d'exécution des instructions d'entrée/sortie. Pour les applications commerciales, donc les applications qui nous préoccupent particulièrement ici, deux niveaux de langages sont privilégiés. Le premier, celui des langages dits de haut niveau ou de troisième génération, est constitué des langages de programmation classiques, tels que Basic, Fortran, Cobol et Pascal. Ces langages sont aussi appelés procéduraux puisque le programmeur doit, pour faire exécuter une activité, décrire en détail, au moyen de plusieurs instructions, comment doit être exécutée l'activité.

Il y a maintenant une dizaine d'années sont apparus des langages dits non procéduraux ou de quatrième génération, tels que Focus, SQL, Dataease, et Lotus 123, par exemple. Ces langages sont en général beaucoup plus près du langage naturel que ceux de la génération précédente. Ils sont dits non procéduraux parce que le programmeur n'a pas à indiquer le comment d'une activité, mais uniquement le Quoi? L'effort de programmation est de cette façon réduit de beaucoup.

FIGURE 8.1
Réalisation technique

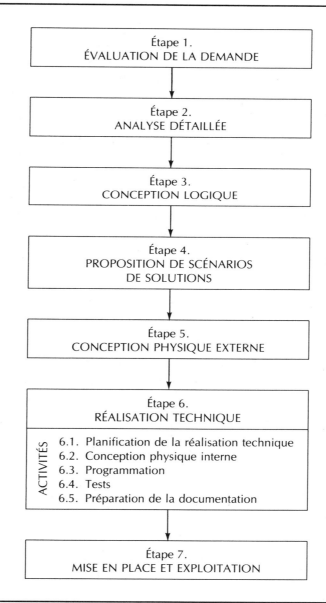

Cela signifie-t-il que l'on doive toujours adopter un langage de quatrième génération ? La réponse est non ; le langage le plus approprié dépend de la situation de développement où l'on se trouve, ainsi que du type de système à réaliser. Une application développée par un utilisateur non informaticien devra sans doute être réalisée avec un langage de quatrième génération. L'apprentissage d'un langage classique demande un investissement en temps tellement important que ce type d'outil de réalisation n'est pas approprié aux besoins des non-informaticiens. Dans le cas des applications de grande envergure développées par des informaticiens professionnels, James Martin, dans un ouvrage intitulé *Fourth-Generation Languages*[1], met l'accent sur l'importance de l'utilisation efficace de langages de quatrième génération, qui demande une période d'apprentissage importante et des méthodologies de conception physique interne, de contrôle et de suivi de projet, qui doivent être adaptées à leur utilisation. Est-il nécessaire d'ajouter que l'outil choisi devra être approprié au type d'application à l'étude. Une feuille de travail électronique n'est pas l'outil idéal pour développer un système de facturation et de suivi de la clientèle, même si c'est un langage non procédural et convivial...

Activité 6.2. Conception physique interne

Au premier chapitre, nous avions identifié les principales qualités d'une bonne information. Si les étapes d'analyse détaillée, de conception logique et de proposition de scénarios de solutions contribuent à assurer que le système produira une information complète, pertinente et succincte, l'activité de conception physique interne a pour objectif d'assurer la performance et la flexibilité du système ainsi que l'exactitude de l'information qu'il produit. Dans cette intention, deux composantes du système demandent une attention particulière : ce sont la base de données et les traitements. Deux tâches de la conception physique interne leur sont donc consacrées : la conception physique interne de la base de données et la conception physique interne des traitements.

Tâche 6.2.1. Conception physique interne de la base de données

Le principal objectif de la conception physique interne de la base de données en est un de performance. En effet, la conception logique a permis de s'assurer que la base de données contiendrait toutes les données essentielles, sans qu'il y ait redondance. La conception physique interne doit être telle que l'accès aux données soit rapide et efficace. Parmi les moyens

---

1. J. MARTIN, *Fourth-Generation Languages*, New York, N.Y., Prentice Hall, 1985.

mis à la disposition du concepteur de système, deux sont particulièrement pertinents : l'indexation des fichiers et l'ajout de certaines données aux fichiers.

Lorsqu'une base de données est implantée dans un ordinateur, le système de gestion de bases de données (SGBD) dispose chacun des enregistrements des fichiers selon l'ordre dans lequel ils sont saisis. Par exemple, le fichier DISQUES, faisant partie de la base de données discothèque d'une station de radio, contient 10 000 enregistrements de 100 caractères chacun. En voici quelques-uns :

Code	Titre	Interprète	Compagnie
A1032	Tug of War	McCartney, Paul	Columbia
A0231	Jarre in Concert	Jarre, Jean-Michel	Polygram
Z2345	Extensions	Tyner, McCoy	RCA
P1232	Winelight	Washington, Grover	Elektra
...	...	...	...

Le SGBD enregistrera les données dans l'ordre où elles seront saisies. Lorsqu'un programme demandera la lecture d'un des enregistrements du fichier (par exemple, Code = P1232), le SGBD devra lire aussi tous les enregistrements qui le précèdent. Selon la taille du fichier et le nombre de caractères de chaque enregistrement, le temps requis pour trouver un enregistrement peut être très long. Par exemple, sur micro-ordinateur, le temps moyen pour trouver un enregistrement qui fait partie d'un fichier de 10 000 enregistrements de 100 caractères chacun est de l'ordre de 6 minutes[2]. Dans de telles conditions, peu importe la qualité du contenu de la base de données ou celle de la conception des écrans, les utilisateurs risquent de devenir impatients!

Pour surmonter cette difficulté, le concepteur peut utiliser un index. Cet index consiste ni plus ni moins qu'en un carnet d'adresses que le SGBD remplit afin de toujours connaître l'adresse exacte, sur disque, d'un enregistrement donné. Ainsi, dans le cas où le concepteur de la base de données discothèque déciderait d'indexer l'attribut code, le SGBD construirait un index dans lequel serait conservée l'adresse physique de l'enregistrement contenant chacun des codes. L'utilisation d'index réduit considérablement les temps de lecture. Reprenant l'exemple du fichier de 10 000 enregistrements de 100 caractères chacun, le temps requis pour retrouver un enregistrement serait réduit de 6 minutes à 0,6 secondes[3].

2. *Dataease Reference Manual*, Trumbull, CT, Software Solutions Inc., 1986, p. 4-17.
3. Idem.

Cependant, l'indexation n'a pas que des avantages. L'index étant en quelque sorte un fichier, il occupe de l'espace sur le disque et doit lui aussi être maintenu à jour. Bien qu'elle se fasse automatiquement sous la supervision du SGBD, la mise à jour des index requiert parfois beaucoup de temps-ordinateur. En effet, chaque fois qu'un enregistrement est ajouté ou retiré d'un fichier ou qu'il est modifié, le SGBD devra faire la mise à jour des index contenant cet enregistrement. Comme il est possible au concepteur, s'il le désire, d'indexer tous les attributs d'un enregistrement, le nombre d'index à mettre à jour peut se multiplier très rapidement. Ces mises à jour consomment beaucoup de temps puisqu'elles requièrent plusieurs instructions de lecture-écriture sur disque. Les SGBD essaient de réduire cette difficulté en utilisant au maximum la mémoire centrale de l'ordinateur pour conserver les index pendant que les fichiers concernés sont traités. Ceci permet un traitement beaucoup plus rapide que d'avoir recours aux unités de disque. Le concepteur fait donc face à des choix techniques qui exigent certains compromis. Ne pas indexer implique, si le fichier est de volume important, des temps de réponse inacceptable par l'utilisateur. Indexer implique, si on ne dispose pas de capacité de mémoire suffisante, des attentes importantes lors des mises à jour. On recommande en général de n'indexer que les attributs utilisés pour sélectionner les enregistrements (la clé et certains autres attributs, comme par exemple, le nom du chanteur dans le fichier DISQUES) ou pour effectuer les liens entre les fichiers (clé lointaine). Le concepteur devra aussi s'assurer que la mémoire centrale de l'ordinateur utilisé aura suffisamment de capacité pour que les index puissent y être maintenus à jour.

Parmi les considérations techniques qui préoccupent les concepteurs de système au moment de la réalisation technique, on notera l'ajout de certaines données à la base de données. Rappelons que, lors de la conception logique, il avait été énoncé que les fichiers ne devaient contenir que des données primaires, c'est-à-dire des données qui ne pouvaient être calculées à partir d'autres données. C'était le cas pour la moyenne des notes des étudiants dans l'exemple de l'École nationale de gestion. Les notes obtenues par un étudiant dans chaque cours suivi étaient conservées, mais pas sa moyenne générale. Lorsqu'on désirait obtenir cette donnée, on la calculait à partir des données primaires. Il arrive cependant que lors de la conception physique interne, certaines des données dérivées doivent être conservées, et ce aux fins de performance. Voyons l'exemple suivant.

La compagnie aérienne Air Central a un système de points bonis offrant aux clients réguliers certains avantages et certaines primes, comme le surclassement ou des billets gratuits. Comme c'est le cas pour la plupart des compagnies aériennes ayant un tel système, le client doit, pour se prévaloir de ces avantages, être membre du club Grands Voyageurs.

Chaque fois qu'un membre du club voyage avec Air Central, il présente sa carte de membre au comptoir où un préposé prend note du numéro de membre et enregistre le vol. Le voyageur se voit attribuer un point par kilomètre parcouru avec Air Central et avec certaines compagnies affiliées. Les primes dépendent du nombre de kilomètres parcourus. Par exemple, un membre du club peut obtenir un surclassement (soit de classe économique en classe affaires ou de classe affaires en première classe) pour 10 000 points; 40 000 points lui donnent droit à un billet de classe économique partout en Amérique du Nord, 65 000 à un billet en classe économique pour l'Europe et 150 000 à deux billets, classe économique, n'importe où dans le monde. À la fin de chaque mois, Air Central fait parvenir un relevé à chacun des 45 000 membres du club Grands Voyageurs afin de lui indiquer le nombre total de points qu'il a accumulés. Devant une demande grandissante de la part des membres pour connaître leur solde de points en tout temps et non seulement au moment où ils reçoivent leurs relevés, Air Central a fait développer un système permettant la mise à jour et l'interrogation en temps réel de la base de données des membres du club Grands Voyageurs. Entre autres choses, le système permet aux préposés d'interroger la base de données et d'indiquer au membre le nombre de points accumulés jusqu'à maintenant. La conception logique de la base de données a prévu la saisie et la sauvegarde du nombre de kilomètres correspondant à chacun des voyages effectués par un membre, mais non pas le total des kilomètres. Cette dernière information n'est pas une information primaire, puisqu'elle peut être obtenue en faisant la somme du nombre de kilomètres pour chacun des voyages effectués par le membre du club. Pourtant, les concepteurs du système ont réalisé certains calculs et en sont venus à la conclusion qu'étant donné le nombre de demandes quotidiennes des membres et le nombre de lectures à effectuer pour arriver à totaliser les kilomètres parcourus par un membre, il était beaucoup plus économique de conserver en fichier le total plutôt que de le dériver des données primaires. Certains fichiers seront donc différents de ce que prévoyait la conception logique, et ce pour des raisons de performance.

Tâche 6.2.2. Conception physique interne des traitements

Comme il a été mentionné au début de ce chapitre, la conception physique interne des traitements dépend étroitement de l'outil de réalisation technique qui sera choisi pour réaliser le système. Les traitements devront être conçus de façon à ce que le logiciel qui en résultera soit facilement modifiable et performant. Plusieurs techniques de conception physique interne des traitements existent. Ce n'est pas un objectif de ce texte de présenter chacune de ces méthodes; les lecteurs intéressés pourront se référer à des textes plus poussés sur le sujet[4]. Nous nous contenterons de mentionner que ces techniques peuvent être aussi simples que de préconiser la conception d'un module pour chaque primitive du dictionnaire de données, élaboré lors de la conception logique. La logique de chaque module correspond donc à la logique du traitement tel que décrit dans la fiche logique du traitement. Si l'outil de développement choisi est un langage de quatrième génération, la description de la logique du traitement se rapprochera beaucoup de ce type de langage.

Des systèmes plus complexes appellent cependant des techniques d'une plus grande puissance et d'application plus difficile. Quelques-unes des techniques les plus populaires sont les diagrammes de Warnier-Orr, les diagrammes HIPO et les diagrammes structurés (*structured charts*). Mentionnons que ces techniques sont basées sur un concept qui sous-tendait l'approche d'analyse et de conception adoptée ici, c'est-à-dire la décomposition ou le passage du général au particulier.

Lorsque la conception physique interne des traitements est terminée, le concepteur doit avoir en main une description très précise de chacun des modules qui constitueront le système informatisé ainsi que des liens existant entre ces modules. Le passage vers la prochaine activité peut maintenant être effectué.

Activité 6.3. Programmation

L'activité de programmation consiste à traduire dans le langage de programmation choisi les spécifications élaborées lors de la conception physique interne. La programmation est une activité complexe, exigeant une grande minutie et consommant une partie importante du budget temps d'un projet de développement de systèmes. C'est pour cette raison que tant d'efforts sont faits pour développer et mettre en marché des outils de programmation qui réduiront l'ampleur de cette tâche. Dans le cas d'un système de grande taille, où plusieurs personnes effectuent la programmation, une coordination efficace s'impose. Sans elle, le risque serait grand de se retrouver avec des modules fonctionnant bien les uns indépendamment des autres, mais totalement incompatibles.

---

4. A. L. ELIASON, *Systems Development*, Boston, Mass., Little Brown, 1987.
   R. E. LESLIE, *Systems Analysis and Design*, Englewood Cliffs, NJ, Prentice Hall, 1986
   R. SCHNEYER, *Modern Structured Programming, Program Logic, Style and Testing*, Santa Cruz, Ca., Mitchell Publishing, 1985.

Activité 6.4. Tests

UNE ERREUR HUMAINE
FAIT AVORTER L'EXPÉRIENCE LASER DE DISCOVERY

HOUSTON (AFP) — Une erreur humaine de programmation d'ordinateur de vol de Discovery est à l'origine de l'échec hier de la première tentative de visée laser sur la navette à partir de l'île de Maui, dans l'archipel d'Hawaï, a expliqué la NASA.

Un miroir avait été fixé sur le hublot du pont inférieur de la cabine de pilotage du vaisseau spatial et un laser de faible puissance (4 watts) et de couleur bleue devait l'illuminer. Cette expérience, conçue par le Pentagone dans le cadre de ses recherches sur l'Initiative de Défense Stratégique (IDS, la fameuse guerre des étoiles) a pour but de déterminer les possibilités d'interception de missiles avec un rayon de la mort.

Pour cela, bien sûr, la navette devait se présenter d'une certaine manière au-dessus de l'île de Maui, où se trouve l'émetteur du laser, et lui offrir son bon côté. C'est précisément ce qui ne s'est pas passé.

Les informations transmises à l'ordinateur chargé de commander les changements d'altitude étaient complètement erronées et lorsque Discovery a survolé Maui, sur l'orbite 37, elle n'était pas bien positionnée. Résultat : le laser a illuminé la navette — le commandant Daniel Brandenstein l'a confirmé au centre spatial de Houston (Texas) — mais pas le réflecteur fixé sur le hublot.

L'erreur de programmation responsable de cet échec est tellement énorme qu'elle est à peine croyable, soulignent les spécialistes.

Selon la NASA, les responsables du *software*, à terre, ont en effet transmis à l'équipage des données exprimées en pieds alors qu'elles auraient dû l'être en milles nautiques.

_____
La Presse, Montréal, jeudi 20 août 1985, page E8.

Comme l'illustre l'exemple précédent, même si le ou les programmeurs chargés de la réalisation technique sont des experts dans leur domaine, le logiciel qu'ils auront réalisé sera rarement exempt d'erreurs. Afin de s'assurer que le système à être mis en place contient le plus petit nombre d'erreurs possible (puisqu'il est pratiquement inconcevable d'imaginer qu'un système complexe puisse être totalement exempt d'erreurs), des tests du système doivent être effectués. Plusieurs facettes d'un système doivent être testées; E. M. Awad[5] en suggère sept :

a. l'exactitude des outputs produits par le système;
b. le temps de réponse;
c. la capacité de traiter le volume requis de données;
d. la capacité de traiter un volume élevé de données dans une période de temps réduite;
e. la capacité de recouvrement après un arrêt de fonctionnement;
f. la sécurité des données;
g. la facilité d'utilisation de la documentation et des manuels de modes d'action.

Les données utilisées pour effectuer les tests doivent être le plus près possible des données réelles, et doivent représenter la plus grande variété de situations possible. En général, ce sont les utilisateurs qui ont la responsabilité de préparer les données de tests. En effet, ce sont eux qui connaissent le mieux les diverses valeurs que peuvent prendre ces données, de même que les situations d'exception.

Activité 6.5. Préparation de la documentation

Une grande partie de la documentation au sujet du système est déjà disponible. En effet, la documentation qui se rapporte aux modèles logique et physique externe a été élaborée au cours des étapes précédentes. Le modèle physique interne doit à son tour être détaillé. De plus, une documentation technique (code des programmes, liens entre les modules, résultats de tests par exemple) ainsi qu'un manuel d'exploitation destiné aux techniciens qui seront chargés de faire fonctionner le système devront être préparés.

Questions

1. Quel est l'outil de réalisation technique le plus approprié à un système d'information de gestion? Pourquoi?

2. Donnez un exemple d'un fichier pour lequel plusieurs attributs devraient être indexés.

---

5. E. M. Awad, *Systems Analysis and Design*, Homewood, Il., Irwin, 1985.

3. Pourquoi l'indexation augmente-t-elle le temps requis pour faire la mise à jour d'un fichier?

4. Vous êtes responsable des tests du système de suivi de consommation d'essence de la municipalité de Belleville décrit au chapitre 6. Fournissez la liste des données que vous utiliseriez pour effectuer ces tests.

5. Répondez à la même question pour le système de préparation des bulletins de l'ÉNG décrit au chapitre 5.

## CHAPITRE 9

Mise en place et exploitation

S·O·M·M·A·I·R·E

Objectifs de la phase de mise en place et d'exploitation

Voir la figure 9.1.

La septième et dernière étape d'un projet de développement de système est la mise en place et l'exploitation du système◊. Le principal objectif de cette étape est de s'assurer que le système réalisé s'intégrera, avec un minimum de heurts, aux activités normales de l'organisation et qu'il sera, tout au long de son utilisation, adapté aux changements éventuels des besoins des utilisateurs. Cette étape comporte deux grands types d'activités; les unes s'intéressent aux aspects technologiques, les autres aux aspects humains. Bien que les premières ne soient pas à négliger, c'est souvent à une gestion inadéquate des aspects humains que l'on doive attribuer l'échec d'un système d'information. En effet, au cours de cette phase, une attitude positive de la part des utilisateurs est un facteur critique du succès du nouveau système. Cependant, l'analyste ne devra pas attendre que le projet soit parvenu à cette phase avant de faire en sorte que les utilisateurs soient engagés psychologiquement face au système. De nombreuses études ainsi que l'expérience des praticiens ont en effet montré que l'acceptation d'un système par les utilisateurs est étroitement reliée à leur degré d'engagement et de participation à toutes les étapes du développement, et non pas uniquement au cours des phases finales.

L'implantation d'un nouveau système, nous l'avons dit à plusieurs reprises, peut constituer un changement important pour l'organisation. De nombreuses approches au changement organisationnel prennent appui sur le modèle proposé il y a plus de 40 ans par K. Lewin[1]. Ce modèle stipule que, pour qu'un changement soit réussi, l'individu (ou l'organisation) doit passer par trois phases : la déstabilisation (*unfreezing*), le changement (*moving*) et la restabilisation (*refreezing*).

La déstabilisation a pour effet de créer un climat propice au changement, de faire prendre conscience à l'individu qu'un changement s'avère nécessaire. Les recherches dans le domaine ont démontré qu'un changement a peu de chances de se réaliser si les acteurs ne sont pas pleinement conscients qu'un problème existe, que la situation dans laquelle ils se trouvent n'est pas adéquate et « qu'il faut faire quelque chose ».

Tous les utilisateurs d'un système d'information ne vivent cependant pas cette prise de conscience en même temps! Si les responsables d'une demande d'étude de système se rendent compte des problèmes causés par la façon présente de fonctionner, il n'en est peut-être pas de même pour les utilisateurs chargés d'effectuer les traitements de données, ou pour certains destinataires de l'information produite par un système. L'analyste ou l'équipe d'analyse aura donc souvent la responsabilité, auprès de cer-

---

1. K. Lewin, « Frontiers in Group Dynamics », *Human Relations*, vol. 1, 1947, p. 5-41.

FIGURE 9.1
Mise en place et exploitation

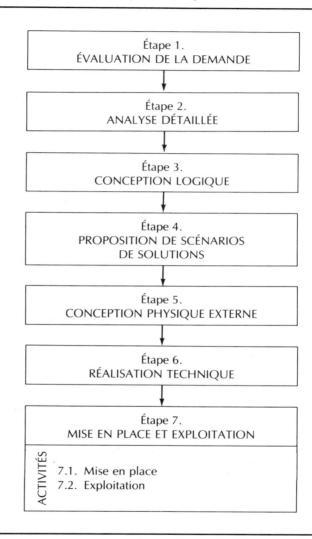

tains utilisateurs, de mener à bien cette phase de déstabilisation et ce, au début du projet, lors de l'évaluation de la demande et de l'analyse détaillée.

Selon le modèle, lorsque la phase de déstabilisation est terminée, l'individu est prêt à accepter le changement, que ce soit une nouvelle façon de se comporter, de penser ou de travailler. La phase de changement (*moving*) consiste donc à apporter à l'individu ou à l'organisation cette nouvelle façon de faire. Dans le cas d'un projet de système d'information, la conception des modèles logique et physique externe, la réalisation technique et la mise en place font partie de cette phase. On comprend que les utilisateurs soient parfois impatients de voir le système terminé. Si la phase de déstabilisation s'est déroulée de façon adéquate, les utilisateurs sont insatisfaits de la situation actuelle et désirent un nouveau système. La nécessité d'attendre (souvent de nombreux mois, ou même des années) qu'un nouveau système soit réalisé leur est parfois difficile à accepter. L'engagement et la participation des utilisateurs au cours de ces étapes sont donc précieux non seulement parce qu'ils permettent de s'assurer que le système en cours de réalisation correspondra à leurs besoins, mais aussi parce qu'ils permettent au changement de s'effectuer.

La dernière phase du modèle de Lewin, appelée la restabilisation (*refreezing*), consiste en des activités de renforcement et d'ajustement du nouveau comportement. Il semble en effet que, si rien ne vient renforcer le comportement récemment acquis, celui-ci peut disparaître. De la même manière, si des ajustements ne sont pas faits, le comportement peut ne pas correspondre tout à fait à ce qui était désiré. Dans le cas d'un système d'information, cette étape de restabilisation se produit après la mise en place, c'est-à-dire au cours de l'exploitation du système. Les activités de renforcement et d'ajustement comprendront entre autres le support aux utilisateurs, l'entretien du système et la post-évaluation.

Activités de la phase de mise en place et d'exploitation

La figure 9.1 situe la mise en place et l'exploitation dans le cadre d'un projet de développement de système. La mise en place comporte les activités de préparation des fichiers et bases de données, de formation des utilisateurs et de passage de l'ancien au nouveau système. L'exploitation comporte les activités de support aux utilisateurs, d'entretien du système et de post-évaluation. La nature de ces activités est telle que certaines d'entre elles peuvent, et même parfois doivent, être effectuées de façon concomitante. Tel est le cas de la conversion des fichiers et de la formation des utilisateurs, ainsi que du support aux utilisateurs et de l'entretien du système. Contrairement aux autres activités d'un projet de développement de système, ces deux dernières activités ne seront pas ponctuelles, mais elles devront prendre place tant et aussi longtemps que le système sera en utilisation dans l'organisation.

Activité 7.1. Mise en place

Comme son nom l'indique, la mise en place est constituée de l'ensemble des tâches reliées à l'installation du nouveau système. On ne peut, en effet, une fois la réalisation technique terminée, passer directement à l'exploitation du système. Les tâches suivantes doivent auparavant être menées à bien : préparation des fichiers et des bases de données, formation des utilisateurs et passage de l'ancien au nouveau système.

Tâche 7.1.1. Préparation des fichiers et des bases de données

Les chapitres précédents, en particulier celui portant sur la conception logique du système, nous ont permis de saisir l'importance du rôle que jouent les dépôts de données (bases de données ou fichiers) dans un système d'information. Lorsqu'un nouveau système est réalisé, trois situations peuvent se produire, en ce qui concerne les dépôts. D'abord, il se peut que les dépôts nécessaires existent déjà, selon les spécifications élaborées au cours des activités de conception; ensuite, les dépôts peuvent exister mais être incomplets ou leur structure inadéquate; finalement, les dépôts peuvent être inexistants. Des mesures différentes s'imposent dans chaque cas.

Si les dépôts, tels qu'ils ont été spécifiés lors des activités de conception, sont déjà en place, aucune tâche de préparation n'est nécessaire. Tel serait le cas dans l'exemple suivant. La nouvelle directrice du marketing d'une entreprise fabriquant et distribuant des articles d'hygiène dentaire a demandé le développement d'un système d'analyse des ventes. Ce système devra produire des rapports de ventes par représentant, par produit, par région et par type de client (pharmacie, épicerie ou grand magasin, par exemple). Les analystes qui ont conçu le système ont déterminé que la base de données permettant de produire ces rapports devait comporter cinq fichiers différents : REPRÉSENTANTS, CLIENTS, RÉGIONS, PRODUITS et VENTES. Après avoir consulté le dictionnaire de données de l'entreprise, ils se sont aperçus que cette base de données, avec une structure identique, existait déjà. Elle était utilisée dans le cadre du système de facturation et comptes clients. Elle comportait tous les attributs identifiés comme étant requis pour produire les rapports demandés par la directrice du marketing. De plus, la fréquence des mises à jour correspondait à la périodicité requise par le système d'analyse de ventes. La mise en place du nouveau système a donc été facilitée par le fait qu'on n'a pas eu à créer cette base de données. Il a suffi de contacter les gestionnaires responsables du système de facturation et comptes clients pour obtenir leur permission d'utiliser les données.

QUAND SE PRÉOCCUPER
DE LA PRÉSENCE OU DE L'ABSENCE D'UN DÉPÔT?

L'exemple qui précède décrit une situation dans laquelle la base de données requise pour la production des outputs du système existait déjà. Bien que ce ne soit pas toujours le cas, cette situation peut en effet se produire. Si les analystes attendent d'en être arrivés à l'étape de mise en place du système pour vérifier si les fichiers nécessaires au système existent déjà, ils auront sans doute effectué auparavant des tâches inutiles. Lesquelles? À quel moment, au cours du projet de développement de système, doivent-ils s'interroger à ce sujet?

La deuxième situation possible est celle où les dépôts de données requis par le système existent, mais sont soit incomplets ou ont une structure inadéquate. Cette situation exigera qu'une saisie des données qui ne sont pas sur support informatique soit effectuée. Quant aux données entreposées dans des fichiers dont la structure n'est pas adéquate, elles devront être extraites de ces fichiers pour être réinsérées dans la base de données du système. Reprenons l'exemple de l'entreprise d'articles d'hygiène dentaire. Supposons maintenant que la base de données, telle qu'elle a été spécifiée lors de la conception, n'existe pas. Les données concernant les régions ne sont pas informatisées; les fichiers REPRÉSENTANTS, CLIENTS et PRODUITS existent mais ne contiennent pas d'attributs se rapportant à l'entité région. Un fichier FACTURES existe en lieu et place du fichier VENTES. Chaque enregistrement du fichier FACTURES est une image d'une facture. Il comporte le nom du représentant, le nom et l'adresse du client, et le détail de chaque produit acheté par le client : numéro, quantité, prix unitaire. Les enregistrements du fichier sont donc de longueur variable. Bien que la structure de ces fichiers ne soit pas adéquate, les données qu'ils contiennent sont pertinentes. Dans ce cas, la préparation des fichiers nécessitera deux actions différentes. D'une part, il faudra saisir les données qui ne sont dans aucun fichier. Ainsi, il faudra créer le fichier RÉGIONS; d'autre part, il faudra saisir, dans les autres fichiers, les données relatives aux régions (par exemple, dans le fichier REPRÉSENTANTS, les valeurs prises par l'attribut région, indiquant dans quelle région travaille le représentant). Un programme de conversion devra aussi être mis au point. Ce programme permettra d'extraire les données des fichiers existants, mais de structure inappropriée, et de les copier dans les fichiers de la nouvelle base de données.

Si les dépôts sont inexistants, ils devront, bien sûr, être créés. Cette tâche sera plus ou moins difficile, selon le degré de disponibilité des données. En effet, on peut imaginer une situation où les données ne sont pas informatisées, mais où elles sont entreposées sur des supports manuels.

Dans un tel cas, la préparation des fichiers consistera à saisir, à partir de documents, toutes les données à entreposer dans la base de données. Selon l'envergure du système, cette tâche sera plus ou moins longue. Cependant, elle n'est pas complexe. Il est des situations où la préparation des fichiers s'avère beaucoup moins simple. L'exemple ci-dessous en est une illustration.

À l'automne 1988, dans plusieurs journaux et magazines européens, on a pu lire un entrefilet dont la teneur était la suivante. Lady Diana, princesse de Galles, avait demandé à une firme d'experts en informatique de mettre au point un système lui permettant de gérer sa garde-robe. Bien que l'idée puisse en faire sourire certains, ce système est sans doute relativement complexe. En effet, les exigences relatives au rang social de la princesse sont telles qu'elle doit, chaque jour, être présente à un certain nombre de manifestations officielles. Nous savons tous, cependant, qu'il serait mal vu qu'elle porte trop souvent le même vêtement ou à tout le moins, qu'un même vêtement soit souvent vu par les mêmes personnes. Toutefois, à cause de certaines contraintes monétaires, elle ne peut se débarrasser d'un vêtement dès qu'il a été porté une fois. La gestion de la garde-robe doit tenir compte de ces contraintes. D'autres contraintes existent. Ainsi, chaque vêtement est approprié à une ou plusieurs circonstances (inauguration d'édifice, visite d'hôpital, bal, gala, par exemple), à un moment de la journée en particulier, et se porte avec un ou plusieurs accessoires. La firme d'experts avait donc pour mandat de créer un système qui, d'une part, conserverait les données relatives à tous les éléments de la garde-robe de la princesse (couleur, tissu, description, circonstances pour lesquelles le vêtement est approprié, moment de la journée où il peut être porté, dates et circonstances au cours desquelles il a été porté, par exemple), indiquer les agencements possibles, conserver une « trace » des activités de l'élément, et ainsi de suite. Imaginons que la princesse n'ait, jusqu'à ce jour, conservé aucune donnée au sujet de sa garde-robe. Le travail de préparation des fichiers serait sans doute fort long et fort complexe. En effet, il nécessiterait l'examen de chaque élément de la garde-robe afin d'en identifier tous les attributs. Ces données devraient ensuite être saisies. On risquerait peu de se tromper en disant qu'un plus grand nombre d'heures seraient nécessaires à la préparation des fichiers qu'à la conception et à la réalisation technique du système. Bien sûr, ceci ne serait pas vrai dans le cas de toutes les garde-robes!

Tâche 7.1.2. Formation des utilisateurs

De la même façon qu'une voiture, même neuve, pourra avoir des ratés si son conducteur n'a jamais appris à conduire, un système, même parfait du point de vue technique, ne pourra pas fonctionner adéquatement s'il est utilisé par des gens non formés. Loin de vouloir rendre les utilisateurs responsables des ratés que peut avoir un système, cet énoncé met l'accent sur l'importance de la formation à offrir aux futurs utilisateurs. Nombreux sont les exemples de systèmes techniquement corrects, dans lesquels les organisations avaient investi d'importantes sommes et les analystes mis beaucoup de temps, mais dont on avait négligé le côté formation des utilisateurs. Plusieurs raisons peuvent être données pour expliquer cette négligence. Dans certains cas, ce sera à cause d'un retard du projet par rapport aux échéances prévues; afin de ne pas créer de délais supplémentaires, on rogne sur les dernières activités, celles qui semblent les moins critiques. Dans le même ordre d'idées, il peut aussi y avoir des dépassements importants de budgets; on essaie alors de couper les coûts là où faire se peut. Dans le cas de systèmes d'envergure réduite, où il y a, par exemple, un seul analyste et quelques utilisateurs seulement, il peut arriver que l'analyste soit affecté à de nouvelles tâches avant que la formation n'ait pu être faite. Peu importe la raison, si elle explique que l'on ait négligé la formation, elle n'excuse pas cette négligence.

Le succès de la formation donnée aux utilisateurs dépend, bien évidemment, de la compétence de la personne qui en est responsable, mais aussi et surtout de l'adéquation entre le contenu de la formation offerte et l'utilisation que l'individu formé fera du système. En effet, le responsable de la formation devra avoir une connaissance complète du système afin d'être en mesure d'en expliquer le fonctionnement et de répondre aux questions des utilisateurs. Il arrive parfois que l'on charge un utilisateur de la formation. Cette façon de faire a certains avantages, dont le principal est de fournir aux gens qui reçoivent la formation, un interlocuteur ayant la même culture organisationnelle qu'eux. Il faudra, idéalement, que cet utilisateur ait participé de façon intense au projet de développement; autrement, sa connaissance du système risquerait d'être inadéquate. Le responsable de la formation devra aussi être bon communicateur et savoir s'adapter aux besoins des diverses populations à former.

Pour une formation réussie, le contenu de la formation et la méthode d'enseignement adoptée doivent impérativement correspondre aux besoins des utilisateurs à qui l'on s'adresse. On ne décrira pas un système de la même façon selon que l'on s'adresse aux responsables de la saisie des données ou aux gestionnaires qui disposent d'un écran leur permettant d'effectuer des requêtes à la base de données. Avec les premiers, on mettra l'accent sur l'importance de la validité des données saisies, sur le soin requis pour effectuer la saisie; avec les utilisateurs destinataires d'outputs, on mettra par exemple l'accent sur la façon d'effectuer les requêtes ainsi que sur le contenu de la base de données.

Au départ, les responsables de la formation devront définir avec soin les objectifs du programme de formation, selon la catégorie d'utilisateurs à laquelle ils s'adressent. Le programme de formation devra aussi inclure un mécanisme permettant de mesurer si ces objectifs ont été atteints.

Tâche 7.1.3. Passage de l'ancien au nouveau système

Nombreux sont les utilisateurs et les analystes qui envisagent le passage de l'ancien au nouveau système avec appréhension. Pour les analystes, cette activité est le test ultime du système que leur équipe a mis au point. Si quelque chose cloche, c'est qu'ils n'auront pas bien rempli leur mandat. Pour les utilisateurs, le passage au nouveau système signifie un changement, parfois majeur, dans leur façon de travailler. Ils s'interrogeront sur leur capacité à utiliser efficacement le système, sur la qualité de l'information qu'il produira et sur les changements concrets qu'il apportera à la situation. Il existe différentes approches pour passer de l'ancien au nouveau système, chacune avec ses avantages et ses inconvénients◇.

Voir le tableau 9.1.

TABLEAU 9.1

Passage de l'ancien au nouveau système

- Approche directe
- Approche par traitement en parallèle
- Approche par centres pilotes
- Approche par livraisons successives

Approche directe. Lorsque cette approche est mise en pratique, le passage de l'ancien au nouveau système se fait de façon radicale. Au jour J-1, l'ancien système est en fonctionnement alors qu'au jour J, le nouveau est en vigueur. Cette approche est relativement risquée puisque, l'ancien système étant complètement « abandonné », on ne peut s'y replier en cas de mauvais fonctionnement du nouveau. Dans certains cas, une erreur pourrait avoir des conséquences néfastes. Il arrive cependant qu'il soit impossible de faire autrement. Tel est le cas par exemple des situations où l'on effectue un changement d'unité centrale. On profite souvent d'un congé pour effectuer le changement; au retour du congé, les utilisateurs n'ont pas d'autre choix que d'utiliser le nouvel équipement.

Approche par traitement en parallèle. Cette approche est beaucoup plus conservatrice et beaucoup plus sûre que la précédente. Comme son nom l'indique, elle consiste à faire fonctionner, pendant une certaine période, les deux systèmes en même temps. Imaginons, par exemple, que l'on ait développé un nouveau système de comptes clients chez un distributeur de produits de quincaillerie. Un traitement en parallèle impliquerait que les comptes clients soient mis à jour et les états de compte préparés selon deux méthodes, l'ancienne et la nouvelle. On imagine sans peine que cette approche est fort coûteuse; faire fonctionner deux systèmes en même temps implique que l'on doive défrayer les coûts de fonctionnement de ces deux systèmes. L'objectif premier de cette approche est de s'assurer que le nouveau système fonctionne adéquatement, que l'information qu'il produit est juste. Ce n'est cependant pas une approche infaillible. On ne peut en effet être certain, que s'il y a divergence entre les deux systèmes, le nouveau soit fautif. C'est peut-être l'ancien qui est la cause de l'erreur. Cette approche fait aussi courir le risque d'encourager une certaine résistance de la part des utilisateurs. Il arrive que ces derniers, ne désirant pas vraiment passer au nouveau système, trouvent à celui-ci toutes sortes de défauts, prolongeant ainsi la période de traitement en parallèle.

Approche par centres pilotes. L'approche par centres pilotes évite les pièges de l'approche directe et de l'approche parallèle. Elle consiste à procéder au passage de l'ancien au nouveau système de façon directe, cette fois non pas pour tous les utilisateurs, mais pour un ou plusieurs groupes expérimentaux. Au début des années 70, les banques canadiennes ont opté pour cette approche lorsqu'elles ont procédé à la mise en place des systèmes de mise à jour en temps réel des comptes clients. Certaines succursales étaient des succursales pilotes. Le système était mis en place dans ces succursales et l'on procédait à des évaluations. Lorsque tout fonctionnait bien, on passait à un nouveau groupe de succursales et ainsi de suite, jusqu'à ce que le système soit implanté partout.

Approche par livraisons successives. Cette approche, très utilisée par les firmes de consultants en systèmes d'information, a été rendue possible par l'utilisation de méthodes structurées pour l'analyse et la conception de systèmes d'information. Ainsi l'utilisation du DFD pour décrire le modèle logique du nouveau système permet de créer des modules, lesquels seront mis en place successivement. Par exemple, dans un système simple, on mettra en place le module de saisie et validation des données, puis celui de mise à jour, puis celui de production des rapports. Cette façon de faire a le grand avantage d'introduire le changement par étapes successives. De plus, lorsque les utilisateurs sont impatients d'avoir leur nouveau système, cette approche a le mérite de leur en livrer rapidement certaines composantes plutôt que de les contraindre à attendre que tout le système soit au point.

QUELLE EST LA MEILLEURE APPROCHE?

D'après la description de chaque approche de passage de l'ancien au nouveau système, donnez les principaux avantages et inconvénients de chacune. Donnez, l'exemple d'une situation pour laquelle chacune s'avérerait la plus appropriée.

Activité 7.2. Exploitation

Contrairement aux autres activités réalisées dans le cadre d'un projet de développement de système, les tâches reliées à l'exploitation du système ne sont pas ponctuelles. Elles devront être accomplies tant et aussi long-temps que le système sera utilisé. Ces tâches sont les suivantes : entretien et évaluation post-implantation.

Tâche 7.2.1. Entretien

L'étape de réalisation technique devrait logiquement résulter en un système dûment testé qui, s'il a été conçu avec soin, répond aux besoins exprimés par les utilisateurs. Il en est cependant autrement dans la réalité. Comme c'est généralement le cas pour un produit nouveau et complexe, on ne pourra vraiment juger de la qualité du système que lorsqu'il aura été utilisé pendant une certaine période, dans son environnement réel. Au cours des premières semaines, voire des premiers mois d'utilisation d'une voiture neuve, par exemple, il arrive souvent que des ajustements soient à faire. Puis avec les années, il faudra procéder à un entretien régulier et parfois à des réparations majeures. De la même façon, c'est après avoir vécu quel-ques mois dans une maison neuve qu'on est en mesure d'identifier certains changements, mineurs faut-il espérer, à effectuer. Après un certain nombre d'années, la maison vieillissant et les besoins des propriétaires changeant, il faudra, là aussi, procéder à des changements plus importants.

Le cas d'un nouveau système d'information n'est pas très différent; dès le début de son utilisation, des ajustements sont généralement à faire. Ces ajustements sont demandés soit parce que des erreurs se produisent, soit parce que des problèmes techniques surviennent, soit parce que les outputs ne correspondent pas tout à fait à ce que les utilisateurs désiraient, et pour nombre d'autres raisons. Il faut donc répondre à ces demandes et procéder à l'entretien du système.

Les activités d'entretien ne sont pas limitées aux changements à effec-tuer après avoir fait la mise en place. Comme c'est le cas pour une voiture ou une maison, on doit assurer l'entretien d'un système tout au long de sa vie utile. Les activités d'entretien résulteront généralement de demandes faites par les utilisateurs parce que leurs besoins auront changé et que le système n'y répondra plus de façon convenable. Parfois aussi, les changements technologiques exigeront des changements au système. Finalement, il pourra arriver que l'on procède à l'entretien d'un système pour en améliorer la rapidité de traitement ou pour optimiser l'utilisation du matériel en place.

Tâche 7.2.2. Évaluation post-implantation

Tout au long du projet de développement d'un système d'information, l'analyste ou l'équipe d'analyse établit des prévisions au sujet du temps requis ou des frais à engager pour développer le système, des coûts d'exploitation ou encore des bénéfices escomptés. Il procède aussi à l'identification des objectifs à atteindre. Une fois le système en place, on devra déterminer si ces prévisions étaient justes et si le système atteint les objectifs fixés; on procédera donc à l'évaluation du projet et du système.

L'évaluation du projet consiste principalement à comparer le temps réel requis pour le développement du système au temps qui avait été prévu, et à déterminer si le projet a respecté le budget fixé. Pourquoi procéder à une telle évaluation? Deux raisons s'imposent; la première procède de la gestion de personnel, la seconde est liée à la nécessité pour l'organisation d'accumuler de l'expérience dans le domaine de la gestion de projets d'informatisation.

La qualité du travail accompli par la personne chargée de la gestion de projet, qu'elle soit analyste ou chef de projet, doit être évaluée par ses supérieurs. Le premier critère qui permet d'évaluer la qualité de la gestion d'un projet est le respect des échéances et des budgets. Ceci ne signifie pas qu'aucun dépassement ne doit ni ne peut être accepté. Cependant, un chef de projet dont les projets dépassent systématiquement les délais et les budgets qu'il avait prévus devra revoir ses méthodes de prévision ou ses méthodes de gestion de projet. Dans tous les cas, il devra s'efforcer d'expliquer les écarts.

Cette explication des écarts et la documentation au sujet du projet et en rapport avec la gestion du temps et du budget seront des renseignements précieux pour l'organisation. En effet, si un effort est fait pour expliquer le degré de réussite de chaque projet de développement de système, l'organisation accumulera de l'expérience dans le domaine et sera mieux à même de gérer efficacement les projets à venir. Les auteurs qui s'intéressent au concept de risque identifient en effet le manque d'expérience d'une équipe ou d'une organisation avec les projets d'informatisation comme étant un facteur de risque important. Inversement, l'accumulation d'expérience contribuera à faire diminuer celui des projets futurs.

En plus d'évaluer la gestion du projet, on devra se préoccuper d'évaluer le système lui-même. Cette évaluation ne pourra être faite immédiatement après la mise en place; il sera alors trop tôt pour déterminer si le système atteint ses objectifs ou non. Il faudra attendre que le système ait été utilisé pendant un certain temps avant de pouvoir procéder à cette évaluation. L'évaluation de caractéristiques telles que le temps de réponse, la facilité d'utilisation, la qualité des outputs produits pourra être faite assez rapidement, c'est-à-dire trois ou quatre mois après que le système aura été mis en place. Pour d'autres aspects, il faudra attendre plus longtemps, selon le système. Pour les aspects reliés aux coûts/bénéfices, par exemple, il faudra souvent attendre que le système ait été utilisé pendant une année complète avant de procéder à l'évaluation. De la même façon, il ne sera parfois possible de mesurer le degré d'atteinte des objectifs qu'après que le système aura été utilisé pendant une période assez longue. Peu importe cependant la période qui aurait dû s'écouler avant qu'on puisse être en mesure de procéder à une évaluation, cette dernière est primordiale. Pourtant, nombreuses sont les organisations où cette activité est négligée.

Questions

1. Quel est l'objectif qui sous-tend l'étape de mise en place et exploitation?

2. Expliquez en quoi cette étape est une étape critique au succès d'un projet de développement de système d'information.

3. L'implantation d'un nouveau système peut constituer un changement important pour l'organisation. Le modèle de Lewin stipule que, pour qu'un changement soit réussi, l'individu (ou l'organisation) doit passer par trois phases, soit la déstabilisation (*unfreezing*), le changement (*moving*) et la restabilisation (*defreezing*). Expliquez chacune des trois phases du modèle de Lewin. En quoi ce modèle est-il pertinent aux concepteurs de systèmes d'information?

4. Quelles sont les activités associées à la phase de mise en place? à la phase d'exploitation du nouveau système?

5. Pourquoi la formation des utilisateurs ne doit-elle pas être négligée? Qu'est-ce qui explique qu'elle est souvent négligée? Est-ce une bonne idée de charger un utilisateur de la formation? Quels sont les avantages et les inconvénients de la formation sur le site et chez le fournisseur?

6. Quelles sont les principales approches permettant le passage de l'ancien système au nouveau? Expliquez brièvement chacune d'entre elles. Dans quels cas particuliers est-il préférable d'opter pour une approche plutôt qu'une autre? Quels sont les pièges que cache chaque approche?

7. Quels sont les principaux motifs qui nécessitent l'entretien d'un système d'information?

8. Quelle est la nature du lien pouvant exister entre les phases d'analyse détaillée et d'évaluation post-implantation? Pourquoi procède-t-on à une telle évaluation?

Outils de cueillette d'information

L'évaluation de la demande et l'analyse détaillée sont caractérisées par l'importance des activités de cueillette d'information. Il existe quatre outils privilégiés qui permettent de mener à bien ce genre de tâche : l'interview, le questionnaire, l'observation et la documentation. Ces outils se complètent l'un l'autre, chacun avec ses caractéristiques propres. L'utilisation de l'un permet de compléter, de corroborer ou de mettre en doute l'information recueillie au moyen d'un autre. Parce qu'il doit faire en sorte que l'information recueillie soit la plus exacte et la plus complète possible, l'analyste les utilisera tour à tour.

Interview

Avec la documentation, l'interview est l'outil de cueillette d'information dont l'analyste fera l'usage le plus intensif au cours d'un développement de système. En effet, l'interview servira autant à recueillir des faits et des opinions au cours de l'évaluation de la demande et de l'analyse détaillée, qu'à identifier les besoins au cours de la conception logique et de la conception physique externe. L'interview n'est ni une conversation à bâtons rompus entre l'analyste et l'utilisateur, ni un interrogatoire en règle. C'est un entretien qui doit être planifié et préparé avec soin, au cours duquel l'interviewer (ici l'analyste) devra se montrer à la fois ferme et flexible. La réussite d'une interview n'est pas toujours chose facile; comme il existe de bons et de mauvais interviewers, il existe de bons et de mauvais interviewés. L'expérience, ainsi que la connaissance et la mise en pratique de certains principes de base contribuent au succès d'une interview. Un certain nombre d'ouvrages ont été consacrés aux techniques d'interview et la plupart des manuels portant sur l'analyse et la conception de systèmes en traitent; les lecteurs intéressés pourront les consulter[1]. Les paragraphes suivants tentent d'énoncer certains principes essentiels, directement applicables au contexte d'un projet de développement de système.

Pourquoi, quand et qui interviewer

L'une des conditions essentielles à la réussite d'un projet de développement de système est le degré de connaissance de l'analyste, du système à l'étude et de son environnement. Cette connaissance, l'analyste doit aller la chercher là où elle est, c'est-à-dire dans la population utilisatrice et dans les documents que possède l'organisation. Bien que, comme nous le verrons dans une section ultérieure, la documentation soit une source d'information fort précieuse, elle comporte certaines faiblesses. D'une part, elle ne reflète pas toujours exactement la réalité. En effet, il arrive souvent que la façon d'effectuer des traitements de données soit fort différente de ce qu'énonce un manuel de modes d'action; les utilisations que l'on fait de certains rapports peuvent être différentes de ce qu'indique la documentation; les responsabilités réelles d'un individu ne correspondent pas toujours à ce qu'énonce un manuel de définition des tâches. D'autre part, aussi volumineuse et variée que puisse être la documentation que possède une organisation, elle ne renseigne pas sur tous les aspects que doit connaître l'analyste. Par exemple, les politiques et objectifs d'une organisation ou d'un service ne font pas toujours l'objet d'un document écrit; les jeux de pouvoir, les tensions, les résistances ne sont pas matière à documentation; les problèmes que rencontrent les utilisateurs, de même que leurs objectifs et leurs besoins précis ne le sont pas non plus; et qui plus est, la différence dans les perceptions de ces problèmes, de ces objectifs et de ces besoins est rarement contenue dans la documentation organisationnelle!

L'analyste aura donc pour tâche de rencontrer les gens qui font partie du système ou de son cadre afin de recueillir cette information. L'analyste devra procéder à une sélection. La taille de l'organisation, l'envergure du système et l'étape à laquelle le projet se situe détermineront le nombre et le type de personnes à interviewer. Les auteurs s'entendent pour dire que,

---

1. J. Fitzgerald et A. Fitzgerald, *Fundamentals of Systems Analysis*, John Wiley and Sons, New York, N.Y., 1987, p. 130-138. R. E. Leslie, *Systems Analysis and Design*, Prentice Hall, Englewood Cliffs, N.J., 1986, p. 268-278. J. A. Senn, *Analysis and Design of Information Systems*, McGraw Hill, New York, N.Y., 1984, p. 74-78.

lors de l'évaluation de la demande, l'analyste devrait restreindre ses interlocuteurs au niveau des gestionnaires, autant ceux qui sont chargés des activités supportées par le système que ceux qui gèrent des activités ayant un impact sur, ou étant influencées par, le système. En effet, à cette étape, point n'est besoin d'entrer dans le détail du fonctionnement du système. Toutefois, au cours de l'analyse détaillée, il faudra inclure, parmi les interviewés tous les membres du personnel en relation avec le système, et ce, à tous les niveaux. En plus de lui permettre de recueillir de l'information aussi complète que possible, cette variété permettra à l'analyste de comparer les différentes perceptions et opinions des utilisateurs.

On recommande aussi de procéder aux interviews selon une approche de type *top down*, c'est-à-dire de haut en bas de l'échelle hiérarchique. Cette approche permet d'avoir d'abord une vision globale du système à l'étude et de son environnement, des problèmes rencontrés et des objectifs à atteindre. De plus, il semble que les individus tendent à adopter une attitude plus positive envers l'exercice qu'est une interview lorsque leur supérieur hiérarchique a été interviewé avant eux, ce qui démontre qu'il approuve l'activité et lui accorde de l'importance.

L'analyste obtiendra une information plus riche et plus complète s'il s'efforce de composer l'échantillon le plus varié possible. La différence de niveau hiérarchique est une façon de varier la composition de l'échantillon. La sélection de personnes ayant potentiellement des opinions, des perceptions et des attitudes différentes, et se contredisant même parfois, en est une autre.

Le processus d'interview comporte trois phases : la préparation de l'interview, sa conduite et la synthèse de l'information recueillie. Chacune de ces phases est discutée ci-après.

Préparation de l'interview

La préparation efficace d'une interview comporte plusieurs activités. L'analyste s'efforcera d'obtenir à l'avance certains renseignements sur la personne à interviewer, ses responsabilités, son attitude face au projet en cours. Ceci lui permettra de mieux orienter l'interview et de connaître, à l'avance, les biais possibles de l'interviewé. L'analyste doit aussi décider du type d'interview qui prendra place. Optera-t-on pour une interview totalement non structurée, orientée par une série de points à couvrir et de questions très générales, ou alors pour une entrevue totalement structurée, au cours de laquelle l'analyste s'en tient essentiellement aux questions préparées, et n'offrant à l'interviewé qu'un choix limité de réponses? Le premier type d'interview est pertinent au tout début d'un processus d'analyse, au moment où l'analyste tente d'obtenir une vision générale du système et de son environnement, et où il tente d'identifier les questions précises à utiliser dans des interviews ultérieures. Il est aussi plus adapté à des individus de niveau hiérarchique supérieur qu'aux individus effectuant les opérations de traitement de données. Le second type d'interview est pertinent lorsqu'on désire obtenir un grand nombre de détails précis au sujet d'un système. Ce type d'interview ne peut être mené que lorsque l'analyste a déjà acquis une bonne connaissance du système à l'étude, afin d'être en mesure de formuler les questions. Il s'apparente à la méthode de cueillette d'information par questionnaire, laquelle sera discutée ultérieurement. La plupart des interviews menées par les analystes se situent à mi-chemin entre les deux catégories décrites ci-haut. L'analyste dispose alors d'une série de questions, certaines assez générales et posées en début d'interview, d'autres plus précises qui deviendront pertinentes à mesure que l'interview avancera.

L'analyste devra aussi prendre rendez-vous avec la personne à interviewer; c'est donner à un individu l'impression que son temps a fort peu de valeur que de simplement se présenter à son lieu de travail afin de procéder à une interview, sans avoir pris rendez-vous. Il faudra aussi s'assurer qu'on a obtenu l'accord du supérieur hiérarchique de la personne à interviewer. Au moment de prendre rendez-vous, on indiquera la durée probable de l'interview; ainsi, la personne pourra mieux planifier ses activités. Lorsqu'on doit obtenir une grande quantité d'information de la part d'un même individu, il est préférable de prévoir plusieurs entretiens de durée limitée (de 90 minutes à deux heures au maximum), qu'une seule interview de longue durée. Ceci permet d'éviter la fatigue et la perte d'intérêt, chez les deux interlocuteurs. L'analyste pourra de plus, entre deux entretiens, raffiner ses questions; pour sa part, l'interviewé pourra réfléchir à certains aspects et faire ressortir des points qui n'auraient pas été soulevés lors d'une rencontre précédente.

Conduite de l'interview

La ponctualité de l'analyste, sa mise soignée et son attitude polie sont sans doute les premiers gages de succès de l'interview. Il lui faudra déployer beaucoup de qualités pour faire disparaître les effets négatifs causés par une mauvaise « première impression » en raison d'un retard, ou d'une attitude initiale hautaine ou soupçonneuse.

Dès le départ, l'analyste devra préciser l'objectif de l'interview, confirmer à nouveau sa durée et indiquer la façon dont elle se déroulera. Une approche allant des aspects généraux aux aspects plus détaillés devrait être privilégiée. L'analyste posera les questions de façon claire, s'assurera que l'interlocuteur a bien saisi le sens de chacune et clarifiera lorsque nécessaire. De la même façon, il lui faudra s'assurer d'avoir bien compris les réponses.

Tout au cours de l'interview, l'analyste devra faire preuve d'une grande capacité d'écoute. Rien n'est plus offensant pour un utilisateur que d'avoir affaire à un analyste effectuant des « fouilles » dans ses documents ou dans sa mallette, consultant son agenda pendant qu'il s'efforce de lui fournir de l'information. Si une telle attitude est parfois employée par les recruteurs afin de déstabiliser un candidat et d'évaluer ses réactions, elle n'est pas appropriée au genre d'interview dont il est question ici!

Nombreuses sont les personnes qui deviennent timides, voire muettes, devant un magnétophone. L'enregistrement des propos tenus lors d'une interview au sujet d'un système n'est souvent pas à conseiller, sauf lorsqu'il faut recueillir des données totalement factuelles. L'analyste s'efforcera donc de prendre des notes aussi complètes que possible. Il verra aussi à recueillir, auprès de l'interviewé, toute la documentation qui peut servir de support et de complément à ses notes. L'écoute de l'information transmise par l'interviewé n'est pas le seul genre d'écoute dont doit faire preuve l'analyste. Il lui faudra aussi être attentif à ses attitudes afin de tenter de percevoir s'il obtient une information complète, relativement dénuée de biais, s'il a affaire à un individu supportant l'activité de développement de système ou y offrant une résistance.

L'analyste devra faire preuve à la fois de flexibilité et de fermeté. La flexibilité lui permettra de ne pas s'en tenir aveuglément à sa liste de questions et de percevoir certaines avenues d'enquête qu'il n'avait pas perçues au préalable. Il lui faudra aussi faire preuve de fermeté, afin de ramener dans le « droit chemin » un interlocuteur qui, sciemment ou non, tend à faire dévier le cours de l'entretien.

Avant que le temps alloué à l'interview ne se soit complètement écoulé, l'analyste fera un bref résumé de ce qui a été dit et reprendra les principaux points afin de s'assurer d'avoir bien compris les propos de son interlocuteur.

Synthèse de l'interview

L'analyste ne devra pas attendre d'avoir terminé toutes ses interviews avant de mettre à profit le contenu de chacune; il en fera le résumé et tentera d'intégrer l'information recueillie à celle qu'il possède déjà, afin d'avoir l'image la plus complète possible de la situation à analyser. De plus, certains experts recommandent à l'analyste de faire parvenir à chaque interlocuteur un résumé de l'information recueillie, pour une dernière vérification.

Questionnaire

La cueillette d'information au moyen d'un questionnaire est appropriée lorsqu'il est nécessaire de recueillir des données précises auprès d'un grand nombre de personnes. Dans de telles circonstances, l'interview n'est pas la méthode la plus appropriée, puisqu'elle exigerait un investissement en temps trop important. L'information recueillie au moyen d'un questionnaire ne sera fiable et valide qu'à condition qu'un soin extrême ait été mis à la préparation de l'instrument. L'analyste devra s'assurer que chaque question sera clairement formulée et qu'elle aura la même signification pour tous ceux qui la liront. Pour ce faire, le prétest du questionnaire s'avère essentiel. Prétester consiste à soumettre le questionnaire à un nombre restreint de répondants, à vérifier leur interprétation de chaque question et de chaque énoncé. Selon les commentaires obtenus, on procède aux ajustements nécessaires; le processus est repris jusqu'à ce que l'on obtienne un instrument fiable.

L'analyste pourra décider de remettre en mains propres le questionnaire ou de le distribuer au moyen du courrier interne de l'organisation. Comme dans le cas de l'interview, il devra s'assurer d'obtenir l'accord des supérieurs des répondants. Une lettre d'un supérieur hiérarchique indiquant l'appui qu'il porte au projet et invitant ses subordonnés à compléter le questionnaire dans les délais les plus brefs cause un impact positif sur le taux de réponses auquel l'analyste peut s'attendre.

En effet, un faible taux de réponses est l'un des désavantages de l'utilisation du questionnaire comme outil de cueillette d'information. Une fois qu'il a donné son accord pour une interview, l'interviewé peut difficilement se dérober. Tandis que lorsqu'il complète un questionnaire, l'individu peut à tout moment s'interrompre et accomplir d'autres tâches qu'il perçoit comme plus urgentes et plus importantes.

Observation

Comme nous le verrons ci-après, alors que la documentation décrit ce qui devrait être et démontre que les interviews et les questionnaires renseignent sur la perception qu'ont les utilisateurs de ce qui est, l'observation permet à l'analyste de se rendre compte *de visu* de la façon dont les activités de traitement de données sont effectuées. Ceci ne signifie pas que la réalité

L'EFFET HAWTHORNE

En 1927, une équipe de recherche, formée des chercheurs E. Mayo, F. J. Roethlisberg et T. N. Whitehead, entreprit une série d'expériences à l'usine de la Western Electric située à Hawthorne en banlieue de Chicago.

« Au tout début des expériences qui s'échelonnèrent de 1927 à 1932, les chercheurs s'attardèrent à analyser les relations possibles entre les facteurs ambiants, tels l'éclairage et la productivité des employés. D'un point de vue objectif, il semblait manifeste qu'un accroissement de l'éclairage (par exemple) entraînerait une amélioration de la productivité des employés, ceux-ci étant plus en mesure de voir distinctement les composantes et l'emplacement des appareils à assembler. À la surprise générale, les chercheurs constatèrent que la productivité augmentait au cours de l'expérience *indépendamment* de l'intensité de l'éclairage. Même lorsque les ouvrières travaillaient dans la pénombre, la quantité quotidienne d'appareils assemblés dépassait les niveaux antérieurs considérés comme normaux. Cet accroissement de la productivité ne pouvait être attribué aux conditions physiques de travail. Mayo et ses collègues firent l'hypothèse que l'intérêt manifesté par la direction et les chercheurs, lors de ces expériences, pour les ouvrières amenait celles-ci à augmenter leur effort et leur application au travail. »

Depuis ce temps, l'expression « effet Hawthorne » est utilisée pour décrire le biais que peut occasionner la présence d'un observateur.

Source : M. BOISVERT, avec la collaboration de R. DÉRY, *Le manager et la gestion*, Montréal, Éditions Agence d'arc, 1980, p. 49.

---

est totalement différente de ce qui est documenté ou que les utilisateurs ont une perception totalement biaisée de cette réalité. Cependant, de la même façon qu'on ne peut vraiment ressentir la chaleur d'une journée d'été passée au Sahara en lisant un récit de voyage, on ne peut effectivement percevoir une atmosphère de travail qu'en étant sur les lieux mêmes.

L'observation permettra à l'analyste de connaître l'organisation physique des lieux où s'effectuent les activités de traitement de données et d'évaluer cette organisation. Celui-ci s'efforcera aussi d'identifier le degré d'urgence des différentes tâches ainsi que le degré de stress existant. Il devra être à l'affût des incongruités et des anomalies, de même que des différences entre l'information qu'il a déjà recueillie par d'autres moyens et ce qu'il observe. Que fait-on du xe exemplaire du document Y? Un employé le détache des autres exemplaires et le pose sur son bureau. À la fin de la journée, il le range dans le tiroir d'un classeur, sans aucune forme de tri ou de classement. Le rapport QBC est-il laissé sur un coin de bureau (ou dans la poubelle) par ceux qui le reçoivent? Y a-t-il des encombrements? Des documents qui s'empilent sur un bureau? Certaines activités entraînent-elles des pertes de temps? Par exemple, des préposés à la prise de commande doivent vérifier chaque produit commandé dans un catalogue mal organisé. Les préposés mettent plus de trois ou quatre minutes à retrouver chaque produit. Certains contrôles sont-ils omis? Par exemple, un employé ne vérifie pas le prix de produits commandés, assuré qu'il est de ce prix. Les tâches sont-elles effectuées selon les principes de base de la division des tâches, en ce qui concerne le contrôle? Le volume de données à traiter semble-t-il trop élevé comparativement aux moyens en place?

L'observation est une méthode de cueillette d'information fort précieuse; elle comporte cependant certaines difficultés ou risques. La première difficulté réside dans la durée relativement limitée de l'activité d'observation. En général, l'analyste ne pourra procéder à des observations pour une période fort longue. Le risque existe donc que la période de temps au cours de laquelle l'observation a lieu ne soit pas représentative de la situation normale. L'analyste devra donc s'efforcer de recueillir des observations à différents moments, certains plus calmes, d'autres plus achalandés.

La principale difficulté de l'observation réside cependant dans le caractère de la technique elle-même. En effet, le fait qu'un individu se sente observé l'amènera parfois à changer son comportement. Certaines personnes effectueront leur tâche avec plus de soin et de rigueur, d'autres au contraire, seront perturbées et accumuleront les erreurs. Il est souvent recommandé à l'observateur de consacrer une période relativement longue à ses activités d'observation afin de laisser à ses sujets le temps de s'habituer à sa présence et, en quelque sorte, de l'oublier. On lui recommande même de ne pas tenir compte des premières observations qu'il aura faites, elles risqueraient de contenir trop de biais.

Documentation

Nous avons jusqu'à maintenant discuté des divers outils de cueillette d'information en mettant l'accent sur les avantages qu'ils avaient par rapport à la documentation de l'organisation. Bien que cette dernière ait certaines faiblesses, aucun projet de développement de système ne saurait être mené à bien sans qu'elle soit consultée, étudiée et analysée avec minutie. La documentation est le reflet, quoique parfois déformé, de l'organisation et du système à l'étude. Sa consultation permet d'obtenir des renseignements qu'aucun des autres outils ne permettrait d'obtenir. En effet, les autres outils, s'ils n'étaient pas supportés par l'étude de la documentation, ne pourraient permettre à l'analyste de bien connaître le système à étudier et son environnement. Imaginons le nombre d'heures d'interviews, d'observation et d'analyse de réponses à des questionnaires qui seraient nécessaires pour faire l'historique d'une organisation, faire état de sa situation financière, énoncer les normes et standards en vigueur, décrire sa structure hiérarchique, les fonctions et responsabilités de chaque membre des services faisant partie du cadre du système à l'étude, toutes les procédures de traitement de données, ainsi que le contenu et le format des inputs et des outputs d'un système.

L'examen de la documentation sera pertinent tout au long du développement d'un système. Lors de la planification de l'évaluation de la demande, par exemple, l'analyste fera en sorte d'obtenir des renseignements généraux sur l'organisation dans laquelle il doit intervenir, s'il n'est pas encore familier avec cette dernière. Les rapports annuels, les documents produits lors d'exercices de planification, les énoncés de mission et de politiques, certaines revues et certains magazines décrivant le secteur industriel et traitant parfois de l'organisation elle-même sont des sources précieuses. L'analyste déjà familier avec l'organisation n'aura sans doute pas à consulter de tels documents. Cependant, s'il ne connaît pas bien le service dans lequel le projet doit prendre place, il devra s'efforcer d'identifier des documents pouvant le renseigner. Les organigrammes de structure, les documents de définition de tâches et de responsabilités, les documents de planification propres au service lui-même contribueront à lui faire mieux connaître l'environnement dans lequel il devra intervenir.

La consultation des organigrammes de structure et des documents de définition de tâches et de responsabilités est aussi fort utile lors de l'évaluation de la demande. Elle permet d'orienter la sélection des personnes à interviewer et elle contribue à la définition du cadre du système. L'étude des règlements de travail, des principaux articles des conventions collectives, des configurations informatiques, du budget du service ou de l'organisation dans son ensemble, des plans à court, moyen et long termes sera d'une grande utilité à l'analyste lorsqu'il lui faudra procéder à l'évaluation de la faisabilité.

Lors de l'analyse détaillée, l'analyste doit approfondir la connaissance qu'il possède du système et de son environnement. Ici encore, la documentation lui sera indispensable. Chaque document d'input et d'output devra être répertorié et analysé. Un échantillon de chaque type de document devra être prélevé et le contenu des documents analysé. Les manuels de modes d'action devront être étudiés et leur contenu comparé avec l'information recueillie au cours des interviews et des séances d'observation. Dans le cas où le système à l'étude est un système manuel, les registres comptables devront être examinés, de même que les supports de fichiers. Dans le cas d'un système informatisé, la documentation — diagrammes de circulation de l'information, diagrammes de flux de données, dictionnaire de système, documentation de la programmation, diagrammes de structure de données, spécifications des fichiers — sera elle aussi examinée. Les rapports d'experts, rapports produits lors d'études antérieures, lorsqu'ils existent, devront également être consultés.

Conclusion

Ce bref survol des outils de cueillette d'information que l'analyste doit savoir manipuler met en évidence certaines qualités essentielles qu'il doit posséder, ou s'efforcer d'acquérir. En effet, il est demandé à l'analyste d'être en mesure de communiquer efficacement avec les utilisateurs, d'être suffisamment curieux pour vouloir en savoir toujours plus sur le système à l'étude tout en sachant quand arrêter sa recherche d'information, d'avoir la capacité d'assimiler rapidement un grand nombre d'informations parfois disparates, d'organiser ces informations afin de ne pas se perdre dans les détails et de synthétiser la connaissance qu'il a acquise afin de la communiquer aux autres intervenants.

Outils d'analyse

Voir la figure
A2.1.

Lorsque la cueillette des données est terminée, l'analyste a en main une très grande quantité de documents, notes, rapports d'entrevues et autres. C'est à partir de cette information que le diagnostic du système devra être posé. Cette tâche est cependant quasi impossible à réaliser si l'analyste ne dispose pas d'outils qui lui permettent d'organiser et de structurer toute cette information. Les outils qui sont décrits ci-après forment un tout; ce n'est qu'après en avoir utilisé l'ensemble que l'analyste peut être assuré de ne pas avoir oublié d'éléments d'information, d'avoir décrit le système de façon complète et d'être en mesure d'en faire une critique éclairée. Aussi, chacun des outils proposés ici a son utilité propre◊.

Certains outils sont dynamiques, en ce qu'ils décrivent la circulation des données dans le système, leur transformation, leur stockage et leur diffusion; ce sont le diagramme de cheminement de l'information (DCI) et le diagramme de flux de données (DFD). D'autres sont statiques; ce sont les composantes du dictionnaire de système, lequel constitue la documentation détaillée de chacun des éléments des diagrammes mentionnés précédemment. De plus, chaque outil est conçu pour décrire un modèle en particulier, soit le modèle physique externe ou le modèle logique. Puisque la méthode d'analyse et de conception de systèmes décrite dans cet ouvrage préconise une analyse de l'ancien système allant du modèle physique au modèle logique, les outils seront décrits dans cet ordre.

FIGURE A2.1

Outils d'analyse

		DYNAMIQUE	STATIQUE
P H Y S I Q U E		DCI Diagramme de cheminement de l'information	DICTIONNAIRE DE SYSTÈME : Fiches physiques
L O G I Q U E		DFD Diagramme de flux de données	DICTIONNAIRE DE SYSTÈME : fiches logiques

Le diagramme de cheminement de l'information

Le diagramme de cheminement de l'information (DCI) sert à représenter, de façon dynamique, le modèle physique externe d'un système d'information. Il est constitué d'un ensemble de symboles qui, utilisés selon des règles préétablies, identifient les données traitées et leurs supports, les transformations qu'elles subissent, les personnes, départements ou services chargés de ces transformations, ainsi que le moment et le lieu où elles s'effectuent. Les symboles qui servent à la construction du DCI sont nombreux puisqu'ils doivent permettre de faire la différence entre des traitements (rectangles) et des contrôles (losanges) manuels, interactifs et entièrement informatisés ainsi que des dépôts à support informatisé ou non informatisé◊. Les flux de données, pour leur part, sont représentés par un quadrilatère irrégulier; un flux peut aussi bien être un document, une conversation en « face à face » ou au téléphone, qu'un écran cathodique ou un support magnétique (ruban, disquette).

Voir la figure A2.2.

La figure A2.3 est le DCI qui illustre la préparation des relevés de notes effectuée par Lise Dalcourt et décrite au chapitre 1◊. Voici comment était décrite cette activité. Le fichier des notes d'étudiants qu'utilise Mme Dalcourt a pour support un disque rigide de type Winchester d'une capacité de 1,2 milliard d'octets, faisant partie du système VAX 785 de l'établissement où elle enseigne. Après avoir corrigé un travail ou un

Voir la figure A2.3.

FIGURE A2.2

Diagramme de circulation de l'information : symboles

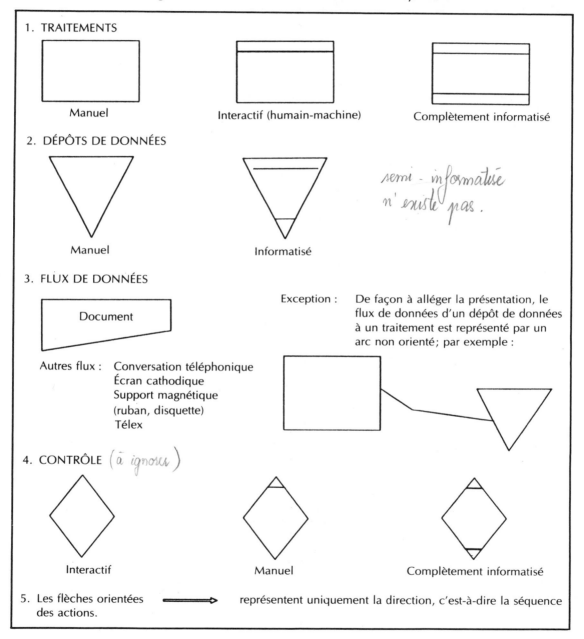

1. TRAITEMENTS

   Manuel   Interactif (humain-machine)   Complètement informatisé

2. DÉPÔTS DE DONNÉES

   Manuel   Informatisé   *semi - informatisé n'existe pas.*

3. FLUX DE DONNÉES

   Document

   Autres flux : Conversation téléphonique
                 Écran cathodique
                 Support magnétique
                 (ruban, disquette)
                 Télex

   Exception : De façon à alléger la présentation, le flux de données d'un dépôt de données à un traitement est représenté par un arc non orienté; par exemple :

4. CONTRÔLE *(à ignorer)*

   Interactif   Manuel   Complètement informatisé

5. Les flèches orientées ⟹ représentent uniquement la direction, c'est-à-dire la séquence des actions.

326

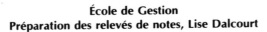

FIGURE A2.3

DCI de la préparation de relevés de notes par Lise Dalcourt

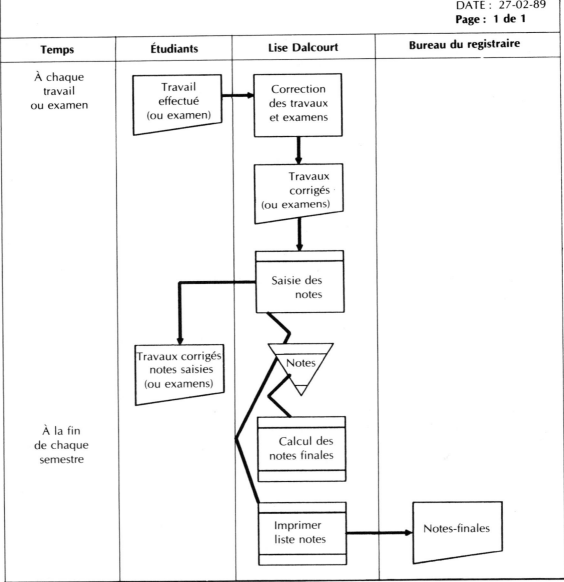

examen, elle inscrit chaque note au fichier. Les travaux ou examens sont alors rendus aux étudiants. Ceci est effectué à l'aide d'un programme de saisie écrit en Basic. À la fin de chaque semestre, un autre programme établit la note globale de chaque étudiant, la moyenne du groupe et l'écart-type. Enfin, les notes sont imprimées directement sur le formulaire officiel à l'aide d'un autre programme Basic et d'une imprimante Epson, et la liste des notes finales est envoyée au bureau du registraire.

Comme le suggère cette figure, le DCI d'un système peut comporter plusieurs pages. La première colonne de chaque page du DCI est réservée aux annotations d'ordre temporel. Elle sert, par exemple, à indiquer le moment où un flux arrive au système (ici, à chaque travail ou examen, le flux travail — ou examen — effectué arrive au système) ou encore le moment où un traitement est effectué (ici, à la fin de chaque semestre les notes finales sont calculées et la liste imprimée). Les autres colonnes du DCI servent à indiquer les personnes, lieux, services, ou même les systèmes qui sont soit des sources (étudiants) ou des destinations (bureau du registraire) d'information, soit des responsables de traitements (Lise Dalcourt). La seule lecture de ce DCI nous renseigne assez bien sur le système. À la suite de cette lecture, le système pourrait être décrit comme suit : après avoir terminé un travail ou un examen, les étudiants le remettent à Mme Dalcourt qui en fait la correction. Les notes des travaux corrigés sont saisies, de façon interactive, dans un fichier informatisé. À la fin du semestre, Mme Dalcourt fait exécuter un programme de calcul des notes finales; ces notes sont ensuite imprimées (grâce à un autre programme) et transmises au bureau du registraire. On l'aura remarqué, cette description, quoique juste, diffère sensiblement de celle qui a été donnée plus haut. En effet, elle exclut tous les renseignements relatifs au modèle physique interne : type de support magnétique, marque, modèle et série de l'ordinateur, langage de programmation, etc. C'est cependant ce que nous voulons puisque l'analyste s'attache ici à décrire le modèle physique externe, non pas le modèle interne. Il manque cependant certains renseignements pour avoir une description complète du modèle physique externe de ce système. Ce sont les renseignements relatifs aux formats des documents, formats d'écran et détail des procédures manuelles. Le DCI n'est pas conçu pour fournir ces renseignements; c'est la tâche des fiches physiques du dictionnaire de système dont il sera question à la prochaine section.

Le dictionnaire de système : fiches physiques

Le DCI est un outil qui permet de décrire le modèle physique externe d'un système de façon très détaillée. Pourtant, certains renseignements ne peuvent être contenus dans le DCI. Il en est ainsi pour le format des supports d'inputs et d'outputs, la description précise des procédures manuelles et les moyens de réalisation des traitements. C'est le rôle des composantes physiques du dictionnaire de système de détailler ces aspects. Le dictionnaire est donc un complément obligatoire du DCI. Chaque élément du DCI y est décrit dans une fiche. Il existe trois types de fiches physiques du dictionnaire de système; ce sont les fiches qui décrivent les flux de données, puis les traitements (incluant les contrôles) et enfin, les dépôts. La figure A2.4 décrit le lien qui existe entre les fiches physiques du dictionnaire et le DCI◊. La figure A2.5 présente les fiches physiques; il s'agit d'un échantillon seulement◊. La documentation complète du DCI à l'aide des fiches physiques exigerait évidemment un nombre plus élevé de fiches. Enfin, la figure A2.6 illustre l'utilisation de ces fiches dans l'exemple de la préparation des relevés de notes◊.

VOIR LA FIGURE A2.4.
VOIR LA FIGURE A2.5.

VOIR LA FIGURE A2.6

Le diagramme de flux de données

Le diagramme de flux de données (DFD) décrira le même système que le diagramme de cheminement de l'information, mais sur un plan plus abstrait. En analysant un DFD, on apprend quels sont les flux d'information qui circulent dans un système, les transformations et les entreposages de données effectuées par le système, de même que les sources et les destinations d'information. Mais le DFD ne se préoccupe de décrire ni le lieu, ni le moment de transformation de données, non plus que d'identifier les responsables de ces transformations. Le DFD s'intéresse donc uniquement à ce que fait le système et pourquoi il le fait. Comme nous le verrons plus tard, un DFD peut comporter plusieurs niveaux, la description qu'il fait d'un système allant ainsi du général au particulier.

Comme le DCI, le DFD est réalisé à l'aide de symboles et de règles de construction. Quatre symboles servent à construire un DFD◊. Ils correspondent aux quatre grandes composantes d'un système d'information : les sources et les destinations, les flux de données, les traitements et les dépôts.

VOIR LA FIGURE A2.7.

Le traitement est le principal symbole d'un DFD; la présence d'un traitement signifie automatiquement qu'une transformation a été effectuée sur des données[1]. Un traitement peut aussi bien être une saisie de données

---

1. On pourra choisir l'un ou l'autre du cercle ou du rectangle aux coins arrondis pour représenter le traitement. Il faut cependant que le symbole utilisé soit le même dans tout le DFD.

FIGURE A2.4
Liens entre DCI et fiches physiques du dictionnaire

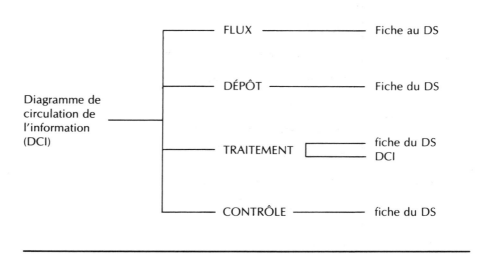

FIGURE A2.5
Fiches du dictionnaire de système
associées au diagramme de circulation de l'information

Définition des flux

NOM DU FLUX :

DESCRIPTION :

IDENTIFICATION DU DCI ASSOCIÉ :

SUPPORT :

FORMAT :

SOURCE :

DESTINATION :

Définition des traitements

NOM DU TRAITEMENT :   **Page 1 de 2**

DESCRIPTION :

IDENTIFICATION DU DCI ASSOCIÉ :

EXPLOSION À UN AUTRE DCI :

MOYEN DE RÉALISATION :

ÉVÉNEMENT DÉCLENCHEUR :

PÉRIODICITÉ :

STRUCTURE DES MENUS : (informatisé seulement)

NOM DU TRAITEMENT   **Page 2 de 2**

MÉTHODES : ou procédures.

Définition des dépôts

NOM DU DÉPÔT :

DESCRIPTION :

IDENTIFICATION DU DCI ASSOCIÉ :

SUPPORT :

PROGRAMMES OU PERSONNES QUI Y ACCÈDENT :

FIGURE A2.6
Fiches physiques du système de relevé de notes

NOM DU FLUX : NOTES FINALES

DESCRIPTION : Relevé de notes des étudiants à être transmis au bureau
du registraire

IDENTIFICATION DU DCI ASSOCIÉ : Préparation relevé de notes,
Lise Dalcourt, page 1 de 1

SUPPORT : Formulaire en 3 exemplaires fourni par bureau du registraire

FORMAT : Cf. document joint

SOURCE : Traitement informatisé   Imprimer liste noire

DESTINATION : Bureau du registraire

| **NOM DU TRAITEMENT :** ENTRÉE DES NOTES | **Page 1 de 2** |

DESCRIPTION : Saisie des notes d'examens ou de travaux

IDENTIFICATION DU DCI ASSOCIÉ : Préparation relevé de notes,
Lise Dalcourt, page 1 de 1

EXPLOSION À UN AUTRE DCI : _____

MOYEN DE RÉALISATION : Traitement interactif sur terminal

ÉVÉNEMENT DÉCLENCHEUR : Lorsque la correction des travaux
et/ou examens est terminée

PÉRIODICITÉ : Chaque fois qu'il y a travail ou examen

STRUCTURE DES MENUS : Voir document ci-joint

| **NOM DU TRAITEMENT :** ENTRÉE DES NOTES | **Page 2 de 2** |

MÉTHODES :

- Choisir, au menu, le cours dont il s'agit.
- Choisir, au menu, le travail ou examen approprié.
- Pour chaque travail ou examen :
  Entrer le matricule de l'étudiant.
  Lorsque son nom apparaît à l'écran, vérifier avec la copie.
  Entrer la note sur 100; le système effectuera la transformation
  appropriée.

ENTRÉE DE NOTES : STRUCTURE DE MENUS

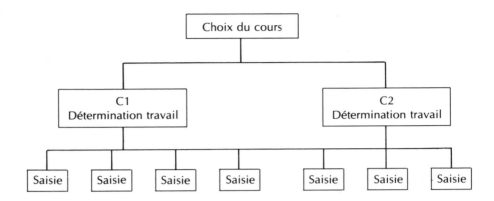

NOM DU DÉPÔT : Notes

DESCRIPTION : Détail des notes de travaux et examens des étudiants

IDENTIFICATION DU DCI ASSOCIÉ : Préparation relevé de notes, Lise Dalcourt

SUPPORT : Disque sur VAX 785, École de gestion

PROGRAMMES OU PERSONNES QUI Y ACCÈDENT :

Mme Dalcourt; Programmes saisie des notes, calcul des notes finales, imprimer liste notes

334

sont les seules composantes "physiques" du DFD. Ce sont, soit des lieux, soit des pers. on d'autres syst. qui transmettent des flux de données au syst. décrit par le DFD ou qui reçoivent des flux de syst. Les sources et les destinations sont souvent appelées entités externes elles ne font pas parties du syst. à l'étude, tout en pouvant, bien entendu, avoir une influence sur celui-ci.

Source ou destination

Flux de données

est utilisé pour représenter les données avant et après la transformation. Puisqu'il y a transformation, le flux de données sortant doit obligatoirement être différent du flux de données entrant. Un flux de données n'a aucune connotation physique (tout ce qu'il indique, c'est que les données arrivent à un traitement qui les transforme.

principal symbole d'un DFD; la présence d'un traitement signifie automatiquement qu'une transformation a été effectuée sur des données. Un traitement peut aussi être une saisie de données qu'une validation, un calcul ou une mise à jour. On suggère fortement d'utiliser un verbe d'action précis pour identifier un traitement. Ceci permet d'indiquer clairement qu'une transformation a lieu; de plus le type de transformation lui-m. peut

ou

Traitement [être identifié.

Dépôt de données

est un réservoir dans lequel des données sont accumulées. Dans un DFD, il est utilisé lorsque des données sont entreposées ou lorsqu'elles sont extraites à des fins de traitement. Le dépôt des données se compose d'un ou de plusieurs fichiers entre lesquels des liens logiques existent.

VOIR LA FIGURE A2.8.

qu'une validation, un calcul ou une mise à jour. Comme l'illustre la figure A2.8, le symbole de flux de données est utilisé pour représenter les données avant et après la transformation◊. Puisqu'il y a transformation, le flux de données sortant doit obligatoirement être différent du flux de données entrant. Un flux de données n'a aucune connotation physique; tout ce qu'il indique, c'est que les données arrivent à un traitement qui les transforme. Un autre flux émerge de ce traitement. On doit considérer le nom donné à un flux comme étant uniquement une étiquette : ainsi, un flux paye ne signifie pas qu'un chèque de paye émerge du traitement. L'implantation physique de paye peut aussi bien être un chèque qu'un virement bancaire, ou que des espèces; cependant, au niveau du modèle logique du système, ces considérations ne sont pas pertinentes et l'on doit s'efforcer d'en faire abstraction.

FIGURE A2.8
Un traitement

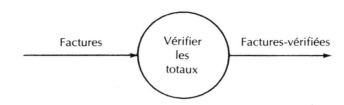

On suggère fortement d'utiliser un verbe d'action précis pour identifier un traitement. Ceci permet d'indiquer clairement qu'une transformation a lieu; de plus le type de transformation lui-même peut être identifié. Rien n'est plus difficile à comprendre qu'un DFD dont les traitements ont reçu des noms tels que : traiter les données des factures, traiter les données des clients, traiter les données des comptes clients...

Il existe deux autres composantes d'un DFD; ce sont les dépôts de données et, les sources et destinations. Un dépôt de données est, en quelque sorte, un réservoir dans lequel des données sont accumulées. Dans un DFD, il est utilisé lorsque des données sont entreposées ou lorsqu'elles sont extraites à des fins de traitement. Le dépôt de données se compose d'un ou de plusieurs fichiers entre lesquels des liens logiques existent.

Les sources et les destinations sont les seules composantes « physiques » du DFD. Ce sont, soit des lieux, soit des personnes ou d'autres systèmes qui transmettent des flux de données au système décrit par le DFD ou qui reçoivent des flux du système. Les sources et les destinations sont souvent appelées entités externes; elles ne font pas partie du système à l'étude, tout en pouvant, bien entendu, avoir une influence sur celui-ci.

VOIR LA FIGURE A2.9.

La figure A2.9 est le DFD correspondant à l'exemple « Préparation du relevé de notes » du chapitre 1◊. Il faut encore une fois noter que, dans cet exemple, bien que nous ayons trois modèles physiques-externes et trois modèles physiques-internes différents, il n'existe qu'un seul modèle logique. Ainsi, nous obtiendrions trois DCI différents, mais un seul DFD.

On remarquera que toutes les composantes du DFD ont une étiquette, à l'exception des flux qui vont vers le dépôt de données et ceux qui en

336

FIGURE A2.9
Préparation du relevé de notes : DFD

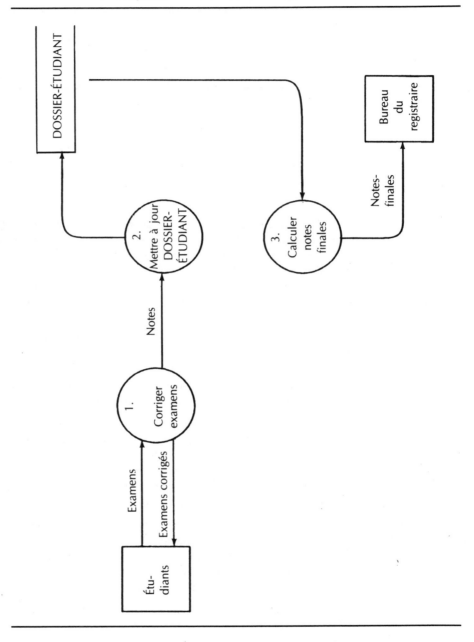

proviennent. Nous suivons ici la recommandation de T. De Marco[2] qui considère inutile de donner un nom à ces flux. Selon lui, « les flux de données allant de ou vers les dépôts de données ne requièrent pas d'être nommés — le nom du dépôt devant suffire à décrire le contenu du flux. Tous les autres flux de données devront recevoir un nom »[3]. À ceci, il faut ajouter que le traitement qui correspond à ces flux permet aussi de connaître ce qu'ils contiennent. Ainsi, dans la figure A2.9, le flux allant du traitement 2 au dépôt contient sûrement une donnée d'identification de chaque étudiant ainsi que la note qui correspond à l'examen ou au travail venant d'être corrigé. Le flux sortant du dépôt, parce qu'il sert à préparer le relevé de notes, contient les données d'identification des étudiants ainsi que les notes pour tous les travaux et examens qu'ils ont effectués au cours de l'année.

De la même façon qu'une lentille *zoom* permet de voir de façon de plus en plus détaillée un sujet à photographier, le DFD permet d'avoir une vision de plus en plus précise d'un système d'information. Les figures A2.10 à A2.13 illustrent ce point. La figure A2.10 représente le diagramme de contexte du système de paye de la firme de produits pharmaceutiques BIBAH◊. Ce diagramme, quoique très général, fournit déjà des renseignements sur le système de paye BIBAH. Nous savons que les employés fournissent au système des données au sujet de leurs heures travaillées, lequel leur transmet des données au sujet de leur paye, de leurs revenus totaux et des retenues (T4-TP4); le système transmet également au directeur de l'usine des données sommaires sur la paye et des données au sujet des retenues d'impôt au ministère du Revenu. Si le DFD respecte bien le système réel chez BIBAH, nous savons qu'il ne reçoit aucun autre input et ne produit aucun autre output. Ce DFD très général est appelé diagramme de contexte puisqu'il définit le contexte du système (sources et destinations, flux entrants et flux sortants) sans donner de détails sur les transformations effectuées par le système. Même si des dépôts de données sont utilisés dans le système, ils ne sont pas indiqués dans le diagramme de contexte; ceci afin qu'il demeure le plus clair et le plus simple possible.

VOIR LA FIGURE A2.10.

Le diagramme de la figure A2.11 offre plus de renseignements sur le système◊. On dira qu'il constitue une *explosion* du diagramme de contexte. L'analyste responsable de la construction de ce DFD a identifié trois grands traitements constituant la paye chez BIBAH. Le premier traitement est une vérification des données contenues dans le flux heures. D'après le DFD, on voit que cette vérification est faite à l'aide de certaines données du dépôt

VOIR LA FIGURE A2.11.

2. T. DE MARCO, *Structured Analysis and System Specification*, New York, N.Y., Yourdon Inc., 1978.
3. T. DE MARCO, *op. cit.*, p. 54.

DFD-0

FIGURE A2.10

(Diagramme de contexte du système de paye chez BIBAH)

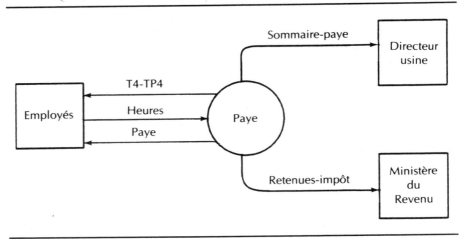

EMPLOYÉS. Le flux sortant de ce traitement consiste en des heures-vérifiées. Ce flux, ainsi que certaines données du dépôt EMPLOYÉS serviront à effectuer le traitement 2, c'est-à-dire préparer la paye. Ce traitement produit trois flux : la paye que l'on dirige vers les employés, le sommaire-paye destiné au directeur de l'usine et des données servant à faire la mise à jour du dépôt RETENUES. Le troisième traitement produira les flux de données T4-TP4 destinés aux employés et le flux retenues-impôt que l'on transmettra au ministère du Revenu. Ce traitement est effectué à l'aide de données contenues dans les dépôts EMPLOYÉS et RETENUES.

On aura remarqué que le DFD de cette figure contient deux fois la représentation du dépôt D1 EMPLOYÉS; de plus, il contient trois représentations de l'entité externe employés. C'est uniquement à des fins de présentation claire et esthétique que ces composantes sont répétées. En effet, si on avait inclus une seule représentation du dépôt D1 EMPLOYÉS et une seule représentaton de l'entité externe employés, le DFD aurait été plus confus, avec des flèches qui se seraient entrecroisées. Un objectif de la construction du DFD étant de simplifier la vision du système, on tentera d'éviter des représentations complexes. Cependant, il faut être en mesure d'indiquer qu'une entité ou un dépôt se retrouve plusieurs fois dans le DFD. Il existe une convention pour ce faire. Pour indiquer qu'une entité externe se retrouve plusieurs fois dans le DFD, on trace un ou plusieurs traits obliques dans la partie inférieure droite du symbole. On trace autant de traits qu'il y a d'autres représentations de cette entité. Puisque, pour

FIGURE A2.11
Diagramme de niveau 1 du système de paye chez BIBAH

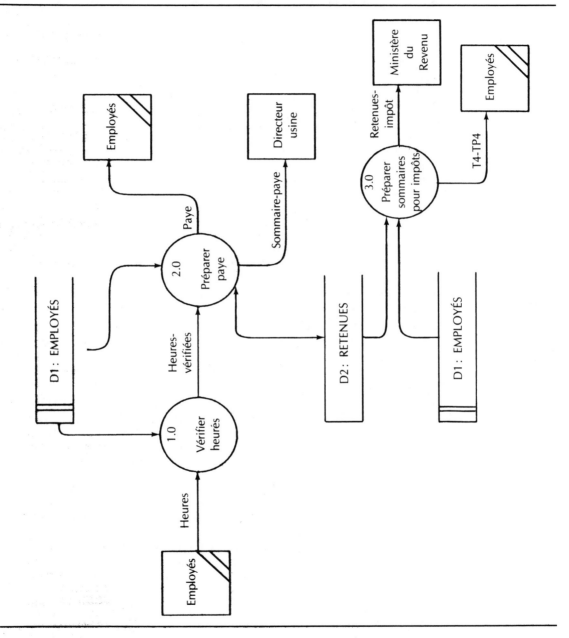

chaque représentation de l'entité employés il en existe deux autres, on a tracé deux traits. Dans le cas des dépôts, la convention est légèrement différente : on tracera autant de traits verticaux dans la partie gauche du rectangle représentant le dépôt qu'il y a de représentations de ce dépôt. Ainsi, pour le dépôt D1 EMPLOYÉS, on a tracé deux traits verticaux[4].

Après avoir examiné minutieusement le DFD de la figure A2.11, un employé de la firme BIBAH pourrait poser la question suivante. Pourquoi n'y a-t-il pas un flux sortant du traitement 1 (vérifier heures) qui soit du type « heures erronées »? En effet, il arrive que la vérification des données du flux heures résulte en une transaction rejetée, laquelle doit être vérifiée et reprise. Pourtant, cette figure ne l'indique pas. Cette omission est volontaire. Une règle de base pour la construction de DFD est que les traitements d'exception ou de contrôle ne doivent pas apparaître dans le DFD de niveau 1, toujours dans le but de garder la représentation du système le plus simple possible. Ces flux d'exception pourront être représentés dans les DFD qui résultent de l'explosion des traitements du niveau 1.

Maintenant, on comprend mieux la logique du système de paye chez BIBAH. Mais il serait tout à fait légitime de vouloir posséder plus de détails. Quelles sont exactement les activités de vérification des heures? Préparer la paye et préparer les documents d'impôt ne sont peut-être pas des actions suffisamment précises pour bien saisir le système. Bien sûr, ce n'est pas le cas dans ce système extrêmement simplifié, mais c'est sûrement dans des systèmes plus complexes. Comment donner plus de détails? Une solution serait de décrire le système avec un nombre de traitements plus grand que les trois que contient le DFD de la figure A2.11. Si l'analyste considère qu'il y a une dizaine de traitements, il pourrait les illustrer dans le DFD. Ce n'est cependant pas à conseiller, puisqu'un grand nombre de traitements ne fera que rendre le schéma plus embrouillé. Et que ferait-on si, au lieu d'avoir besoin de 10 traitements, on en avait besoin de 25 pour décrire en détail le système? Ou 100? L'utilité du schéma deviendrait rapidement caduque. Certains auteurs suggèrent même que pour être vraiment utile, un DFD ne devrait pas comporter plus de 7 traitements. Que faire alors?

La réponse à cette question réside dans ce que l'on appelle l'*explosion* des traitements. Chaque traitement qui nécessite d'être décrit de façon plus détaillée a explosé en un DFD de niveau inférieur. Dans le cas qui nous intéresse, l'analyste a jugé nécessaire de faire exploser deux des trois traitements. Les deux DFD de niveau 2 correspondant sont illustrés à la figure A2.12◊.

VOIR LA FIGURE A2.12.

---

4. J. FITZGERALD et A. FITZGERALD, *Fundamentals of Systems Analysis*, New York, N.Y., John Wiley and Sons Inc., 1987.

FIGURE A2.12
Deux DFD de niveau 2 du système de paye chez BIBAH

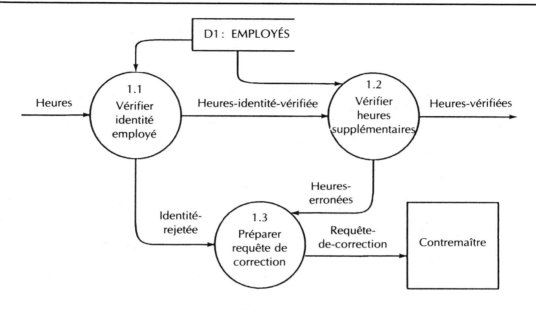

FIGURE A2.12a

Explosion du traitement 1

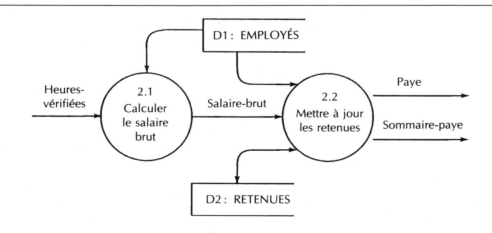

FIGURE A2.12b

Explosion du traitement 2

On remarquera que les sources et les destinations ne sont pas indiquées dans une explosion; seuls les flux entrants et sortants sont illustrés. Il est important de noter que tous les flux entrants dans un DFD de niveau inférieur (ici, niveau 2) doivent aussi être des flux entrants dans le traitement dont ce diagramme est une explosion. De la même façon, les flux sortants d'un diagramme de niveau inférieur doivent aussi être des flux sortants du traitement dont ce diagramme est une décomposition. Il existe une exception pour les flux dits triviaux, c'est-à-dire les flux qui proviennent d'un traitement de contrôle ou d'exception, traitements qui ne sont pas représentés dans les DFD de niveau supérieur. Dans le cas du système de paye de BIBAH, heures et heures-vérifiées sont les flux entrants et sortants du traitement 1, ils sont aussi les flux entrants et sortants du DFD de la figure A2.12a. Le flux requête de correction, provenant d'un traitement d'exception est considéré comme un flux trivial; il ne doit donc pas être présent au niveau supérieur. Ce type de flux nous amènera de plus à faire une exception à la règle énoncée précédemment, c'est-à-dire que les sources et destinations ne doivent pas être indiquées dans les explosions. Comme on le voit dans l'exemple, le flux requête de correction est un nouveau flux, il faut donc indiquer sa destination. Les flux heures-vérifiées et sommaire-paye sont les flux entrants et sortants du DFD de la figure A2.12b; ils sont aussi entrants et sortants du traitement 2. La vérification de ces flux est un moyen de constater l'exactitude de l'explosion.

La numérotation des traitements du DFD s'avère nécessaire, non pas pour indiquer l'ordre dans lequel les traitements sont effectués, mais pour identifier les composantes d'un traitement lorsque celui-ci a « explosé ». Le numéro d'un traitement nous renseigne aussi sur le niveau de détail du DFD que nous examinons. Un traitement numéroté X est un traitement de niveau 1. Un traitement numéroté X.Y est de niveau 2; il est de niveau 3 s'il est numéroté X.Y.Z, et ainsi de suite. La numérotation des dépôts, pour sa part, permet une identification plus rapide et plus facile de ces composantes.

Voir la figure A2.13.

Dans le cas du système de paye de BIBAH, l'analyste pourrait décider de décomposer davantage un ou plusieurs traitements. Par exemple, il pourrait décider de procéder à une explosion du traitement 2.1 et de mettre à jour les retenues. Il en résulterait un diagramme comme celui de la figure A2.13$^\Diamond$.

Mais quand doit-on s'arrêter de décomposer? Il n'existe pas de règle précise qui permet de répondre à cette question. Certains suggèrent de cesser la décomposition d'un traitement lorsque celui-ci peut être décrit dans le dictionnaire de données par un texte structuré de moins d'une page. Un traitement qui n'a pas explosé est appelé une primitive et doit,

FIGURE A2.13
Explosion du traitement 2.1

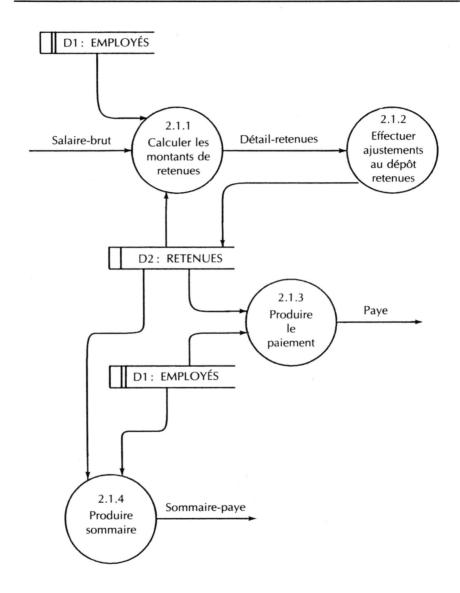

comme nous le verrons plus tard, être décrit dans une fiche du dictionnaire de système.

CROISSANCE QUASI EXPONENTIELLE DU NOMBRE DE DFD

La décomposition d'un traitement en sous-traitements s'avère nécessaire pour fins de clarté et de précision. Il est cependant intéressant de noter la rapidité avec laquelle le nombre de DFD se rapportant à un système peut augmenter. Imaginons un système décrit au niveau 1 par un DFD ayant trois traitements. Si l'analyste prépare un DFD de niveau 2 pour chacun de ces 3 traitements, le total est maintenant à 4 DFD. Si, encore une fois, chacun des trois traitements des trois DFD de niveau 2 explose en un DFD de niveau 3, le nombre de DFD s'élève maintenant à 13 DFD! Une explosion supplémentaire pour chacun des traitements de niveau 3 et l'on obtient 40 DFD. Effectuant un calcul similaire, FitzGerald et FitzGerald[5] en arrivent à un total de 363 DFD si on poursuit les explosions de chaque traitement jusqu'au niveau 6. Si au lieu d'avoir au départ 3 traitements on en a 5 et que chacun de ces 5 traitements explose à son tour en 5 traitements, et ainsi de suite jusqu'au niveau 6, l'analyste aura en main un total de 3 905 DFD!

Comment construit-on un DFD? Il faut d'abord savoir que la construction d'un DFD est un processus itératif. On ne parvient pas à présenter un DFD clair, précis, au premier essai. On ne saurait trop recommander de s'appuyer sur le DCI pour construire le DFD. En effet, le DCI est une description complète du modèle physique du système; il est donc la meilleure source de renseignements pour l'élaboration du DFD. Les paragraphes qui suivent suggèrent une marche à suivre pour la construction d'un DFD.

Pour construire le DFD de contexte, il faut identifier d'abord toutes les entités externes, les flux entrants et les flux sortants. En disposant ces composantes autour d'un traitement portant le nom du système à l'étude, on obtient le diagramme de contexte du système. Ce premier diagramme est facile et rapide à effectuer; il est aussi très important. Il permet de bien cerner le système à l'étude ainsi que les entités externes qui lui sont reliées et qui lui imposent éventuellement des contraintes.

---

5. *Idem.*

Pour construire le DFD de niveau 1, il faut examiner les flux sortants et déterminer les traitements qui les produisent ainsi que les dépôts utilisés. Pour cela on consultera le DCI. Il faut se rappeler que le DFD ne devrait pas contenir plus de 7 traitements. Le DCI pour sa part en contiendra souvent un nombre beaucoup plus élevé. Il faut donc examiner le DCI et tenter de regrouper les traitements physiques qui correspondent à un même concept de traitement logique. On procède de la même façon pour les flux entrants. Des traitements ayant transformé ces flux, d'autres flux émergeront, qui se dirigeront vers d'autres traitements. Encore une fois, le DCI sera utile pour les identifier. Dans une version préliminaire il ne faut pas se préoccuper outre mesure du nombre maximum de 7 traitements. Il est souvent préférable d'inclure un nombre plus élevé de traitements que l'on comprend bien, puis, dans une seconde version de regrouper certains de ces traitements. Pour les expliciter plus en détail, on les fera exploser à des niveaux inférieurs.

RÉSUMÉ DES RÈGLES ET CONVENTIONS RELATIVES AUX DFD

<u>Règles et conventions relatives aux flux</u>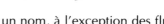

1. Chaque flux de données doit recevoir un nom, à l'exception des flux entre les traitements et les dépôts de données.

2. Lorsque le nom d'un flux comporte plusieurs mots, ces mots sont réunis par un tiret.

3. Deux flux de données ne peuvent avoir le même nom.

4. Les données contenues dans deux supports physiques différents peuvent constituer un flux unique lorsque ces deux supports physiques « voyagent » toujours ensemble.

5. Tous les flux entrants d'un DFD de niveau inférieur doivent aussi être des flux entrants du traitement dont ce diagramme est une explosion. De la même façon, les flux sortants d'un diagramme de niveau inférieur doivent aussi être des flux sortants du traitement dont ce diagramme est une décomposition. Il existe une exception pour les flux dits triviaux, c'est-à-dire les flux qui proviennent d'un traitement de contrôle ou d'exception, traitements qui ne sont pas représentés dans les DFD de niveau supérieur.

Règles et conventions relatives aux traitements

1. Un traitement est toujours numéroté.

2. Pour nommer le traitement, on s'efforcera d'utiliser un verbe d'action, décrivant de façon précise la transformation qui s'effectue.

3. On s'efforcera de respecter la limite maximale de 7 traitements pour un DFD.

4. Un traitement doit obligatoirement effectuer une transformation aux données. Les flux entrants et sortants d'un traitement devront obligatoirement être différents, donc avoir des noms différents.

Règles et conventions relatives aux explosions

1. L'explosion permet de décrire un traitement de façon détaillée.

2. Il n'existe pas de règle stricte indiquant quels traitements on doit faire exploser. Il est souvent suggéré qu'un traitement pouvant être décrit par un texte structuré d'environ une page (une fiche du dictionnaire) ne nécessite pas d'explosion.

3. Un traitement que l'on n'a pas fait exploser est appelé une primitive. À chaque primitive (et uniquement aux primitives en ce qui concerne les traitements) doit correspondre une fiche logique de traitement dans le dictionnaire de système.

4. Tous les traitements d'un DFD doivent être du même niveau. Un DFD ne pourra contenir l'explosion que d'un seul traitement.

5. La vigilance s'impose en ce qui a trait aux noms des flux d'un niveau à l'autre. Le même flux de données, quel que soit le DFD où il se situe, doit avoir la même étiquette.

Le dictionnaire de système : fiches logiques

Comme le faisaient les fiches physiques pour le DCI, les fiches logiques du dictionnaire de système complètent la documentation des DFD. Il existe cinq types de fiches logiques; elles décrivent les flux de données, les traitements, les dépôts de données, les fichiers et les éléments d'information. La figure A2.14 illustre les liens existant entre les divers niveaux de DFD et les fiches logiques du dictionnaire de système◊.

VOIR LA FIGURE A2.14.

Comme l'indique cette figure, la documentation détaillée d'un traitement consiste en une série de DFD qui sont des explosions de ce traitement.

FIGURE A2.14
Liens entre les outils de documentation logique

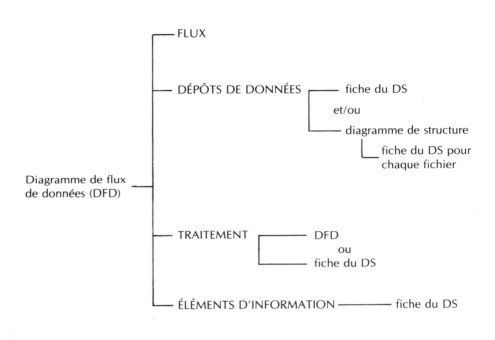

Voir la figure A2.15.

Lorsqu'on décide qu'il n'est pas nécessaire de faire exploser davantage un traitement, on le décrit au moyen d'une fiche du dictionnaire de système◊. Dans l'exemple de la firme BIBAH (figures A2.12 et A2.13), afin de simplifier, on a fait exploser uniquement les traitements 1, 2 et 2.1. S'il en était ainsi dans une situation réelle, le dictionnaire devrait contenir une fiche logique de traitement pour chacun des traitements 3, 1.1, 1.2, 1.3, 2.2, ainsi, bien sûr que pour les traitements 2.1.1, 2.1.2, 2.1.3 et 2.1.4.

Voir la figure A2.16.

Voir la figure A2.17.

Chacun des flux de données, quel que soit le niveau de DFD auquel il correspond, est décrit au moyen d'une fiche flux◊. À son tour, chaque élément d'information que contient la fiche flux est détaillé dans une fiche élément d'information◊. Dans tout système, il arrivera que plusieurs flux de données aient un ou plusieurs éléments d'information en commun. Cependant, chaque élément d'information n'est décrit que dans une fiche. En effet, pour un même élément, on ne préparera pas plusieurs fiches, même s'il se retrouve dans plusieurs flux!

FIGURE A2.15
Fiche logique de traitement

NOM DU TRAITEMENT :	Page 1 de 2

DESCRIPTION : _____

_____

_____

_____

_____

IDENTIFICATION DU DFD ASSOCIÉ : _____

FLUX DE DONNÉES ENTRANTS : _____

_____

_____

FLUX DE DONNÉES SORTANTS : _____

_____

_____

DÉPÔT(S) DE DONNÉES UTILISÉ(S) : _____

_____

_____

NOM DU TRAITEMENT :

LOGIQUE DU TRAITEMENT :

_____

_____

_____

_____

_____

_____

_____

_____

_____

_____

_____

_____

_____

_____

FIGURE A2.16
Fiche logique de flux de données

NOM DU FLUX

DESCRIPTION : _____

_____

IDENTIFICATION DU DFD ASSOCIÉ : _____

SOURCE : _____

_____

DESTINATION : _____

_____

ÉLÉMENTS D'INFORMATION : _____

_____

_____

_____

_____

_____

FIGURE A2.17
Fiche logique d'élément d'information

NOM DE L'ÉLÉMENT :

TYPE : _____

LONGUEUR : _____

IDENTIFICATION DU DFD ASSOCIÉ : _____

VALEURS PERMISES : _____

_____

_____

_____

Voir la figure A2.18.
Voir la figure A2.19.
Voir la figure A2.20.
Voir l'annexe 3.

Quatre outils servent à détailler le contenu d'un dépôt de données; ce sont la fiche dépôt◊, le diagramme de structure de données◊, les fiches fichiers◊ et les fiches éléments d'information (figure A2.17). Le diagramme de structure de données est décrit en détail à l'annexe 3◊ et utilisé abondamment au chapitre 5, Conception logique. Pour l'instant, il suffit de savoir que le diagramme de structure de données est un schéma qui identifie les fichiers qui font partie d'un dépôt, de même que les liens logiques existant entre ces fichiers. À son tour, chaque fichier qui fait partie du diagramme est décrit au moyen d'une fiche fichier; puis chacun des éléments d'information de chaque fichier est détaillé dans une fiche élément d'information.

Afin d'illustrer ces exemples, la figure A2.21 présente certaines fiches

Voir la figure A2.21. logiques du dictionnaire de système pour le système de paye de BIBAH◊. Supposons que l'analyste ait procédé aux mêmes explosions que celles contenues dans les figures A2.11, A2.12 et A2.13 et que les dépôts EMPLOYÉS et RETENUES contiennent respectivement deux fichiers et un seul. Le dictionnaire correspondant à ce système comporterait : deux diagrammes de structure de données, deux fiches dépôts, trois fiches fichiers, neuf fiches traitements (pour les traitements 3, 1.1, 1.2, 1.3, 2.2, 2.1.1, 2.1.2, 2.1.3 et 2.1.4), treize fiches de flux, et autant de fiches éléments d'information qu'il existe de ces éléments dans les flux et fichiers.

FIGURE A2.18
Fiche logique de dépôt de données

NOM DU DÉPÔT :

DESCRIPTION : _____

_____

_____

_____

_____

IDENTIFICATION DU DFD ASSOCIÉ : _____

TRAITEMENTS ASSOCIÉS : _____

_____

_____

_____

_____

_____

IDENTIFICATION DU DSD ASSOCIÉ : _____

FIGURE A2.19
Diagramme de structure de données

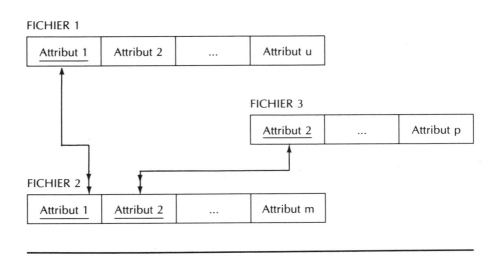

FIGURE A2.20
Fiche logique de fichier

NON DU FICHIER :

DESCRIPTION : _____

_____

_____

_____

_____

IDENTIFICATION DU DFD ASSOCIÉ : _____

ÉLÉMENTS D'INFORMATION : _____

_____

_____

_____

_____

_____

_____

VOLUME (enregistrements, caractère) : _____

_____

CROISSANCE : _____

FIGURE A2.21
Échantillon fiches logiques système de paye BIBAH

NOM DU FLUX : HEURES

DESCRIPTION : Données de base pour le calcul de la paye

IDENTIFICATION DU DFD ASSOCIÉ : Système de paye BIBAH

SOURCE : Heures

DESTINATION : 1.0 VÉRIFIER HEURES

ÉLÉMENTS D'INFORMATION :

    NUMÉRO-ASSURANCE-SOCIALE
    HEURES-RÉGULIÈRES
    HEURES-SUPPLÉMENTAIRES
    PÉRIODE-PAYE

NOM DE L'ÉLÉMENT : NUMÉRO-ASSURANCE-SOCIALE

TYPE : Numérique à format spécial

LONGUEUR : 9 chiffres

IDENTIFICATION DU DFD ASSOCIÉ : Système de paye BIBAH

VALEURS PERMISES : Chiffre auto-vérificateur avec modulo 11.

NOM DU DÉPÔT : EMPLOYÉS

DESCRIPTION : Dépôt contenant données de base pour calcul de la
paye et des T4-TP4

IDENTIFICATION DU DFD ASSOCIÉ : Système de paye BIBAH

TRAITEMENTS ASSOCIÉS : 1.0 Vérifier heures; 2.0 Préparer paye;
3.0 Préparer sommaire impôts

IDENTIFICATION DU DSD ASSOCIÉ : Diagramme ci-joint

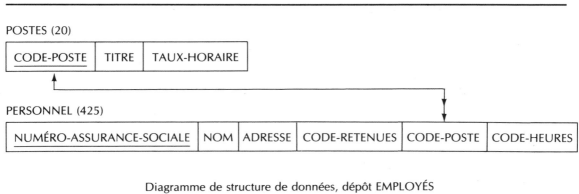

POSTES (20)

CODE-POSTE	TITRE	TAUX-HORAIRE

PERSONNEL (425)

NUMÉRO-ASSURANCE-SOCIALE	NOM	ADRESSE	CODE-RETENUES	CODE-POSTE	CODE-HEURES

Diagramme de structure de données, dépôt EMPLOYÉS

NOM DU FICHIER : PERSONNEL

DESCRIPTION : Fichier du dépôt EMPLOYÉS; contient les données relatives à chaque individu à l'emploi de BIBAH

IDENTIFICATION DU DFD ASSOCIÉ : Système de paye de BIBAH

ÉLÉMENTS D'INFORMATION :
NUMÉRO-ASSURANCE-SOCIALE;

NOM; ADRESSE; CODE-RETENUES; CODE-POSTE

CODE-HEURES

VOLUME (enregistrements, caractères) : 425 enregistrements de 120 caractères

CROISSANCE : 3 %/année

NOM DU TRAITEMENT : 3. Préparer sommaire
pour impôts

DESCRIPTION : Traitement produisant les T4-TP4 pour les employés
ainsi que le détail des retenues d'impôt pour le ministère du Revenu

IDENTIFICATION DU DFD ASSOCIÉ : Système de paye BIBAH

FLUX DE DONNÉES ENTRANTS : Flux de dépôt; flux de dépôt
EMPLOYÉS

FLUX DE DONNÉES SORTANTS : Retenues-impôt; T4-TP4

DÉPÔT(S) DE DONNÉES UTILISÉ(S) : RETENUES; EMPLOYÉS

NOM DU TRAITEMENT : 3.0 Préparer sommaire
pour impôts

LOGIQUE DU TRAITEMENT :

Du fichier PERSONNEL lire données d'un employé

Du fichier RETENUES lire données de l'employé correspondant

Produire les T4-TP4

Produire portion de retenues-impôt correspondant à l'employé

Concepts de fichiers
et de bases de données

La présente annexe propose des définitions de quelques concepts de base, tels que fichiers, bases de données, attributs, clé primaire, clé concaténée, clé lointaine, dépendance fonctionnelle et troisième forme normale. Le lecteur peu familier avec ces concepts devra lire cette annexe avant de passer aux annexes 4 et 5.

Définitions

1. *Base de données*

   Ensemble de fichiers reliés entre eux.
   Synonymes : dépôt de données, banque de données.

2. *Fichier*

   Ensemble d'enregistrements décrivant une entité de l'entreprise. Par exemple, la table suivante constitue un fichier.

   Dans ce livre, nous nous restreindrons à des fichiers où les enregistrements ont tous le même nombre d'attributs. Dans le fichier ÉTUDIANTS, tous les enregistrements ont les attributs # matricule, Nom et Concentration; donc ils ont un nombre fixe d'attributs.
   Synonymes : table, relation, fichier plat.

ÉTUDIANTS

# matricule	Nom	Concentration
•	•	•
•	•	•
44328	Paul Tremblay	Finance
42494	Ginette Smith	Système d'information
•	•	•
•	•	•
•	•	•

3. *Enregistrement*

   Ensemble des éléments d'information qui décrivent une entité particulière. Par exemple, l'information sur l'étudiant #42328 constitue un enregistrement.
   Synonymes : tuples, lignes.

4. *Attribut*

   Un des éléments d'information qui décrivent l'entité par exemple # matricule, Nom. Tous les enregistrements d'un fichier devront contenir le même nombre d'attributs.
   Synonymes : champ, colonne, élément d'information.

5. *Clé primaire*

   Le ou les attributs qui permettent d'identifier de façon unique chaque enregistrement. Un fichier a toujours une clé primaire. Les attributs qui font partie d'une clé primaire ne peuvent avoir de valeur nulle. Lorsque la clé est formée d'un seul attribut, on dit qu'on a une *clé simple*. Si la clé est formée de plusieurs attributs, alors on a une *clé composée* ou *concaténée*.

6. *Attribut sous-clé*

   Attribut qui fait partie d'une clé composée.

7. *Attribut non-clé*

   Attribut qui ne fait pas partie de la clé du fichier.

8. *Clé lointaine*

On dit d'un attribut qu'il est une clé lointaine lorsqu'il est l'attribut qui fait le lien logique avec un autre fichier de la base de données.

9. *Opérations sur les fichiers*

Sur un fichier, on fait les opérations suivantes :

- interroger le fichier,
- ajouter un enregistrement,
- enlever un enregistrement,
- changer la valeur d'un attribut à l'intérieur d'un enregistrement.

10. *Représentation des fichiers*

Nous utiliserons deux façons de représenter les fichiers. Dans le premier cas, le nom du fichier est placé en avant et les attributs entre parenthèses. Par exemple :

ÉTUDIANTS (# étudiant, Nom, Concentration).

Dans l'autre cas, le fichier est représenté par un rectangle.
Par exemple :

ÉTUDIANTS

# étudiant	Nom	Concentration

Dans les deux cas, la clé primaire est soulignée.

Dépendance fonctionnelle

On dit qu'un attribut Y d'un fichier est fonctionnellement dépendant d'un autre attribut X du même fichier lorsque : étant donné une valeur pour X, il ne peut y avoir qu'une et une seule valeur pour Y. On dit de X qu'il est le *déterminant* de Y. Graphiquement, ceci peut s'exprimer de la façon suivante :

Voici quelques exemples de dépendances fonctionnelles (DF)

1. *Soit le fichier*

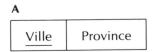

Nous supposerons que la valeur prise par l'attribut Ville est la latitude et la longitude de cette ville. Ainsi la valeur de l'attribut Ville serait unique pour une ville donnée. L'attribut Province est fonctionnellement dépendant (FD) de l'attribut Ville car à chaque valeur de Ville correspond une et une seule valeur de Province. Cependant Ville n'est pas FD de Province car à chaque valeur de Province correspondent plusieurs valeurs de Ville. On a donc le diagramme de DF suivant :

2. *Soit le fichier*

Les DF sont les suivants :

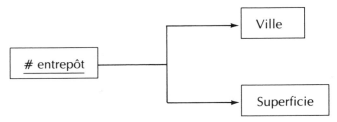

Peut-on avoir plusieurs entrepôts dans la même ville?

3. *Soit le fichier*

C

# entrepôt	Ville	Province	Superficie

Les DF sont :

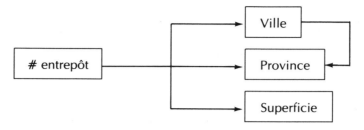

4. *Soit le fichier*

D

# entrepôt	# pièce	Quantité

Nous avons ici une situation où un entrepôt peut contenir plusieurs types de pièces et un type de pièce peut se retrouver dans plusieurs entrepôts. Par exemple :

# entrepôt	# pièce	Quantité
E1	P1	20
E1	P2	30
E2	P1	20
E2	P3	30

Pour identifier un enregistrement de façon unique, nous avons besoin d'une clé concaténée (# entrepôt, # pièce). L'attribut Quantité est FD de la clé (# entrepôt, # pièce). En effet à un numéro d'entrepôt et un numéro de pièce correspond une et une seule quantité.

Les DF sont donc :

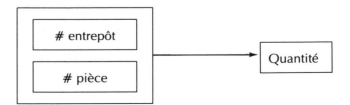

5. *Soit le fichier*

E

# entrepôt	# pièce	Quantité	Ville

Les DF sont :

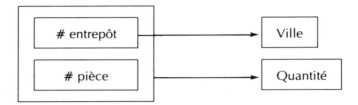

Remarquons qu'ici l'attribut Ville est fonctionnellement dépendant d'un attribut sous-clé mais que Quantité dépend de toute la clé.

Fichiers en troisième forme normale (3FN)

Toute méthode de conception de base de données doit avoir un critère qui nous indique si le design est bon. Le critère que nous utiliserons est le suivant :

Chaque fichier doit représenter une et une seule entité de l'organisation.

En d'autres mots, on ne doit pas mélanger l'information à l'intérieur d'un fichier. Par exemple, on ne voudra pas mélanger l'information sur les clients avec l'information sur les fournisseurs dans le même fichier.

De façon plus formelle, ce critère peut s'exprimer de la façon suivante. *Les attributs non-clés doivent être fonctionnellement dépendants de toute la clé et seulement de la clé*. En d'autres mots on veut des diagrammes de DF de la forme suivante :

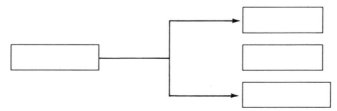

et de la forme suivante :

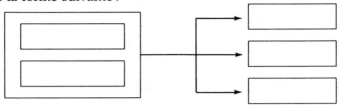

Remarquons que les deux types de DF suivantes ne sont pas désirables.

1. *DF entre deux attributs non-clé*

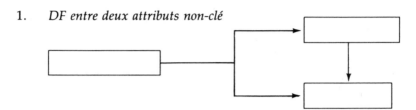

2. *DF entre un attribut non-clé et un attribut sous-clé*

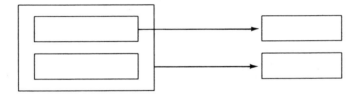

Voyons, au moyen d'un exemple, pourquoi ces deux formes de DF sont indésirables. Soit le fichier suivant qui contient de l'information sur les pièces commandées à différents fournisseurs.

F1

# fournisseur	# article	Type	Approbation	Quantité
F1	A1	RI3	CSA-CNDA	45
F1	A2	RI3	CSA-CNDA	240
F1	A3	PZ4	PRA-USA	234
F1	A4	PZ3	CSA-CNDA	122
F2	A1	RI3	CSA-CNDA	10
F2	A8	ZZ2	RFA-FDR	111
F2	A9	RI3	CSA-CNDA	100
F3	A6	RI3	CSA-CNDA	15
F4	A8	ZZ2	RFA-FDR	110

Dans cet exemple, l'entreprise qui nous intéresse achète des articles de plusieurs fournisseurs différents. Un fournisseur peut approvisionner l'entreprise de plusieurs articles et un même article peut être fourni par plusieurs fournisseurs. Un article est d'un type donné. Par exemple, Rl3 pourrait signifier petit article ménager fonctionnant à l'électricité. Pour pouvoir être mis sur le marché, tous les articles de l'entreprise doivent avoir un sigle indiquant qu'ils ont été approuvés par l'agence appropriée. Un type d'article doit être approuvé par une agence donnée. Par exemple, les articles de type Rl3 doivent avoir le sigle d'approbation CSA-CNDA. À un fournisseur et à un numéro d'article précis correspond une quantité en mains.

La clé du fichier est (# fournisseur, # article). En effet, nous avons besoin de ces deux attributs pour identifier de façon unique chacun des enregistrements.

D'après la description de l'entreprise, le diagramme de DF est le suivant :

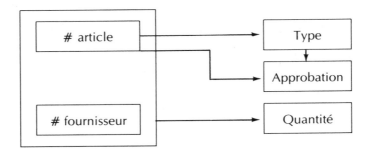

Nous avons ici les deux types de DF indésirables que nous avons décrites plus haut. Des attributs non-clés (Type et Approbation) dépendent d'un attribut sous-clé (# article) et un attribut non-clé (Approbation) dépend d'un autre attribut non-clé (Type).

Le fait d'avoir des DF indésirables cause un certain nombre de problèmes lors des différentes opérations de mise à jour du fichier.

Ajout d'un enregistrement

Supposons que nous voulions conserver dans notre fichier le fait que l'article A7 est de type Rl3. Nous ne pouvons le faire tant que A7 n'a pas de fournisseur, puisque nous n'aurions pas de valeur pour la clé primaire. En effet, la clé primaire doit toujours avoir une valeur par définition.

Suppression d'un enregistrement

Supposons que F3 cesse de nous fournir l'article A6. Dans ce cas nous enlèverons l'enregistrement du fichier mais par le fait même nous perdrons aussi l'information que l'article A6 est de type Rl3.

Changement

Supposons qu'une nouvelle loi stipule que les articles de type ZZ2 doivent dorénavant être approuvés PRA-USA plutôt que FDA-FDR, comme c'est le cas maintenant. Pour procéder à ce changement, il nous faudra modifier tous les enregistrements du fichier où se trouvent des articles de type ZZ2. Il en résultera une perte de temps. De plus, des erreurs peuvent aussi survenir. Il se pourrait que la personne chargée de la mise à jour ne change que le premier enregistrement correspondant à un article de type ZZ2. Les données que contiendra le fichier seront donc inconsistantes et erronées.

Tous ces problèmes sont dus au fait qu'un attribut non-clé (Type) est fonctionnellement dépendant d'un attribut sous-clé (# article). C'est pour cette raison que cette forme de DF est indésirable.

La solution est d'éliminer la DF entre l'attribut non-clé et l'attribut sous-clé en décomposant le fichier F1 en deux fichiers.

F2

# fournisseur	# article	Quantité
F1	A1	45
F1	A2	240
F1	A3	234
F1	A4	122
F2	A1	10
F2	A8	111
F3	A9	100
F3	A6	15
F4	A8	110

F3

# article	Type	Approbation
A1	RI3	CSA-CNDA
A2	RI3	CSA-CNDA
A3	PZ4	PRA-USA
A4	PZ3	CSA-CNDA
A6	RI3	CSA-CNDA
A8	ZZ2	RFA-FDR
A9	ZZ2	RFA-FDR

Remarque : Les fichiers F2 et F3 contiennent exactement la même information que le fichier F1, ni plus ni moins.

Si on trace les diagrammes de DF, on obtient pour le fichier F2

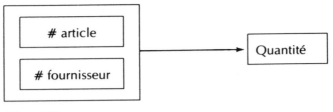

et le fichier F3

Le fichier F2 a la forme désirée. Vous pourriez vérifier que les problèmes décrits plus haut ne se produisent plus. Cependant, le fichier F3 a encore des DF indésirables, c'est-à-dire des DF entre des attributs non-clés. Ces DF indésirables produiront elles aussi des problèmes lors des différentes opérations de mise à jour.

Exercice :

Que se passe-t-il si :

– On veut ajouter à la base de données qu'un article de type ABC doit être approuvé CSA-CNDA?

– On cesse de s'approvisionner en article A4?

– Les articles de type PZ4 doivent maintenant être approuvés RFA-FDR plutôt que PRA-USA?

Encore une fois la solution est d'éliminer les DF indésirables en décomposant le fichier en deux.

F4

# article	Type
A1	RI3
A2	RI3
A3	PZ4
A4	PZ3
A6	RI3
A8	ZZ2
A9	ZZ2

F5

Type	Approbation
RI3	CSA-CNDA
PZ4	PRA-USA
PZ3	CSA-CNDA
ZZ2	RFA-FDR

Pour résumer, le fichier F1 qui avait des DF indésirables a été décomposé en 3 fichiers F2, F4 et F5 qui ont la forme désirée, c'est-à-dire qui sont en 3FN.

Le processus qui consiste à prendre des fichiers quelconques et à les rendre en 3FN s'appelle la normalisation. Le processus peut se résumer ainsi :

1. Pour chaque fichier, découvrir les DF et tracer le diagramme correspondant.

2. Décomposer jusqu'à ce qu'on obtienne des fichiers en 3FN.

Note : Les DF entre les attributs se découvrent en analysant et en comprenant bien le contexte organisationnel car la présence ou l'absence de DF entre deux attributs dépend uniquement de la nature et des politiques de l'organisation.

Résumé

Des fichiers en 3FN, c'est-à-dire des fichiers qui ne possèdent pas de dépendances fonctionnelles indésirables, ne présentent pas d'anomalies lors des opérations de mise à jour. Nous chercherons donc, lors de la conception de la base de données, à obtenir un ensemble de fichiers en 3FN.

Intuitivement, un fichier en 3FN est un fichier qui ne contient de l'information que sur une seule entité de l'organisation. En effet, les fichiers F2, F4 et F5 contiennent respectivement de l'information sur les stocks, les articles et les approbations.

Conception logique de la base de données : Approche par les outputs

La conception logique de la base de données est le processus qui, à partir des besoins des utilisateurs, consiste à déterminer la structure de la base de données. Lorsque cette tâche sera accomplie, l'analyste aura établi les attributs, la clé et le volume de chaque fichier de la base de données de même que les liens logiques existant entre ces fichiers.

Pour illustrer, considérons l'exemple suivant. Le directeur des programmes de l'École nationale de gestion (ÉNG) a demandé une analyse du système d'information permettant de gérer les notes des étudiants. Lors de son analyse détaillée, l'analyste a recueilli de nombreux renseignements pertinents à la conception de la base de données. Par semestre, l'École nationale de gestion donne des cours à environ 2 500 étudiants répartis à travers le Certificat, les trois années du Baccalauréat et les deux années de la Maîtrise. L'institution emploie 100 professeurs et offre 225 cours différents. Un étudiant suit en moyenne 5 cours par semestre et un professeur en enseigne deux. Le bulletin ne contient que les cours suivis par un étudiant pendant un semestre. Un cours n'est offert que par un professeur, à un seul groupe d'étudiants. Un étudiant est inscrit à une seule concentration.

À la suite de la conception logique de la base de données, l'analyste propose le diagramme de structure de données suivant◊.

Voir la figure A4.1.

FIGURE A4.1
Diagramme de structure de données (DSD)
du système de gestion de notes de l'ÉNG

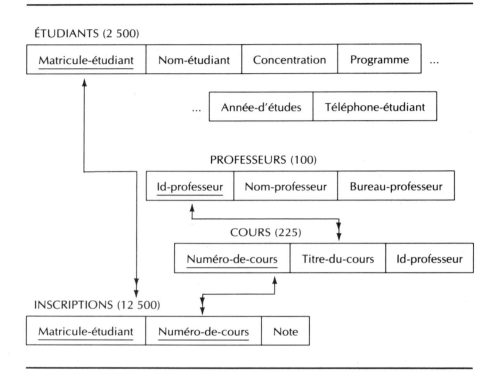

En analysant ce design plusieurs questions viennent à l'esprit :

– Les outputs voulus peuvent-ils vraiment être produits à partir de ces fichiers?

– Pourquoi a-t-on quatre fichiers plutôt que trois ou même un seul?

– Comment peut-on savoir si ce design est bon?

La méthode de conception de base de données proposée ci-après permettra de répondre à ces questions. Les concepts préalables à la compréhension de cette méthode — base de données, clé, attributs, dépendance fonctionnelle et processus de normalisation — sont présentés à l'annexe 3.

> *Les paragraphes qui suivent requièrent l'assimilation des concepts présentés à l'annexe 3.*

La méthode de conception de base de données décrite ici permettra d'identifier les principaux fichiers composant la base de données, leurs attributs et leur clé, leur volume ainsi que les liens existant entre ces fichiers. Pour atteindre ces objectifs, la méthode définit la conception de la base de données comme étant un ensemble de tâches élémentaires[◊].

VOIR LE TABLEAU A4.1.

TABLEAU A4.1
Tâches de la conception de la base de données

Conception de la base de données : approche par les outputs
1. Déterminer les outputs (flux sortants que le système devra produire)
2. Identifier les fichiers nécessaires à la production de chaque flux sortant
3. Intégrer les différents fichiers pour ne former qu'une seule base de données
4. Déterminer le volume de chaque fichier
5. Déterminer les liens logiques entre les fichiers et établir le diagramme de structure de données

La mise en application de cette méthode sera illustrée en faisant la conception logique de la base de données nécessaire pour le système de de gestion des notes d'étudiants de l'École nationale de gestion.

1. Déterminer les outputs que le système devra produire

L'objectif de cette activité est d'identifier tous les flux sortants que devra produire le système, et pour chacun, d'en déterminer le contenu en information, le volume, la fréquence de production et la destination. En collaboration avec le directeur des programmes, l'analyste a déterminé que le nouveau système de l'École nationale de gestion devra produire deux outputs : les bulletins qui seront envoyés aux étudiants et une liste des moyennes devant servir à la préparation du tableau d'honneur. Les figures A4.2 et A4.3 reproduisent les fiches logiques du dictionnaire de système correspondant à ces deux outputs[◊]. Il est à noter que les fiches de flux sortants ne sont pas complètes. En effet, à cette étape, l'analyste

VOIR LES FIGURES A4.2 et A4.3.

FIGURE A4.2
Fiche logique du bulletin : ébauche

NOM DU FLUX : BULLETIN

DESCRIPTION : Bulletin des étudiants de l'ÉNG, produit après chaque
fin de session

IDENTIFICATION DU DCI ASSOCIÉ : ÉNG GESTION NOTES

SOURCE :

DESTINATION : ÉTUDIANTS

ÉLÉMENTS D'INFORMATION :

En-tête : ÉCOLE NATIONALE DE GESTION
BULLETIN
SESSION

Corps : Matricule
Nom-étudiant
Concentration
Numéro-de-cours
Titre-du-cours
Nom-professeur
Bureau-professeur
Note

---

n'a pas encore déterminé la source de chaque flux. Cela sera fait lors de la conception des traitements. À la fin de cette activité, l'analyste aura identifié les flux sortants, leur contenu en information, leur volume, leur fréquence de production et leur destination.

FIGURE A4.3
Fiche logique de la liste des moyennes : ébauche

NOM DU FLUX : LISTE-DES-MOYENNES

DESCRIPTION : Liste comportant la moyenne de chaque étudiant pour une session. Sert à la préparation du tableau d'honneur.

IDENTIFICATION DU DCI ASSOCIÉ : ÉNG GESTION NOTES

SOURCE :

DESTINATION : RESPONSABLE DE LA PRÉPARATION DE LA LISTE D'HONNEUR

ÉLÉMENTS D'INFORMATION :

En-tête :   ÉCOLE NATIONALE DE GESTION
LISTE DES MOYENNES
SESSION

Corps :   Programme
Année-d'études
Matricule-étudiant
Nom-étudiant
Téléphone-étudiant
Moyenne-pour-la-session

---

2. Identifier les fichiers nécessaires à la production de chaque flux sortant

Lorsqu'il aura accompli cette deuxième tâche, l'analyste disposera, pour chaque output, d'un ensemble de fichiers normalisés à partir desquels l'output pourra être produit. Pour mener à bien cette tâche, l'analyste devra accomplir un certain nombre de sous-tâches, lesquelles sont énumérées et

Voir le tableau
A4.2.

décrites ci-après◊. Ces sous-tâches devront être accomplies autant de fois qu'il y a de flux sortants. Dans les pages qui suivent, on les retrouvera donc chacune répétée deux fois, le système de l'ÉNG ayant deux flux sortants.

TABLEAU A4.2

**Tâches élémentaires de l'identification des fichiers
nécessaires à la production des flux sortants**

Identifier les fichiers nécessaires à la production de chaque flux sortant
1. Établir la liste des éléments d'information nécessaires à la production de l'output
2. Identifier les dépendances fonctionnelles
3. Éliminer les dépendances fonctionnelles bidirectionnelles
4. Éliminer les flèches de dépendances fonctionnelles superflues
5. Dériver les fichiers normalisés

A.   Flux Bulletin

2.1.   Identifier les fichiers nécessaires à la production du bulletin

2.1.1. Établir la liste des éléments d'information nécessaires à la production de l'output

Les éléments d'information nécessaires à la production du bulletin sont les suivants :

> Matricule-étudiant
> Nom-étudiant
> Concentration
> Numéro-de-cours
> Titre-du-cours
> Nom-professeur
> Bureau-professeur
> Note

On pourra vérifier que cette liste représente l'ensemble des éléments nécessaires et suffisants à la production du flux bulletin.

2.1.2 Identifier les dépendances fonctionnelles

VOIR LA FIGURE A4.4.

Après l'analyse des éléments d'information, le diagramme de dépendances fonctionnelles est produit◊.

Les dépendances établies dans la figure s'expliquent de la façon suivante. Les dépendances entre le déterminant matricule-étudiant et les attributs nom-étudiant, concentration, sont évidentes de même que la dépendance entre le déterminant matricule-étudiant, numéro-de-cours et l'attribut note, et celle entre le déterminant numéro-de-cours et l'attribut titre-du-cours. La dépendance fonctionnelle entre numéro-de-cours et nom-professeur est due au fait qu'à l'ÉNG un cours est donné par un seul professeur. Il faut noter que numéro-de-cours n'est pas fonctionnellement

FIGURE A4.4
Diagramme initial de dépendances fonctionnelles

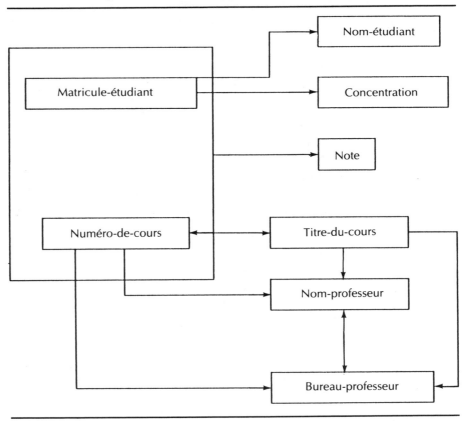

dépendant de nom-professeur puisqu'à un même nom peuvent correspondre plusieurs numéros-de-cours; c'est le cas puisqu'un professeur enseigne plusieurs cours, mais ce pourrait aussi être possible si deux professeurs portaient le même nom.

La dépendance fonctionnelle entre bureau-professeur et nom-professeur existe parce qu'à l'ÉNG il n'y a qu'un professeur par bureau; par ricochet, étant donné une valeur pour numéro-de-cours, il n'y a qu'une valeur pour bureau-professeur. La dépendance fonctionnelle entre titre-du-cours et bureau-professeur s'explique de la même façon; cependant, cette dépendance n'existe que parce que le titre que porte un cours à l'ÉNG est unique. Si deux cours différents pouvaient avoir le même titre, cette dépendance fonctionnelle n'existerait pas, non plus que celle entre titre-du-cours et numéro-du-cours, et celle entre titre-du-cours et nom-professeur.

Cet exemple illustre ce qui avait été mentionné à l'annexe 3, c'est-à-dire que l'existence d'une dépendance fonctionnelle entre deux attributs est étroitement reliée au contexte organisationnel dans lequel le système évoluera. L'analyste aurait obtenu un diagramme totalement différent dans une situation où un cours peut être offert par plusieurs professeurs, où plusieurs cours peuvent avoir le même titre, et où un bureau peut être occupé par plus d'un professeur. Le lecteur pourra vérifier ceci en traçant le diagramme pour une telle situation. Cet état de fait vient renforcer les énoncés qu'il n'existe pas un système d'information applicable à toutes les situations, qu'un analyste doit travailler étroitement avec l'utilisateur, et qu'il doit valider les dépendances fonctionnelles auprès des utilisateurs. Le diagramme de dépendance fonctionnelle constitue en fait une représentation du mode de fonctionnement de l'entreprise.

2.1.3. Éliminer les dépendances fonctionnelles bidirectionnelles

Pour que la méthode de normalisation proposée ici fonctionne sans accroc, il est nécessaire de transformer les dépendances fonctionnelles bidirectionnelles telles que celles qui existent entre numéro-de-cours et titre-du-cours et entre nom-professeur et bureau-professeur. Elles doivent être ramenées à des dépendances fonctionnelles unidirectionnelles. Pour ce faire, il faut choisir parmi les deux attributs lequel deviendra le déterminant de l'autre. On choisit habituellement comme déterminant l'attribut qui a une certaine connotation de permanence ou du moins de durée prolongée. Par exemple, entre numéro-de-cours et titre-du-cours, il y a très peu de chances pour que la valeur de numéro-de-cours change tandis qu'il est fort possible que le titre d'un cours soit éventuellement modifié. Donc on choisit numéro-de-cours comme déterminant. Entre nom-professeur et bureau-professeur, nom-professeur est un déterminant plus approprié étant donné qu'on s'intéresse ici aux professeurs et non aux bureaux.

On obtient donc le diagramme de dépendances fonctionnelles de la figure A4.5◊. En comparant ce dernier avec celui de la figure A4.4, on remarque qu'en plus d'avoir transformé les dépendances bidirectionnelles, on a supprimé la dépendance entre titre-du-cours et nom-professeur ainsi que celle entre titre-du-cours et bureau-professeur.

VOIR LA FIGURE A4.5.

> *Pourquoi a-t-on supprimé ces dépendances fonctionnelles?*

FIGURE A4.5

Diagramme de dépendances fonctionnelles après avoir transformé les dépendances bidirectionnelles

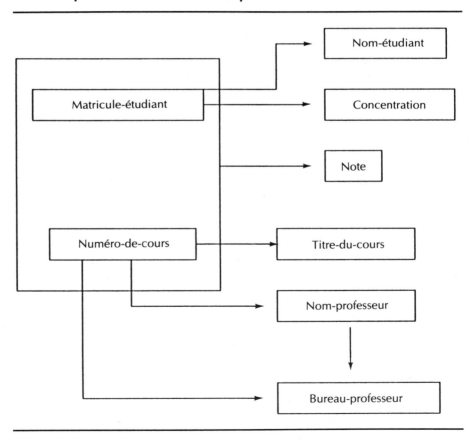

2.1.4. Éliminer les flèches de dépendances fonctionnelles superflues

Les dépendances fonctionnelles superflues sont celles qui, même si elles n'étaient pas explicitement indiquées par une flèche du diagramme, pourraient être déduites par l'intermédiaire d'autres dépendances fonctionnelles. Par exemple, la dépendance entre numéro-de-cours et bureau-professeur est superflue puisque même en supprimant la flèche qui a été tracée entre les deux attributs, on peut déduire que bureau-professeur est fonctionnellement dépendant de numéro-de-cours. En effet, étant donné une valeur pour numéro-de-cours, il n'y a qu'une valeur pour nom-professeur; et comme il n'y a qu'une valeur de bureau-professeur pour une valeur nom-professeur, cela ne nécessite qu'une valeur bureau-professeur pour une valeur prise par numéro-de-cours.

Voir la figure A4.6.

Lorsque les dépendances superflues ont été éliminées, on obtient le diagramme de dépendances fonctionnelles de la figure A4.6◊.

2.1.5. Dériver les fichiers normalisés

La dérivation des fichiers normalisés se fait en identifiant les déterminants que contient le diagramme de dépendances fonctionnelles et en créant un fichier correspondant à chaque déterminant. La clé d'un fichier sera le déterminant et ses attributs non-clés seront les attributs fonctionnellement dépendants du déterminant. Pour le bulletin, les quatre fichiers suivants ont été identifiés :

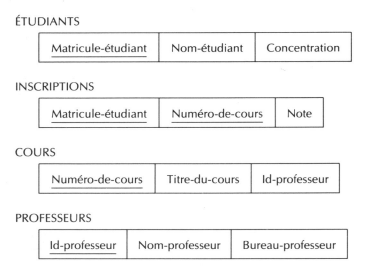

ÉTUDIANTS

Matricule-étudiant	Nom-étudiant	Concentration

INSCRIPTIONS

Matricule-étudiant	Numéro-de-cours	Note

COURS

Numéro-de-cours	Titre-du-cours	Id-professeur

PROFESSEURS

Id-professeur	Nom-professeur	Bureau-professeur

FIGURE A4.6

Diagramme de dépendances fonctionnelles après avoir éliminé les dépendances superflues

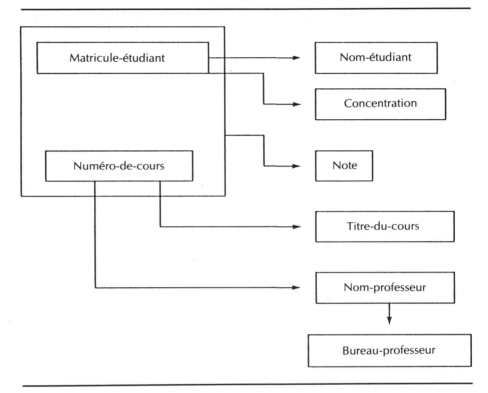

Faites le diagramme de dépendances fonctionnelles pour chacun des fichiers.

On pourra vérifier que les quatre fichiers sont bien en troisième forme normale. En examinant ces fichiers, on remarque qu'un attribut id-professeur a été ajouté au fichier PROFESSEURS parce que bien que le nom des professeurs à l'ÉNG soit présentement unique, il est possible que dans le futur il y ait deux professeurs avec le même nom. Alors nom-professeur ne serait plus approprié comme clé. Il est toujours préférable d'avoir un attribut clé qui sera toujours unique. C'est pourquoi on remplace très souvent les noms par des numéros. Par exemple, dans le cas d'un fichier CONTRIBUABLES, le numéro d'assurance sociale est une clé appropriée puisqu'elle identifie de façon unique un contribuable.

Cependant, la base de données n'est pas complète; le même processus, c'est-à-dire les tâches énumérées au tableau A4.2, devra être répété pour l'autre flux sortant.

B. Flux Liste des moyennes

2.2. Identifier les fichiers nécessaires à la production de la liste des moyennes

2.2.1. Établir la liste des éléments d'information nécessaires à la production de l'output

Comme cela avait été fait pour le bulletin, il faut établir la liste des éléments d'information qui permettront de préparer la liste des moyennes. Après examen de la fiche logique de la liste des moyennes (figure A4.3), on déduit que les éléments suivants seront requis :

> Matricule-étudiant
> Nom-étudiant
> Programme
> Année-d'études
> Téléphone-étudiant
> Note

Pourquoi a-t-on inclus dans la liste la note de chaque cours suivi par l'étudiant plutôt que la moyenne? Cette décision est basée sur le principe suivant utilisé souvent dans un contexte de base de données : une base de données ne devrait idéalement inclure que des données primitives, c'est-à-dire des données qui ne peuvent pas être déduites ou calculées à partir d'autres données.

2.2.2 Identifier les dépendances fonctionnelles

Voir la figure A4.7.

Pour les attributs identifiés précédemment, les dépendances fonctionnelles sont celles de la figure A4.7◇.

Pourquoi a-t-on ajouté l'attribut numéro-de-cours et pourquoi cet attribut fait-il partie d'un déterminant? En analysant l'attribut note, on s'est

FIGURE A4.7

**Dépendances fonctionnelles entre les attributs
nécessaires à la production de la liste des moyennes**

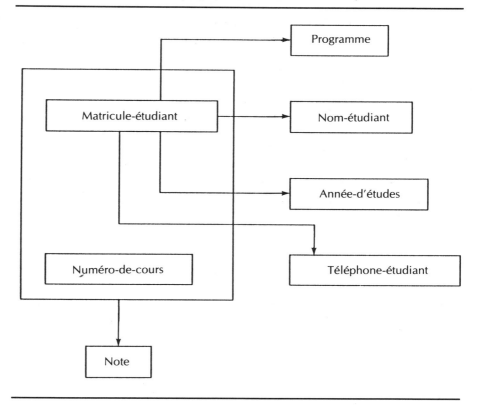

aperçu qu'il n'était fonctionnellement dépendant d'aucun attribut de la liste mais aussi qu'aucun autre attribut n'était fonctionnellement dépendant de lui. Pourtant la note qu'a obtenue un étudiant à un cours devrait pouvoir être reliée à cet étudiant. Le numéro-de-cours, en conjonction avec le matricule-étudiant, forment donc le déterminant dont la note est fonctionnellement dépendante.

Les autres dépendances fonctionnelles s'expliquent de la même façon que dans le cas du bulletin. Certains se demanderont pourquoi téléphone-étudiant n'est pas fonctionnellement dépendant de nom-étudiant? La raison est qu'il peut y avoir plusieurs étudiants portant le même nom (donc même valeur pour cet attribut). Par conséquent, il peut y avoir plusieurs valeurs de téléphone-étudiant pour une valeur de nom-étudiant.

2.2.3. Éliminer les dépendances fonctionnelles bidirectionnelles

Comme on le remarque sur le diagramme de la figure A4.7, il n'existe aucune dépendance bidirectionnelle.

2.2.4. Éliminer les flèches de dépendances fonctionnelles superflues

Dans le cas de la liste des moyennes, il n'existe aucune dépendance fonctionnelle superflue, c'est-à-dire des dépendances qui pourraient être déduites d'autres dépendances. Le diagramme de dépendances fonctionnelles demeure donc inchangé.

2.2.5. Dériver les fichiers normalisés

Le diagramme de dépendances fonctionnelles qui nous intéresse contient deux déterminants : matricule-étudiant et matricule-étudiant, numéro-de-cours, donc deux fichiers normalisés, les fichiers ÉTUDIANTS et INSCRIPTIONS.

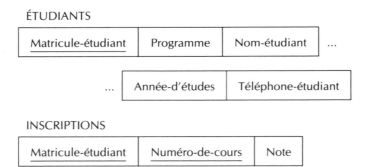

ÉTUDIANTS

| Matricule-étudiant | Programme | Nom-étudiant | ... |

| ... | Année-d'études | Téléphone-étudiant |

INSCRIPTIONS

| Matricule-étudiant | Numéro-de-cours | Note |

On aura remarqué que le fichier ÉTUDIANTS dérivé ici contient des attributs différents du fichier ÉTUDIANTS obtenu dans le cas de l'output bulletin. Comme le propose la méthode, l'analyste ne se préoccupera pas de ces similitudes tant qu'il n'aura pas dérivé tous les fichiers normalisés pour tous les flux sortants.

3. Intégrer les différentes bases de données pour n'en former qu'une seule

L'analyste dispose maintenant de fichiers normalisés à partir desquels les deux outputs du système pourront être produits. Il s'agit maintenant d'intégrer ces deux bases de données pour n'en former qu'une seule. L'analyste doit donc examiner les deux bases de données et faire en sorte d'éliminer les répétitions d'attributs pour une même entité. Cet examen, assez simple dans le présent cas, peut s'avérer fort complexe lorsque le nombre de fichiers est très élevé.

Tous les fichiers ne doivent pas être comparés deux à deux. Les seuls qui doivent l'être sont ceux qui contiennent des données au sujet de la même entité, donc qui ont la même clé. Ainsi donc on comparera les fichiers ÉTUDIANTS (déterminant matricule-étudiant) et les fichiers INSCRIPTIONS (déterminant matricule-étudiant, numéro-de-cours). Les fichiers INSCRIPTIONS étant identiques on n'en conservera qu'un. Les fichiers ÉTUDIANTS seront fusionnés pour n'en faire qu'un, contenant un plus grand nombre d'attributs que chacun des fichiers ÉTUDIANTS identifiés au cours des tâches précédentes. Les fichiers résultants sont représentés à la figure A4.8◊.

Voir la figure A4.8.

4. Déterminer le volume de chaque fichier

L'École nationale de gestion donnant des cours à 2 500 étudiants par semestre, le fichier ÉTUDIANTS comportera en moyenne 2 500 enregistrements. Le fichier PROFESSEURS en comportera 100 et le fichier cours 225. Le fichier INSCRIPTIONS comptera pour sa part 12 500 enregistrements puisqu'un étudiant suit en moyenne 5 cours par semestre.

5. Déterminer les liens logiques entre les fichiers et établir le diagramme de structure de données

Les liens entre les fichiers s'établissent par l'intermédiaire des attributs communs à deux fichiers. Par exemple, en considérant les fichiers identifiés précédemment, on peut immédiatement déterminer que les fichiers ÉTUDIANTS et INSCRIPTIONS seront liés par l'attribut matricule-étudiant, alors que le lien entre les fichiers COURS et PROFESSEURS se fera par l'intermédiaire de l'attribut id-professeur. Le diagramme de structure de données (DSD) pour le système est illustré à la figure A4.9◊ de même que les fiches logiques du dictionnaire de système correspondant à la base de données (dépôt) et aux fichiers.

Voir la figure A4.9.

388

Fichiers du système de gestion de notes de l'ÉNG

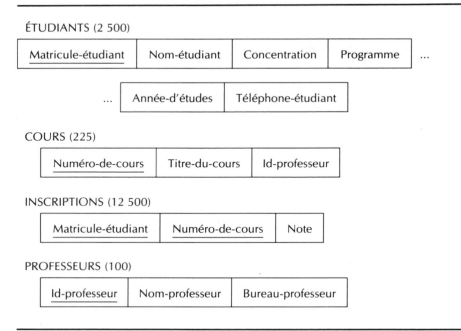

Rappelons, qu'il a été énoncé à l'annexe 3, que les flèches entre les fichiers aident à indiquer les fichiers reliés entre eux, les attributs reliant deux fichiers, de même que le type de lien existant entre deux fichiers. Ainsi les fichiers COURS et INSCRIPTIONS sont liés par l'attribut numéro-de-cours; de plus, les pointes de flèches indiquent que pour une occurrence de numéro-cours du fichier COURS, il peut y avoir plusieurs enregistrements d'INSCRIPTIONS possédant ce même numéro de cours (lien 1 à n) d'où la pointe de flèche unique au fichier COURS et la pointe double au fichier INSCRIPTIONS. De la même façon, pour un enregistrement qui a une valeur donnée pour id-professeur du fichier PROFESSEURS, il peut exister plusieurs enregistrements du fichier INSCRIPTIONS ayant cette même valeur pour cet attribut (lien 1 à n).

On ne retrouvera jamais une pointe de flèche double dirigée vers un attribut clé. On pourra voir une pointe de flèche double dirigée vers un attribut sous-clé ou vers un attribut non-clé.

FIGURE A4.9

Diagramme de structure de données (DSD) et fiches de description des dépôts de données du système de gestion de notes de l'ÉNG

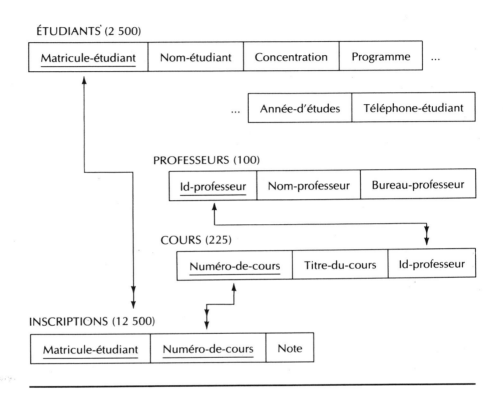

La conception de la base de données est terminée. L'analyste est certain que les fichiers sont normalisés et que les problèmes dus à la redondance des données ou à des enregistrements de longueur variable ont été évités. Maintenant, il s'agira de déterminer comment cette base de données sera utilisée et ses données maintenues à jour, c'est-à-dire de concevoir les traitements.

Conception de la base de données : Approche par la modélisation

1. Introduction

Lorsqu'il est difficile d'appliquer l'approche par les outputs, on peut utiliser une deuxième méthode pour concevoir la base de données d'un système d'information : l'approche par la modélisation. Dans cette approche, l'analyste obtient les caractéristiques logiques de la base de données, non plus à partir des outputs que le système d'information doit produire, mais à partir d'une analyse de l'activité que le système doit supporter. Cette approche est présentée brièvement dans les pages suivantes.

L'analyse de l'activité se fait en construisant un modèle qui permet d'en représenter les principales caractéristiques. Le modèle qui en résulte est appelé un modèle conceptuel des données. Comme le modèle conceptuel des données s'obtient en identifiant les entités au sujet desquelles on veut conserver de l'information et les associations qui existent entre elles, on l'appelle aussi modèle entité-association. De ce modèle, l'analyste peut déduire les caractéristiques logiques de la base de données. Les tâches de la conception logique de la base de données en utilisant l'approche par la modélisation sont présentées à la figure A5.1.

2. Concepts de base

L'analyste qui utilise le modèle entité-association doit décrire l'activité que le système doit supporter à l'aide des trois concepts de base suivants : les entités, les associations entre les entités et les attributs.

FIGURE A5.1

Tâches de la conception logique de la base de données

Conception logique de la base de données : approche par la modélisation

1. Construire le modèle conceptuel des données
2. Transformer le modèle conceptuel en diagramme de structure de données

2.1. Entité

L'entité dans un modèle conceptuel des données sert à représenter les objets concrets ou abstraits du monde réel sur lesquels on désire conserver de l'information. Une entité peut être une personne (employé, client, étudiant); un endroit (bureau, entrepôt, territoire); une organisation (fournisseur, unités organisationnelles); une ressource tangible (argent, véhicule, pièce, équipement); un concept (projet, facture, plaintes); ou un événement (livraison de marchandises, commande d'un client, inscription d'un étudiant). Par exemple, dans une entreprise de distribution, les clients, les commandes, les produits et les livraisons sont des entités d'intérêt. Dans une université, les entités importantes sont les étudiants, les inscriptions, les cours. Les entités qui apparaissent dans un modèle conceptuel dépendent donc de l'entreprise qui est modélisée.

Il est important de comprendre que le concept d'entité fait référence à un ensemble d'objets ayant tous les mêmes caractéristiques et non pas à un objet spécifique. Par exemple, l'entité ÉTUDIANT décrit l'ensemble de tous les étudiants. Une entité donnée, par exemple l'étudiant Paul Tremblay, est appelée une occurrence de l'entité.

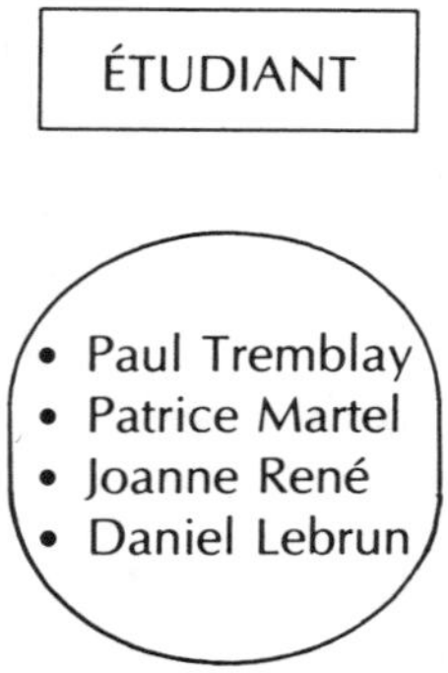

ÉTUDIANT

- Paul Tremblay
- Patrice Martel
- Joanne René
- Daniel Lebrun

L'entité est représentée graphiquement par un rectangle à l'intérieur duquel le nom de l'entité est inscrit.

ÉTUDIANT

2.2. Association

Une entité dans la réalité n'existe pas de façon indépendante des autres entités. Il y a interaction entre les différentes entités. L'association dans un modèle conceptuel des données sert à représenter les liens qui existent entre les entités. Par exemple, entre les entités CLIENTS, COMMANDES et PRODUITS il existe les associations suivantes :

un CLIENT place une COMMANDE
une COMMANDE comporte des PRODUITS

De même entre les entités ÉTUDIANTS, COURS, PROFESSEURS, il existe les liens suivants :

les ÉTUDIANTS s'inscrivent à des COURS
les COURS sont enseignés par les PROFESSEURS.

Graphiquement l'association entre deux entités est représentée par un losange.

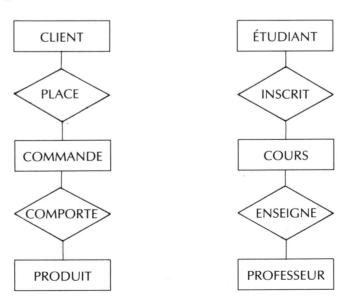

Encore une fois, il est important de remarquer que l'association « sont enseignés » fait référence à l'ensemble de tous les liens qui existent entre les occurrences des entités COURS et PROFESSEURS.

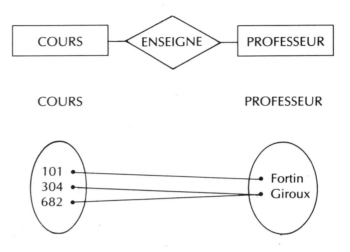

2.2.1. Cardinalité des associations

Pour être capable de bien représenter le déroulement d'une activité, il n'est pas suffisant de savoir qu'une entité est reliée à une autre. On doit aussi connaître avec combien d'occurrences de l'entité B chaque occurrence de l'entité A interagit. Par exemple, *un* ÉTUDIANT suit *plusieurs* COURS, *un* COURS est suivi par *plusieurs* ÉTUDIANTS, *un* SERVICE est dirigé par *un seul* DIRECTEUR, *un* SERVICE a *plusieurs* EMPLOYÉS. C'est ce qu'on appelle la cardinalité de l'association. Il existe trois types de cardinalité : 1 @ 1, 1 @ N et N @ M. Ces cardinalités s'interprètent de la façon suivante :

1 @ 1   Une occurrence de l'entité A est reliée à une seule occurrence de l'entité B et vice versa.

Exemple : Un directeur dirige un seul service et un service est dirigé par un seul directeur

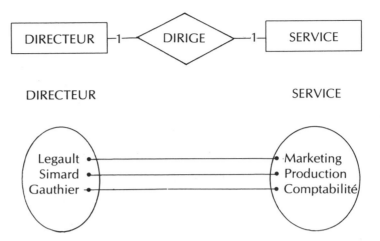

1 @ N   Une occurrence de l'entité A est reliée à une ou plusieurs occurrences de l'entité B cependant une occurrence de l'entité B est reliée à une seule occurrence de l'entité A.

Exemple : Un service a plusieurs employés; cependant, un employé travaille pour un seul service à la fois.

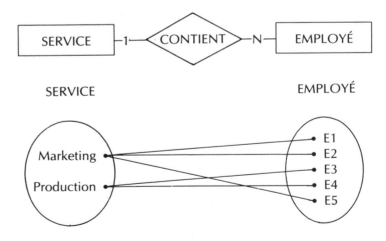

N @ M   Une occurrence de l'entité A est reliée à une ou plusieurs occurrences de l'entité B et une occurrence de l'entité B est reliée à une ou plusieurs occurrences de l'entité A.

Exemple : Un étudiant suit plusieurs cours et un cours est suivi
par plusieurs étudiants

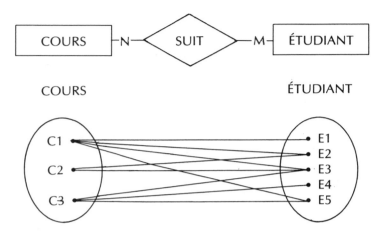

2.2.2. Aspect optionnel de l'association

Dans la réalité il est fort possible qu'une occurrence d'une entité A ne
participe pas à l'association qui existe entre les entités A et B. Dans ce cas,
on dit que l'association est optionnelle. Par exemple dans le modèle suivant,

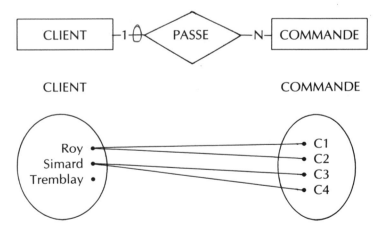

le client Tremblay est inscrit comme client de l'entreprise bien qu'il n'ait
pas encore placé de commande. La participation de l'entité CLIENT à
l'association est donc optionnelle. Cependant une commande doit toujours

être associée à un client; la participation de l'entité COMMANDE à l'association est donc obligatoire. Graphiquement, le caractère optionnel de l'association est indiqué par un petit ovale sur le lien qui relie l'entité optionnelle à l'association.

La cardinalité ainsi que l'optionnalité des associations permettent de représenter les règles qui régissent le fonctionnement des organisations.

2.2.3. Degré d'une association

Le degré d'une association indique le nombre d'entités qui participe à cette association. Il existe trois degrés : unaire, binaire et n-aire.

Une association unaire est une association où une occurrence d'une entité est reliée à une autre occurrence de la même entité. Par exemple, un employé qui supervise d'autres employés.

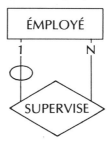

Une association binaire est une association à laquelle deux entités participent. Par exemple, l'association TRAVAILLE est binaire

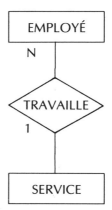

Une association n-aire est une association à laquelle plus de deux entités participent. Supposons la situation où des FOURNISSEURS doivent

398

livrer des PIÈCES à des PROJETS. Cette situation peut être modélisée de la façon suivante :

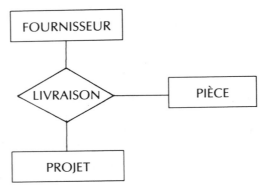

Comme l'interprétation des associations n-aires est parfois complexe et ambiguë, nous nous limiterons dans ce texte à des associations unaires et binaires. Cette contrainte est peu limitative car il est toujours possible de transformer une association ternaire en une série d'associations binaires. Il suffit de remplacer l'association ternaire par une entité et d'associer la nouvelle entité aux entités qui participaient à l'association originale.

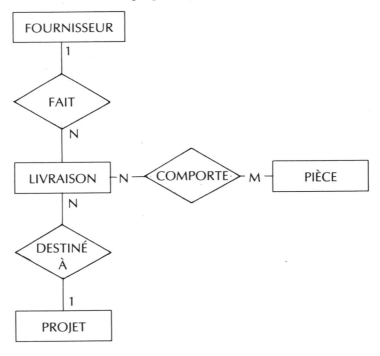

2.3. Attribut

L'attribut est utilisé pour décrire les caractéristiques d'une entité ou d'une association (par exemple note pour un cours, numéro matricule). Il existe deux types d'attributs : les attributs descripteurs et les attributs identificateurs. Un attribut identificateur est un attribut qui sert à identifier de façon unique chaque occurrence de l'entité. Les valeurs prises par cet attribut sont donc uniques pour toutes les occurrences de l'entité. Par exemple, le numéro matricule est un attribut identificateur de l'entité ÉTUDIANT. Un attribut descripteur sert à décrire une entité. L'identificateur d'une association est formé de l'enchaînement des identificateurs des entités qui participent à l'association.

Graphiquement, on place les attributs à droite des entités et des associations et on souligne les attributs identificateurs.

```
┌──────────┐ # client
│  CLIENT  │ ───────
│          │ Nom
└──────────┘ Adresse
```

3. Exemple

Le modèle conceptuel suivant représente le fonctionnement d'un petit bureau de consultants. Le modèle s'interprète de la façon suivante : le bureau a des clients pour lesquels il effectue des projets. Un projet doit toujours être associé à un client; cependant, il est possible d'avoir un client sans avoir effectué de projets. Pour un projet, on peut engager un certain nombre de dépenses et/ou faire appel à des pigistes. Chez un client, il y a un ou plusieurs employés qui agissent comme personnes-ressources; ces employés peuvent être associés à plusieurs projets.

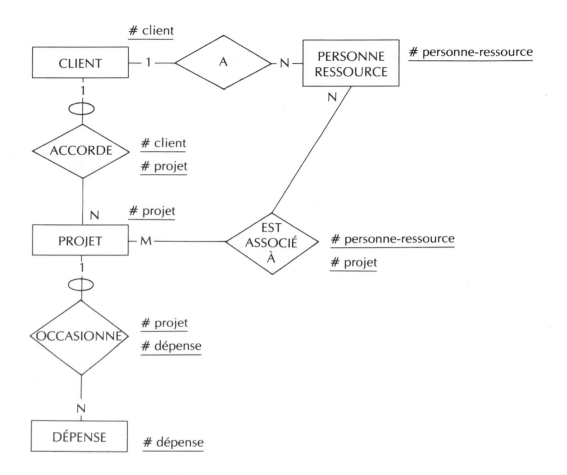

4. Concept plus avancé : généralisation

Le concept de généralisation est très utile lorsque l'on modélise une situation plus complexe où il y a plusieurs entités qui se ressemblent. Supposons une entreprise qui a mis sur pied une petite bibliothèque pour son équipe de recherche. Trois types de documents sont conservés dans la bibliothèque : des livres, des articles publiés dans des revues scientifiques et des articles présentés à des conférences. Les chercheurs doivent consulter sur place les articles de revue scientifique et les articles de conférence mais peuvent emprunter les livres. Afin de faciliter les recherches, on voudrait une base de données sur les documents conservés dans la bibliothèque.

Les chercheurs mentionnent qu'ils sont intéressés à conserver les attributs suivants :

Livre :	titre, nom des auteurs, année de publication, éditeur, adresse de l'éditeur, résumé.
Article de revue scientifique :	titre, nom des auteurs, nom de la revue scientifique, volume, numéro, année de publication, résumé.
Article de conférence :	titre, nom des auteurs, nom de la conférence, lieu de la conférence, année de publication, résumé.

Comme on le remarque, les trois types de documents se ressemblent : ils ont tous un titre, un ou plusieurs auteurs, une année de publication et un résumé. Cependant, il existe un certain nombre de différences entre eux : les livres ont un éditeur et une adresse de l'éditeur; les articles de revue scientifique ont un nom de revue, un volume et un numéro; les articles de conférence ont un nom de conférence et un lieu de conférence.

Une première façon de modéliser cette situation est de considérer que tous les types de documents sont identiques et de rattacher tous les attributs à l'entité DOCUMENT. Dans ce cas on obtient le modèle entité-association suivant :

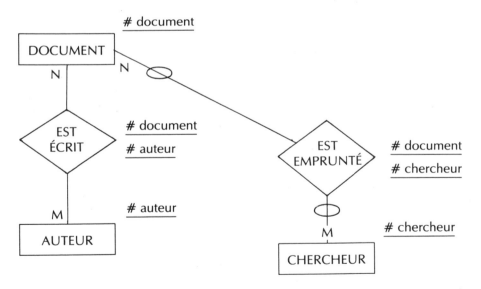

Ce modèle a des problèmes. Tout d'abord, il est ambigu du point de vue de la sémantique car il est impossible de voir que seulement les livres peuvent être empruntés. Ensuite, comme on a rattaché tous les attributs à l'entité DOCUMENT, il y aura plusieurs attributs qui ne prendront pas de valeur pour une occurrence spécifique étant donné que les documents ne sont pas tous vraiment identiques. Par exemple pour un livre, les attributs titre, année de publication, éditeur, adresse de l'éditeur et résumé, prendront des valeurs tandis que les attributs nom de revue, volume, numéro, nom de la conférence et lieu de la conférence seront laissés vides. Du point de vue de la sémantique, cette situation peut porter à confusion. Le champ est-il vide parce que c'est un livre ou bien parce que l'on ignore l'information?

Pour régler ces problèmes, on peut considérer que les documents sont tous différents les uns des autres. Dans ce cas, on obtient le modèle entité-association suivant:

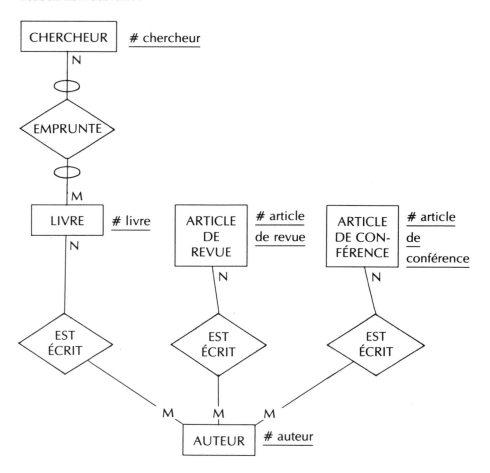

Le problème majeur de ce modèle est qu'il ne reconnaît pas les aspects communs qui existent entre les divers types de document; ce qui a comme conséquence d'alourdir le modèle. En effet, on doit créer des associations entre tous les différents types de document et l'entité AUTEUR. Il suffit d'imaginer qu'il y ait 20 catégories de documents au lieu de trois pour voir que le modèle va devenir difficile à comprendre.

Pour résoudre ces problèmes, on a besoin d'un autre concept : la généralisation d'entité. La généralisation est une hiérarchie composée d'une entité générique et de plusieurs entités subordonnées. Dans le cas qui nous intéresse, on peut créer une entité générique DOCUMENT et trois entités subordonnées : LIVRE, ARTICLE DE REVUE SCIENTIFIQUE et ARTICLE DE CONFÉRENCE. De façon graphique, la généralisation se représente de la façon suivante :

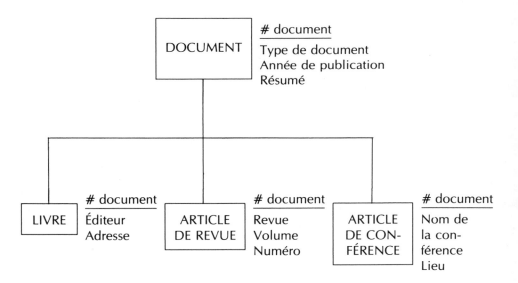

Les attributs communs à toutes les entités sont rattachés à l'entité générique alors que les attributs spécifiques sont rattachés à leur entité respective.

Le modèle conceptuel pour la gestion des documents devient alors :

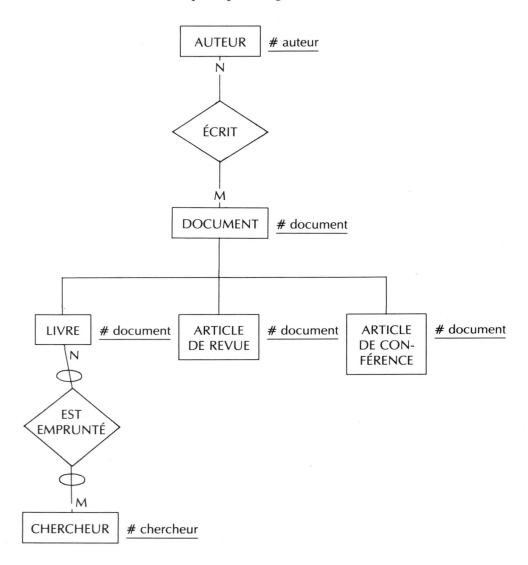

5. Passage au diagramme de structure de données

Lorsque l'analyste a obtenu le modèle conceptuel des données qui décrivent les activités de l'entreprise, il doit le transformer pour obtenir un ensemble de tables et le DSD. Cette section présente les règles de transformation du modèle entité-association au diagramme de structure de données. De façon générale, on crée une table par entité; l'association entre deux entités se représente, soit par une nouvelle table (dans le cas des associations N @ M), soit par un attribut d'une entité qui est répétée dans l'autre entité (dans le cas des associations 1 @ N).

5.1. Transformation des associations unaires

5.1.1. Les associations 1 @ 1

Dans le cas d'une association unaire 1 @ 1, on crée une seule table pour représenter l'entité. La clé de la table est l'identificateur de l'entité. Les associations qui existent entre les occurrences de l'entité sont représentées par la répétition de l'attribut clé. La valeur de la clé ainsi répétée peut être nulle si l'association est optionnelle.

Par exemple, le modèle suivant :

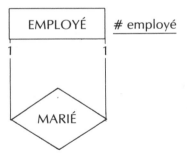

est transformé en une seule table

EMPLOYÉ (no-emp, ..., no-emp-conjoint)

À noter que les valeurs de no-emp et de no-emp-conjoint proviennent du même ensemble de valeurs. Les noms des attributs ne sont différents que pour distinguer le rôle de chacun.

5.1.2. Les associations 1 @ N

Dans le cas d'une association unaire 1 @ N, on crée une seule table qui représente l'entité. La clé de la table est l'attribut identificateur de l'entité. L'association est représentée en répétant la clé comme attribut non-clé. La valeur de la clé dont on a fait double emploi peut être nulle si l'association est optionnelle.

Par exemple dans le modèle suivant où chaque employé dans un service peut être responsable d'aucun, d'un ou de plusieurs autres employés dans le service,

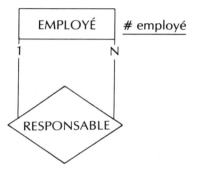

se transforme dans la table suivante :

EMPLOYÉ (no-employé, …, no-employé-resp)

5.1.3. Les associations N @ M

Une association unaire N @ M se transforme en deux tables : l'une représentant l'entité et l'autre l'association. La clé de la table représentant l'association est composée de deux fois l'identificateur de l'entité.

Par exemple le modèle qui représente la situation suivante : un produit peut être soit une matière première, soit un produit fini. Un produit fini est composé d'une certaine quantité d'une ou plusieurs matières premières, et une matière première peut entrer dans la composition d'aucun, d'un ou de plusieurs produits finis.

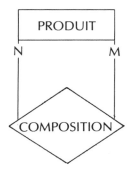

se transforme dans les tables suivantes :

PRODUIT (<u>no-prod</u>, ...)

COMPOSITION (<u>no-prod-PF</u>, <u>no-prod-MP</u>, quantité, ...)

5.2.   Transformation des associations binaires

5.2.1. Association binaire 1 @ 1

Dans ce cas, on doit créer deux tables, une pour chaque entité. Dans une de ces deux tables, au choix de l'analyste, l'identifiant de l'autre table doit apparaître comme clé lointaine. Dans le cas où la participation d'une entité à l'association est optionnelle, il est préférable de placer la clé lointaine avec l'entité qui est obligatoire afin d'éviter que la clé lointaine prenne des valeurs nulles.

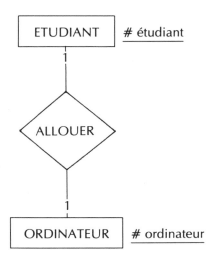

se transforme soit de la façon suivante :

ÉTUDIANT (# étudiant, ..., # ordinateur)

ORDINATEUR (# ordinateur, ...)

ou

ÉTUDIANT (# étudiant, ...)

ORDINATEUR (# ordinateur, ..., # étudiant)

Cependant, si l'association est optionnelle alors il est préférable d'avoir les tables suivantes :

ÉTUDIANT (# étudiant, ...)

ORDINATEUR (# ordinateur, ..., # étudiant)

5.2.2. Association binaire 1 @ N

Dans ce cas, on doit créer deux tables, une pour chaque entité. La clé de la table représentant l'entité avec la cardinalité 1 apparaît comme clé lointaine dans la table représentant l'entité avec la cardinalité N. La clé lointaine peut prendre des valeurs nulles si l'entité avec la cardinalité N est optionnelle.

Soit le modèle conceptuel suivant :

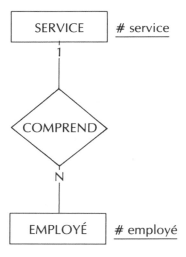

Alors le diagramme entité-association correspondant est :

SERVICE (# service, …)

EMPLOYÉ (# employé, …, # service)

No-service est obligatoire si tous les employés doivent nécessairement être affectés à un département.

5.2.3. Association binaire N @ M

Dans ce cas on doit créer trois tables : deux décrivant les entités et une décrivant l'association. La clé de la table décrivant l'association est formée de l'enchaînement des clés des entités participantes.

Soit le modèle :

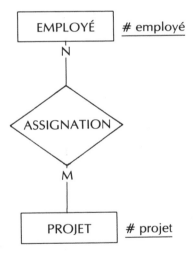

Alors on doit avoir les tables :

EMPLOYÉ (# employé, …)

PROJET (# projet, …)

ASSIGNATION (# employé, # projet, …)

5.3. Transformation des généralisations

Dans le cas d'une généralisation, on crée une table pour l'entité générique et une table pour chacune des sous-entités. Pour être capable de retrouver les informations appartenant à un type d'entités, on doit créer un champ type dans la table représentant l'entité générique.

Par exemple la généralisation suivante :

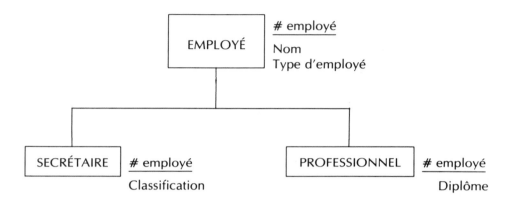

se transforme de la façon suivante :

EMPLOYÉ (# employé, type d'employé, nom, ...)

SECRÉTAIRE (# employé, classification, ...)

PROFESSIONNEL (# employé, diplôme, ...)

5.4. Exemple

Le modèle présenté à la section 3 se transforme dans l'ensemble de tables suivant :

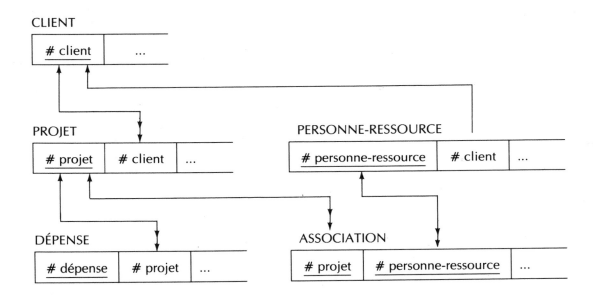

6. Modélisation pour le système de l'ÉNG

Supposons que l'analyste décide dans le cas de l'ÉNG (voir annexe 4), d'adopter l'approche par la modélisation pour faire la conception logique de la base de données. À ce moment, il commencera non plus par concevoir les outputs que le système devra produire mais plutôt par analyser l'activité à supporter. Il pourrait proposer le modèle entité-association suivant :

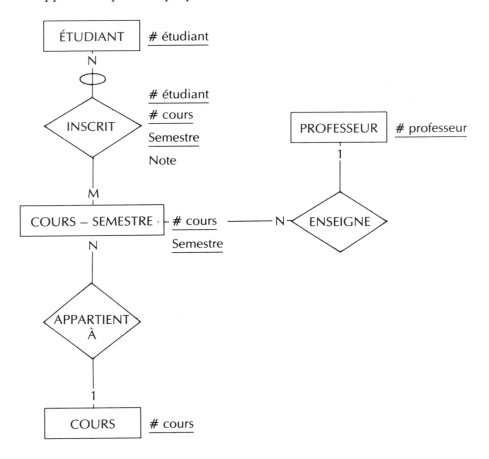

De ce modèle, il obtiendrait le diagramme de structure de données suivant :

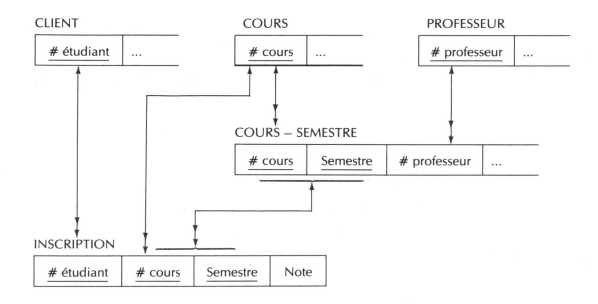

Le diagramme de structure de données de l'ÉNG présenté dans cette annexe est différent de celui de l'annexe 4. D'après vous, qu'est-ce qui peut expliquer ces différences ?

414

7. Résumé

À l'intérieur de cette annexe, nous avons présenté une deuxième façon de concevoir la base de données d'un système d'information. Dans cette approche, il s'agit tout d'abord de construire, à l'aide du modèle entité-association, une représentation de la réalité qui intéresse l'analyste. Le modèle est ensuite transformé en un ensemble de tables.

On applique cette approche plus particulièrement lorsque les outputs que doit produire le système sont mal connus ou qu'il y en a un très grand nombre. La modélisation entité-association offre plusieurs avantages. Premièrement, c'est grâce à elle que l'analyste peut obtenir la structure de la base de données même s'il ne connaît pas précisément tous les outputs de son système. Deuxièmement, elle permet à l'analyste d'obtenir un design qui est indépendant des besoins immédiats permettant donc d'obtenir un système qui peut répondre plus facilement aux besoins futurs. Finalement, le modèle entité-association est un excellent outil de communication entre analystes et utilisateurs.

Index